Escritos Itinerantes

Economia e Política

Marcello Averbug

3ª Edição

Foto de capa: Marcello Averbug

ISBN: 978-1710605044

INTRODUÇÃO

Decidi elaborar uma seleção dos textos que venho produzindo ao longo dos anos. Não foi uma tarefa simples pois precisei resgatar vários que se encontravam dispersos. Alguns nem logrei localizar, entre os quais os publicados no extinto "Correio da Manhã", jornal carioca onde trabalhei quando estudante de economia.

Excluí os que, na juventude, me atrevi a exibir no LNP, revista por mim criada em 1956 no colégio Liceu Nilo Peçanha, de Niterói, e que alcançou relevante papel na política estudantil da cidade. Também não aproveitei os publicados na revista "Temas Econômicos", que fundei na Faculdade de Economia da Universidade do Brasil, atual UFRJ. Ademais, para não avolumar este livro, omiti alguns artigos que prezo.

Creio que a reprodução de textos mais antigos justifica-se pelo fato de proporcionar ao leitor a oportunidade de acompanhar a evolução de acontecimentos ocorridos, entre 1983 e novemrbo de 2019, nos âmbitos nacional e internacional.

Esta coletânea revela a elevada frequência com que determinados temas são por mim abordados, tais como inequidade social, preservação ambiental, modernização do Estado, Mercosul e questão urbana. Tal insistência é intencional e reflete a estratégia de voltar ao mesmo tema em distintas ocasiões, a fim de atingir públicos que se diferenciam a cada momento.

A colaboração prestada pelo meu filho, economista André Averbug, foi fundamental à elaboração deste livro.

Marcello Averbug

Dezembro, 2019.

INDICE

A – TEXTOS PUBLICADOS EM LIVROS

ARGENTINA: O PLANO DE CONVERSIBILIDADE
(1991-2001)

Apêndice ao capítulo I do livro "Regimes Monetários: Teoria e a Experiência do Real", do prof. André de Melo Modenesi.   Editora Manole - 2005.

1 – A Implantação Do Conselho Da Moeda

Partindo de um cenário nacional devastado por sucessivas crises, a Argentina deflagrou, em abril de 1991, um dos mais fascinantes e controvertidos processos de política econômica ocorridos na América Latina, naquela década. As tensões que atormentavam o país no fim dos anos 1980 e início dos 1990 eram o clímax de um longo período, no qual conviveram, nem sempre pacificamente, a instabilidade política, indomável inflação e perda de dinamismo da economia.

Após vários intentos ortodoxos e heterodoxos para o alcance da estabilidade monetária (entre os quais, destaca-se o Plano Austral de 1986), o ministro da economia, Domingo Cavallo, anunciou o chamado **Plano de Conversibilidade** (PC), que consistiu na implantação de um rígido sistema de conselho da moeda *(currency board)*. Com o propósito de sinalizar a solidez do plano, o governo submeteu-o à aprovação do Congresso, transformando-o em lei.

Uma nova moeda passou a vigorar, o peso, cuja equivalência ao dólar norte-americano foi fixada em um por um. Qualquer alteração na taxa de câmbio teria que passar pelo crivo do poder legislativo. Essa paridade cambial era avalizada pelo dispositivo que estabelecia um vínculo entre os meios de pagamento e as reservas internacionais. Consequentemente, o governo perdeu capacidade de emitir pesos conforme suas conveniências, impondo a si próprio um espaço limitado para formular política monetária.

De início, a lei previa um volume dos meios de pagamento correspondente a, no máximo, 100% do estoque de reservas. Isto é, a confiança na moeda argentina provinha do fato de que, a qualquer momento, era possível trocar qualquer montante de pesos por igual valor em dólares.

Foram eliminadas restrições às operações cambiais, com livre circulação de capital, e a moeda estrangeira passou a ser legalmente negociada em estabelecimentos especializados, em bancos e até em hotéis. Permitiu-se a abertura de contas bancárias em dólares, também aceito em transações comerciais. O peso permaneceu como moeda exclusiva para as contas públicas, pagamento de impostos, salários, contabilidade empresarial e crédito imobiliário.

Ao Plano, foram agregadas iniciativas como:

> i) abertura comercial do país, com drástica redução de tributos aduaneiros;
>
> ii) privatização das empresas estatais:
>
> iii) desregulamentação da economia;
>
> iv) flexibilização da presença de bancos estrangeiros;
>
> v) incentivo à previdência social privada.

Houve intento de implementar a reforma de Estado e da estrutura tributária, mas os resultados obtidos foram insuficientes como elemento de respaldo ao Plano. A economia argentina tornou-se mais exposta às decisões de mercado, embora fortemente ancorada em uma decisão de governo, a conversibilidade.

2 – Resultados Imediatos

Pelos êxitos imediatos, prenunciava-se uma longa era de elevado crescimento e estabilidade monetária, baseada em disciplina macro - econômica e reformas estruturais (ver Tabela 1).

De fato, ao PC podem ser creditados eventos como:

1) inflação caiu velozmente, passando de 2.314%, em 1990, para 172%, em 1991; continuou em declínio até 1995, estabilizando-se em taxas inferiores a 1,0% a.a., de 1996 até o final do PC;

2) economia readquiriu dinamismo, livrando-se do crescimento negativo verificado nos anos 1980 (média de -0,5% ao ano) e ostentando taxas de crescimento do PIB superiores a 10%, em 1991 e 1992. Até 1998, o único ano de retração foi 1996, em razão da crise mexicana. De 1999 a 2001, as cifras voltaram a ser negativas;

3) privatização e abertura comercial induziram apreciável aumento de produtividade em vários setores;

4) comércio exterior mais do que dobrou, entre 1991 e 2001.

A rápida expansão do PIB é explicada pela existência de elevado índice de demanda reprimida, causada pela intranquilidade reinante nos anos anteriores. À imagem da experiência internacional em súbito estancamento da inflação, a população recuperou confiança no futuro e lançou-se avidamente ao consumo. Em face do elevado índice de ociosidade no setor industrial, não foram necessários investimentos para o aumento da produção.

TABELA I

VARIAÇÃO DO PIB E DA INFLAÇÃO – ARGENTINA: 1985-2001

%

Ano	PIB	Inflação
1985	-6,6	672,1
1986	7,3	90,1
1987	2,6	131,3
1988	-2,0	343,0
1989	-7,0	3070,0
1990	-1,3	2314,0
1991	10,5	172,1
1992	10,3	24,9
1993	10,3	10,7
1994	6,3	4,1
1995	5,8	3,4
1996	-2,8	0,2
1997	8,1	0,5
1998	3,9	0,9
1999	-3,4	-1,2
2000	-0,5	-0,9
2001	-4,4	-1,1

Fonte: Ministério de Economia, Argentina.

3 – A Evolução do Modelo

Mas nem tudo era um mar de rosas na trajetória do modelo argentino de *currency board*. Dois dos setores econômicos diretamente relacionados com a lógica da conversibilidade, o fiscal e o cambial, vulnerabilizaram o destino do PC. Ao mesmo tempo, as políticas aplicáveis a esses setores estavam submetidas aos parâmetros impostos pelo próprio Plano. Isto é, às dificuldades usuais em combater os desequilíbrios nas contas públicas e externas, adicionavam-se as limitações impostas pela conversibilidade no manuseio dos instrumentos de política econômica.

3.1 – Contas Públicas

Apesar do crescimento econômico, as finanças públicas jamais registraram comportamento compatível com os princípios do PC. Embora a arrecadação tributária tenha aumentado a partir de 1991, os gastos primários subiram em ritmo superior, descompasso esse agravado pelo crescente ônus com o serviço da dívida pública. Nos primeiros anos, o desequilíbrio fiscal era disfarçado pelos recursos provenientes da venda de empresas estatais.

Quando declinou a receita obtida com as privatizações, pois a maioria das estatais já havia sido vendida, o perfil deficitário tornou-se mais explícito. A partir de 1996, a intranquilidade provocada pelo quadro fiscal começou a corroer os alicerces da paridade cambial.

Havia, portanto, uma inconsistência macroeconômica: o convívio entre política monetária/cambial rígida, e política fiscal expansiva. Enquanto a taxa de câmbio manteve-se fixa, o endividamento público cresceu velozmente, criando-se uma combinação explosiva, tendente a abalar a conversibilidade.

3.2 – Dívida Externa

Uma postura fiscal mais cautelosa do que a citada teria melhorado a dinâmica de endividamento público, sobretudo o externo, e amenizado a propensão ao *default*. Entre 1991 e 2001, a dívida externa passou de US$ 57 bilhões a US$ 148 bilhões, ampliando sua magnitude com respeito ao PIB de 30,0% para 55,4%. Em 2001, o serviço da dívida efetivamente pago equivaleu a 89,7% do valor das exportações, indicador que em 1991 encontrava-se em 46,3%.

Esse perfil de endividamento conflita com qualquer pretensão de gerir tranquilamente um sistema de *currency board*. E, na realidade, acelerou a implosão da conversibilidade, em 2001.

3.3 – Balanço de Pagamentos

Tendo em vista a necessidade de haver equivalência entre os meios de pagamento e reservas internacionais, o balanço de pagamentos constituía fator de risco ao PC. Contas externas que proporcionassem incremento ou preservação das reservas representavam condição para evitar-se um clima recessivo que sufocasse o Plano.

Essa condição só foi atendida graças à dimensão alcançada, a partir de 1991, pelo superávit na conta de capital, compensando o saldo negativo em conta corrente. Tratava-se, portanto, de um equilíbrio delicado, dependente do volúvel fluxo de capitais externos. No ano 2000, essa fragilidade tornou-se mais visível: pela primeira vez em dez anos o superávit na conta de capital foi insuficiente para compensar o déficit em conta corrente. Em 2001, o fluxo líquido de capital foi negativo.

Os déficits na balança comercial, registrados de 1992 a 1994 e de 1997 a 1999, advinham:

i) do salto na demanda por importações, gerado pelo crescimento econômico;

ii) da apreciação da taxa de câmbio real, que funcionava como subsídio à importação e desestímulo à exportação.

Nos demais anos, as importações declinaram em decorrência da recessão.

3.4 – Emprego e Pobreza

Ao longo da vigência do PC, os níveis de emprego e pobreza evoluíram desfavoravelmente, mesmo nos anos de crescimento do PIB.

3.4.1 – Emprego

Apesar do notável crescimento econômico ocorrido entre 1991 e 1997 (com exceção de 1995), a taxa de desemprego entre esses dois anos passou de 6,5%, para 13,7%, tendo atingido cifra recorde de 18,6%, em 1995, quando ocorreu o *efeito tequila*[1]. Em 2001, esse indicador encontrava-se em 16,4%. Com o nível de subemprego girando em torno de 15,0%, aproximadamente 30,0% da força de trabalho encontrava-se sem emprego ou ocupada por poucas horas.

Nos quatro primeiros anos de conversibilidade, o aumento do desemprego teve suas origens em:

i)   incremento de produtividade nos setores industrial e de serviços, sendo que, nesse último, fruto das privatizações;
ii) fechamento de empresas que não resistiram à competição com bens importados, dada a sobrevalorização cambial;

iii) redução de pessoal nos quadros públicos.

---

[1] Que se refere ao contágio da economia argentina pelos efeitos da crise mexicana de dezembro de 1994.

Posteriormente, o ritmo ora hesitante e ora recessivo da atividade econômica passou à condição de principal demolidor de postos de trabalho. A questão repetidamente levantada à época era: até quando a sociedade estaria disposta a conviver com elevados níveis de desemprego, sem reivindicar mudanças radicais na política econômica, isto é, no sistema de conversibilidade?

3.4.2 – Pobreza e Desigualdade Social

Como consequência do desemprego, pioraram os padrões de pobreza e de concentração de renda, a partir do terceiro ano de vigência do PC. O número de pessoas classificadas como pobres subiu de 16,9%, em outubro de 1993, para 41,5%, em maio de 2002. Em 1990, ano anterior ao PC, os 40% mais pobres da população recebiam 14,9% da renda total, número que baixou para 13,5% ao final de 2001. Os 10% mais ricos elevaram sua participação na renda, durante esse período, de 34,8% a 42,0 %[2].

4 - Conclusão

Parte das crises que minaram a trajetória do PC, sobretudo entre 1999 e 2001, originou-se no esforço em atacar problemas cujas respectivas terapias continham áreas de atrito entre si. Embora a experiência internacional demonstre que esses atritos não constituem dilema inédito nem insolúvel, as dificuldades de coexistência entre alguns objetivos assumiram, na Argentina, magnitude e complexidade peculiares. Isto porque a conversibilidade demarcava, para a política econômica, uma fronteira mais estreita do que a existente em outros países. Os três principais conjuntos de objetivos sujeitos a confrontos internos eram:

i) o combate ao déficit público e a busca da reativação econômica;

ii) o aumento da competitividade (essencial para compensar o câmbio fixo e sobrevalorizado) e a redução do desemprego;

iii) o esforço em satisfazer as necessidades de financiamento do setor público e o empenho em reduzir o peso da dívida.

Faltaram à Argentina elementos para desvendar esses dilemas e, em consequência, o sistema de *currency board* foi abandonado de forma tumultuada, em dezembro de 2001.

As pressões criadas pelo elevado endividamento público, o eterno desequilíbrio fiscal, a drástica diminuição no fluxo de capital externo, a intranquilidade social causada pela recessão, o desalento no meio

---

[2] Dados referentes à região do Grande Buenos Aires, única onde o levantamento é realizado pelo Instituto Nacional de Estadística y Censo (INDEC).

empresarial, a hostilidade do mercado financeiro internacional e a elevação do risco país, tornaram a conversibilidade insustentável.

O regime de *currency board* desempenhou, no início, papel essencial na vitória contra a inflação. Mas seu pleno êxito, em termos de forjar um ambiente de estabilidade monetária e favorável ao desenvolvimento econômico e social, dependia da execução de profundas reformas, destinadas principalmente a:

i) aumentar o grau de competitividade do sistema produtivo, a ponto de favorecer mais fortemente as exportações;

ii) disciplinar o ambiente fiscal, de forma a abrandar a questão do endividamento e elevar capacidade de investimento do setor público;

iii) promover a reforma do Estado, dotando-o de maior habilidade para conceber e executar políticas públicas;

iv) implementar eficazes políticas de desconcentração social da renda.

Como as reformas não aconteceram, a conversibilidade passou de fator de confiança para fator de dúvidas: até quando a Argentina aguentaria? Quais estragos seriam produzidos pela mudança de regime cambial? Por ter durado mais do que o razoável, o regime de *currency board* transformou-se em um "passivo", ao encolher o raio de manobra para uma política de retomada do crescimento.

Chegou-se a um ponto onde as tensões econômicas, sociais e políticas superaram os benefícios do regime de *currency board*. Vale dizer, essas tensões provocavam danos maiores do que o trauma de sair da conversibilidade. Nesse momento, houve a ruptura.

A PROPÓSITO DO DEBATE SOBRE PRIVATIZAÇÃO

Texto publicado no livro "Economia e Política da Crise Brasileira: A Perspectiva Social-Democrata". Rio Fundo Editora – 1989.

1. Modelo em crise

É inegável o importante papel que o setor público vem desempenhando na economia brasileira. Jamais teríamos alcançado o atual nível de capacidade produtiva instalada, sob o presente índice de nacionalização, se o Estado não houvesse assumido a postura mediante a qual, neste século, o país engajou-se na luta pelo desenvolvimento.

Considerando o período do pós-guerra, essa ação revestiu-se principalmente de três formas:

a) Investimentos diretos no diversos setores produtivos, inclusive em indústrias pioneiras.

b) Incentivos e subsídios nas áreas fiscal, creditícia e cambial, destinados a induzir o investimento privado.

c) Exercício do poder de regulamentar a atividade econômica, controlando, por exemplo, preços salários, sistema bancário, implantação de projetos, comercio exterior, etc.

Embora tantas décadas de forte presença estatal tenham garantido elevada taxa de crescimento e transcorrido sob harmoniosa convivência com setor privado, presenciamos no últimos anos contundentes críticas a tal "intromissão". Essa onda recriminatória não resulta de um ataque coletivo de ingratidão nem de uma epidemia de liberalismo, mas sim da exaustão do antigo modelo de participação do setor público na vida econômica nacional.

A atuação estatal tornou-se vulnerável a criticas pelo simples fato de seu estilo não mais corresponder às necessidades do desenvolvimento brasileiro. Os investimentos públicos na indústria são agora menos relevantes, pois o empresariado nacional adquiriu suficiente maturidade financeira e o capital estrangeiro é visto sob um ângulo mais abrangente. Pelo mesmo motivo, perdeu prioridade a manutenção de empresas sob o controle acionário estatal. Os subsídios, por sua vez, só induziriam volume significativo de investimentos privados se fossem praticados a um nível não mais tolerado pela Nação.

Quanto à capacidade de regulamentar a atividade econômica, cabe distinguir duas vertentes: a primeira, vinculada ao amortecimento da livre competição empresarial, merece ser descartada e substituída pelo pleno funcionamento do mercado; porém, a segunda, de caráter social mais amplo, continua necessária e visa atender aspirações, novas e antigas, dependentes do estabelecimento de normas e sua efetiva aplicação.

Em resumo, o estado cumpriu satisfatoriamente sua missão frente aos antigos obstáculos ao processo de investimento. Hoje, entretanto, as dificuldades para a retomada do desenvolvimento são diferentes e, por isso, urge montar novo modelo de atuação. Essa transição de um modelo a outro, ainda não concluída, exterioriza-se através da chamada "crise do setor público".

O novo modelo não terá mais como principal objetivo viabilizar diretamente o aumento da capacidade instalada na economia via ocupação pelo Estado de espaços no aparelho produtivo, ou concessão de favores excessivos à iniciativa privada. Seu objetivo será criar um cenário nacional receptivo ao investimento, à modernização e ao desenvolvimento econômico e social, concentrando esforços em propósitos que jamais ocuparam parcela significativa das políticas governamentais, tais como:

a)   ***Redistribuição social da renda,*** em consequência da qual haverá incremento do mercado interno e novas oportunidades de investimentos privados. O próprio processo de desconcentração da renda incorpora elevado componente de investimentos, pois pressupõe aumento na oferta de bens e serviços essenciais, a maioria sob responsabilidade pública (saúde, educação, moradia, transporte coletivo, saneamento, etc.). A atenuação dos desequilíbrios sociais constitui atribuição intransferível do Estado.

b)   ***Ampliação da dimensão do comercio externo***, como fator de elevação da competitividade nacional. O exemplo da Comunidade Econômica Européia demonstra a importância dos governos no delineamento de um esquema inovador de relacionamento comercial, dada a natureza política das soluções ousadas. Não se trata apenas de aumentar as exportações, mas sim conferir ao intercâmbio internacional a conotação de agente dinamizador do investimento interno; as negociações visando a criação do Mercosul poderiam enquadrar-se neste enfoque.

c)   ***Aceleração do desenvolvimento tecnológico***, naqueles campos inacessíveis ao capital privado; o avanço da ciência e da tecnologia no

Brasil ainda depende da presença estatal, não só em termos de recursos, como de sua compatibilização com a política de redistribuição de renda. O setor público também deverá induzir o privado a dedicar – se a essa área.

d) ***Enfrentamento das questões ligadas à degradação urbana e ao meio ambiente****,* até hoje marginalmente contempladas. Nesse sentido, será necessária a mobilização de recursos financeiros públicos e da capacidade de regulamentar.

e) ***Incremento do grau de competição no mercado****,* eliminando regras que favoreçam o oligopólio e desestimulam a busca por melhor produtividade; o abrandamento dos rigores da concorrência justificou-se apenas na fase adolescente de nossa industrialização.

f) ***Equacionamento da crise financeira do setor público****,* mediante aumento na eficiência da arrecadação, mudança na estrutura de gastos e combate à corrupção. Aumentar a receita impositiva não significa, necessariamente, elevar impostos, mas sim reformular a gestão fiscal de maneira a diminuir a sonegação. Por outro lado, a alteração na estrutura de gastos, inclusive redesenhando a máquina governamental, permitirá o redirecionamento de recursos para usos prioritários ao desenvolvimento.

2. Controvérsias

Como é natural, a implementação do Programa Nacional de Desestatização vem despertando acalorada controvérsia, ao longo da qual alguns dos argumentos utilizados pecam pela fragilidade e inconsistência. Embora parte desses argumentos sirvam à finalidade de encobrir as reais motivações de quem os usa, convém avaliá-los.

Meus comentários alinham-se à ótica de quem está convicto da necessidade de o Estado reposicionar-se, desvinculando-se de atividades onde suas atribuições já se esgotaram e ampliando dedicação naquelas onde omitiu-se. Portanto, critico principalmente pontos de vista dos opositores da privatização.

Interesse das economias estaduais – O caso específico da Usiminas, primeiro edital a ser publicado no âmbito do Programa Nacional de Desestatização-PND, deflagrou um coro de reclamações contra a chamada "agressão aos interesses de Minas Gerais". A questão é colocada como se a empresa, após vendida a particulares, fosse desmontada e transferida a outro estado.

Ninguém explica exatamente porque os interesses mineiros serão feridos em decorrência do controle acionário de uma empresa local passar da União para um grupo privado. Apenas jogam a afirmação no ar. Ora, o ICMS continuará a ser recolhido e, provavelmente, incrementado; as perspectivas de expansão da empresa se multiplicarão ao ficar livre das amarras impostas ao funcionamento de estatais. Portanto, onde se localiza o prejuízo à economia local?

Como desdobramento da tese "interesses feridos" surgiu o pleito por investimento federais em Minas Gerais, no valor equivalente à venda da Usiminas, como compensação ao desinvestimento efetuado pelo governo central. Este raciocínio teria algum cabimento se, repito, a usina fosse transladada para fora de Minas. Dado que tal hipótese não se verificará, não há nada a ser compensado. Vale lembrar que os recursos federais canalizados na implantação dessa siderúrgica se originaram de toda a nação.

Empresa lucrativa – Com frequência surgem manifestações de inconformismo ante a venda de estatais lucrativas, sob a alegação de que a privatização deveria limitar-se às deficitárias. Esse argumento despreza a filosofia balizadora do processo de desestatização, o qual não se limita a livrar o governo de abacaxis. Algo mais profundo é almejado com a privatização, alusivo ao reordenamento nacional frente à busca da retomada do desenvolvimento, no bojo do qual o setor público deverá atuar por meios diferentes dos do passado.

Se estamos convencidos de que perdeu relevância, para a lógica do desenvolvimento, o Estado ser proprietário de fabricas, carece de significado o fato da empresa vendida ser lucrativa. Não tem sentido, portanto, lamentar o "sacrifício" de estatais rentáveis, como se estivessem sendo injustamente castigadas. De fato, ao exibirem desempenho positivo tornam-se merecedoras do acesso ao universo de possibilidades oferecido pela esfera privada onde, seguramente, sua lucratividade aumentará.

A verdadeira questão não se localiza na dúvida em vender estatais lucrativas, mas sim em decidir quais setores privatizar. Essa é a decisão política essencial ao caráter da desestatização e digna de ser o centro das atenções.

Ainda na esfera da celeuma sobre quais empresas privatizar, há quem sugira o início do PND pela retirada do BNDES como acionista daquelas já consolidadas, onde a presença do Banco seria dispensável. Em primeiro lugar, convém esclarecer que esta é a filosofia praticada pelo Sistema BNDES há vários anos, conforme atestam as operações de transferência de controle acionário realizadas no passado. Em segundo lugar, as participações remanescentes o Banco figura como minoritário no capital votante, preservando o comando privado do empreendimento.

Investimentos sociais – Várias estatais instalaram amplos serviços de natureza social que atendem tanto aos seus empregados quanto aos moradores das cidades onde se localizam. Ao ser anunciada a privatização, essa população assistida, encabeçada pelos sindicatos e autoridades municipais, passaram temer a perda de tais serviços. Independente do fato de algumas estatais terem exorbitado em seu envolvimento nessa área, assumindo atribuições que caberiam à prefeitura, o novo proprietário da empresa poderá preservar o equipamento de atendimento social, o qual seria computado como gasto inerente à administração de uma ex-estatal.

Por outro lado, essa herança talvez aprimore a consciência dos empresários quanto ao seu papel na melhora do padrão de vida dos trabalhadores. Grande parte das empresas privadas burla a legislação vigente referente à oferta de restaurante, creche, escola, assistência medica, etc., contrariando o conceito moderno de inserção da empresa na comunidade onde atua. Nesse sentido, a privatização pode contribuir para o maior engajamento da classe empresarial nos esforços visando a promoção social.

Emprego – Uma das inquietações manifestadas pelos críticos à desestatização é a probabilidade de ocorrência de desemprego. Embora os temores a esse respeito sejam compreensíveis, não há como deixar de concluir que se baseiam no reconhecimento da existência de excedente de mão-de-obra nas estatais. Portanto, preveem uma onda de demissões quando passarem a ser administradas com maior eficiência. Nas empresas onde inexiste excesso de trabalhadores, não há motivos para antever desemprego.

É justificável supor que a privatização propiciará remuneração superior à praticada atualmente pelas estatais, submetidas a impedimentos legais relativos à flexibilidade salarial. Ademais, ao saírem da órbita do setor público adquirem maior propensão a expandir e gerar emprego produtivo.

Prazos – As críticas à execução do PND não partem apenas dos opositores. Também o seus adeptos, movidos por um fervor exaltado, reclamam da pretensa morosidade do Programa. Não tenciono aqui avaliar se o PND está caminhando lentamente; apenas não vejo sentido em nutrir expectativa de concretizar a privatização de um número significativo de empresas em um ou dois anos. Não existe nenhuma experiência histórica exitosa com tais índices de velocidade.

Poucas ações governamentais revestem-se da complexidade de um processo de desestatização, dada a sua vulnerabilidade a suspeitas de favorecimento, aviltamento de preço, desnacionalização inadequada, etc. Somente através de uma analise detalhada (e ainda assim não infalível) pode-se aumentar as chances de montar-se uma operação mais segura e transparente. É melhor ser criticado por excesso de cuidados do que por tratamento afoito.

Na verdade, não há motivos para o governo precipitar-se na venda de suas empresas, pois a origem dos problemas nacionais não encontra-se exclusivamente no grau de estatização da economia. O principal é estabelecer com nitidez os rumos da privatização, passiveis inclusive de avaliações periódicas que permitam a correção de metas. A firmeza de propósitos não guarda relação direta com a velocidade da alienação das estatais.

Preço - O aspecto mais delicado do processo de privatização localiza-se na fixação do preço de venda. A esse respeito as críticas oscilam entre a acusação de que o valor está extremamente elevado, inviabilizando a operação, e a denúncia de que o patrimônio público está sendo dilapidado a preço de banana.

No caso da Usiminas, as críticas concentram-se na suposta subavaliação do piso mínimo pelo qual será leiloada. Para a própria segurança e lisura da operação, é salutar que a sociedade brasileira permaneça atenta a esse aspecto, mas de forma responsável. Isto é, qualquer divergência só possui substancia se baseada na análise detalhada das avaliações efetuadas pela consultoras contratadas pelo PND. A simples manifestação de discordância mediante slogans genéricos, em nada contribui para corrigir erros.

Um dos slogans usados propugna a determinação do preço em função do custo de reposição, medido pelo investimento demandado para implantação de uma empresa similar, com equipamentos novos.

Trata-se de um argumento no mínimo pitoresco, jamais utilizado em qualquer transação de venda de unidades produtivas usadas (sejam elas fabricas, navios, aviões, hotéis, etc.) ou mesmo bens de consumo de segunda mão. Basicamente, porque a empresa já funcionou por um certo número de anos, implicando numa depreciação que, por si só, torna ilógico vende-la pelo custo de reposição, o qual, inclusive, incorpora o valor de equipamentos tecnologicamente mais avançados. Uma usina recém-instalada irá gerar lucro durante sua vida útil, enquanto uma usada já proporcionou lucro a seu antigo dono ao longo de vários anos, restando uma capacidade operacional residual cuja duração dependerá de sua idade.

A metodologia adotada pelas consultoras considera o valor econômico da empresa, balizado em sua capacidade de gerar lucros futuros, estimada a partir do fluxo de caixa projetado. Este é o critério teórico consagrado, embora incorpore um teor de incerteza impossível de ser eliminado. Ele está implícito também nas negociações praticadas no mercado privado, o que não elimina eventuais motivos de arrependimento posteriores, tanto por parte de vendedores quanto de compradores de empresa. Enfim, não há método infalível. O fundamental é administrar com honestidade e competência aqueles disponíveis e internacionalmente acatados.

Manifestam preocupação também os que consideram inevitável o valor de algumas estatais ser influenciado pela sua medíocre performance financeira presente, resultante da compressão dos preços dos bens e serviços por elas vendidos. Assim, negócios da China seriam feitos pelos seus arrematantes, visto que lograriam reajustar preços logo após compra-las. Esse raciocínio estaria correto se a avaliação se baseasse no atual fluxo de caixa. Como baseia-se em receita projetada, é possível usar preços condizentes com a realidade de mercado e, portanto, imune às distorções em vigor.

Capacidade de investir – Uma das motivações da privatização é a crise fiscal vivida pelo país, a qual impede o governo de alocar recursos em investimentos nas suas empresas. Essa justificativa é válida, mas deve ser empregada com cautela, pois nem sempre explica a estagnação das estatais. Por vezes, sua estagnação decorre do já mencionado controle de preços e tarifas dos bens e serviços que ofertam. Se esses valores fossem recuperados, a capacidade de gerar excedentes financeiros e de alavancar recursos no mercado seria reabilitada, atenuando a necessidade de recorrer ao orçamento federal.

As principais fontes de recursos para investimento de uma empresa, pública ou privada, são o seu lucro, o financiamento e o aporte direto do acionista. Este último pode ou não se efetivar e, obviamente, é melhor que aconteça, pois permite acelerar o projeto. Mas nenhum proprietário de empresa privada aplicará recursos próprios na ampliação de capacidade instalada se o nível de preços não for compensador.

Enfim, a conveniência de implementar um programa de privatização é o suficiente óbvia para dispensar o uso indiscriminado do argumento alusivo ao exaurido orçamento governamental. Ele se aplica melhor ao caso dos serviços públicos, sobretudo aqueles onde evidencia-se necessidade de elevado investimentos.

3. Mudanças

Defender a desestatização não implica em considerar o setor privado nacional símbolo de perfeição. Pelo contrário. A dimensão das mudanças nele requeridas é suficiente para considera-las quase como utópicas.

Para melhor conceber, conduzir e avaliar um processo de privatização torna-se útil lembrar algumas das mazelas frequentes do empresariado nacional, sem a pretensão de estar revelando algo desconhecido:

a) É comum imputarem à contabilidade da empresa despesas particulares, tais como compra de carros, contratação de empregados domésticos, viagens de turismo, compra de mantimentos, etc. Ademais, frequentemente firmas se instalam em sedes de luxo extremado, apesar desse esbanjamento ser desnecessário (ou mesmo prejudicial) ao seu desempenho. Esses gastos constituem mordomias, pois são transferidos ao preços do bens e serviços vendidos, ou são abatidos do montante tributável. Em ambos os casos, portanto o povo é quem paga.

b) A prática da chamada "caixa 2", através da qual não é declarada parcelas da receita auferida que é transferida para outras atividades, ou simplesmente embolsada, enquanto os administradores reivindicam aumentos de preços, chorando prejuízos.

c) Certos proprietários exaurem financeiramente suas empresas, em proveito próprio, provocando estouros dos quais saem mais ricos; trata-se de malversação de recursos com danos públicos, pois em geral cometem calotes fiscais, creditícios e salariais.

d) A sonegação tributária e a manipulação especulativa de preços e estoques representam práticas rotineiras.

e) Verifica-se com frequência o despreparo para formular decisões estratégicas, face à bagunça contábil, inexistência de dados operacionais e estruturas administrativas primitivas; em consequência, recursos são mal aplicados, investimentos obtusos implementados e fatores de produção desperdiçados.

Raciocínio rudimentar, mas frequente, costuma justificar esses traços de comportamento com a afirmação de que "afinal, a empresa é minha". Esse é o grande engano. Prevalece no Brasil, assim como na maioria dos países subdesenvolvidos, escassa consciência do caráter social da empresa privada. Seus proprietários julgam-se no direito de dispor sem limites daquele organismo produtivo sob sua posse.

Tal conceito de iniciativa privada é míope, pois esquece que a pulsação de uma empresa, suas decisões e costumes refletem-se diretamente sobre os elos que a unem à sociedade como um todo, entre quais o preço e o tributo. Assim como o contribuinte é onerado pelos gastos supérfluos e corrupção do governo, também o é pelos esbanjamentos, ineficiências e artimanhas da empresa particular, através da alta de preços e sub-arrecadação fiscal.

Ademais, segmentos relevantes do setor privado beneficiaram-se de incentivos públicos volumosos, sem os quais não teriam sido implantados. Portanto, mesmo sendo propriedades privadas, possuem um intenso teor social e público.

Vamos fortalecer a presença da iniciativa privada na economia brasileira, convictos de que esta é uma opção desejável. Mas não sob o argumento mitológico da sua eficiência absoluta ou, ainda, sob a alegação de estar automaticamente restringindo corrupção e mordomia nacionais .

Nesse momento crucial de nossa história, no qual o país necessita delinear uma estratégia reformista de desenvolvimento, seria frustrante se a discussão se limitasse apenas ao grau de privatização. Agora é a ocasião para ir mais fundo, mudando a própria personalidade de nossas unidades produtivas públicas e privadas, extirpando seus traços delinquentes e valorizando aqueles que as tornem mais afinadas com os anseios da sociedade.

REFLEXOS DA ESTRUTURA AGRÁRIA SOBRE A COMERCIALIZAÇÃO AGRÍCOLA

Publicado no livro "A Agricultura Subdesenvolvida". Editora Vozes - 1969

Das atividades vinculadas ao setor agrícola, a comercialização talvez tenha sido a que, nos últimos anos, alcançou maior progresso, incorporando crescente eficiência. Quando comparada a outros exemplos mais brilhantes de dinamismo na economia brasileira, essa modernização parecerá tímida; contudo é bastante ousada se confrontada ao ocorrido na agricultura em geral. A explicação desse avanço localiza-se no fato de a comercialização ser uma atividade acessória ao setor rural e não depender exclusivamente de decisões nele geradas.

A melhoria na comercialização de produtos agropecuários foi fruto de investimentos efetuados pelo governo em infraestrutura, da implantação da indústria automobilística, das transformações verificadas no mercado varejista das grandes cidades, do desenvolvimento industrial, etc. Enfim, incitadas por decisões tomadas ao nível de outros setores. Os estudos de Gordon Smith, para IPEA, e de Luiz Carlos Lemme para a "SPL – Consultores" constituem fontes fundamentais sobre o assunto.

Esse embrião evolutivo, contudo, não justifica euforia exagerada. O fato de constituir algo de novo para a agricultura não significa que seu impacto sobre o setor primário tenha sido espetacular, ou sua difusão tenha atingido homogeneamente a todos os produtores rurais. E é na estrutura agrária que se encontra a explicação para o caráter discriminador das repercussões do processo.

Pela literatura exploratória do assunto, pouco pode ser extraído no sentido de uma quantificação rigorosa das modificações em foco. Este artigo tampouco agrega algo, mas especula quanto aos fatores que limitam a contaminação à agropecuária dos ganhos de produtividade na comercialização e tenta avaliar a amplitude viável para as melhorias, sob a estrutura agrária atual.

As transformações no sistema de comercialização de produtos agrícolas processaram-se sob duas formas:

1. Integração espacial do mercado;

2. simplificação das margens de comercialização.

1.   **A integração espacial do mercado** de produtos agrícolas veio a reboque da construção dos principais eixos rodoviários que interligaram as diversas regiões do país, complementada pelo aumento na oferta de veículos decorrente da expansão da indústria automobilística nacional. Viagens antes consideradas aventura pouco atraente e cujas perspectivas de lucro não compensavam os riscos, tonaram-se rotineiras. Inclusive, em face das deficiências do sistema de comunicação (telefone e correio), as estradas são usadas pelos agentes de comercialização, por vezes, com único fito de colher informações nos mercados terminais, para posteriores remessas dos produtos mais reclamados.

Diminuiu de significância a clássica figura da escassez de, por exemplo, arroz no Rio de Janeiro, enquanto a produção maranhense apodrecia por falta de comprador.

O agente de comercialização que mais desfrutou das novas estradas foi o chamado "caminhoneiro", proprietário de caminhão que não se limita ao frete, mas, principalmente, compra os produtos onde são cultivados para vendê-los nos mercados consumidores.

Aparentemente, o requisito para um estabelecimento agrícola participar deste fluxo inter-regional é estar apto a oferecer um excedente comercializável, independente de seu tamanho ou relação entre produtor e terra. Essa aptidão é influenciada pelo grau de subsistência dos estabelecimentos e pela sua localização. Apesar da expansão do tronco rodoviário ligando os grandes centros, pouco foi feito em relação às estradas vicinais, cuja precariedade, em grande parte do País, sufoca o engajamento de alguns produtores em uma corrente mais ambiciosa de comercialização.

2.   **Simplificação nas margens de comercialização** – um fenômeno já amplamente divulgado é o da diminuição das camadas de comercialização de produtos agrícolas e o do aparecimento de novos entes no processo, mas que realmente aportam algo à qualidade do produto. A modernização de um sistema de comercialização não concretiza-se apenas na eliminação de agentes inúteis, mas também pela inclusão de novos elementos introdutores de melhorias no aspecto, conservação, qualidade e distribuição do produto.

No Brasil, constata-se o desaparecimento de vários gêneros de intermediários, que superpovoavam o esquema de comercialização, baixando sua eficiência, sobrecarregando os custos e comprimindo os preços ao nível do produtor. Por paradoxal que pareça, este desaparecimento foi propiciado pela entrada em cena de novos tipos de agentes, assumindo, cada um, papéis antes desempenhados por vários antigos integrantes do sistema. Dois exemplos: o caminhoneiro e o supermercado.

Uma verdadeira subversão nos hábitos comerciais foi provocada pela atividade do caminhoneiro. Seu dinamismo estarreceu grande parte dos comerciantes estabelecidos, inferiorizados em poder competitivo, pois o caminhoneiro atua com menores custos operacionais, maior mobilidade e capacidade de oferecer melhor preço ao agricultor.

O caminhoneiro atinge a plenitude de sua função simplificadora quando compra a mercadoria diretamente do agricultor, vendendo nos centros consumidores, tanto ao atacadista como ao próprio varejista. Nessa operação, ele atua como agente primário de comercialização e salta sobre vários intermediários. Também tirou do mapa, em certas regiões, os tradicionais grandes centros de comercialização – cidades receptoras e redistribuidoras de gêneros alimentícios – quando transporta diretamente das zonas de produção às de consumo.

O supermercado das grandes cidades também contribuiu para diminuir as camadas de comercialização pois o elevado volume de suas transações permite que trabalhe de forma integrada. Chegando até mesmo a comprar diretamente dos produtores, relega à categoria de obsoleto o intricado mecanismo de intermediação antes prevalecente.

Apesar do panorama animador esboçado, não pretendemos incorrer a um excesso do otimismo quanto à importância proporcional das mudanças apontadas e quanto às transferências, para o setor agrícola, dos seus benefícios. Há evidências de que esta transferência foi de tal forma condicionada pela estrutura agrária que aumentou ainda mais os desníveis de renda entre os estratos extremos de agricultores.

Observa-se tendência à maior participação, nos frutos das mudanças, dos médios e grandes produtores. Em outras palavras, as melhorias no sistema de comercialização tendem a privilegiar os estabelecimentos agrícolas já em condições favoráveis e a se concentrarem nas áreas onde menor é incidência de minifúndios.

Quanto menor e pior localizado o estabelecimento rural, mais remota a possibilidade de participar dos progressos na comercialização. Em primeiro lugar, porque parte dos minifúndios nem oferece sua produção ao mercado, restringindo-se à subsistência e algumas trocas entre vizinhos. Em segundo lugar, quando há um excedente comercializável, seu volume é demasiado pequeno para justificar a ida do caminhoneiro, pouco disposto a enfrentar precárias vias de acesso para ir catando um volume irrelevante produtos. Assim, o caminhoneiro tende a comprar a safra proveniente dos minifúndios através de um intermediário estabelecido no município.

A incidência do minifúndio torna impraticável a eliminação das camadas tradicionais de comercialização, pelo simples fato de serem necessárias como único vínculo com o mercado. Inclusive é injusta a imagem de "vilão" que lhe é atribuída, pois na ausência desses intermediários os minifundistas sentiriam diminuídas as chances de colocar sua produção.

Pro outro lado, há os estabelecimentos onde o produtor não detém a posse da terra a mantém relações contratuais com o proprietário que tolhem seu direto de livre venda. Ocorre seguidamente, também, que por dificuldades financeiras crônicas, o agricultor (proprietário ou não) compromete sua produção antes mesmo da colheita, a um preço que chega à metade do de mercado. Essa venda "na folha" geralmente é feita ao comerciante estabelecido, ao vizinho mais rico ou, no caso do não proprietário, ao dono da terra.

Estes fatores são alguns dos que sabotam a difusão equilibrada, ao setor agrícola, dos ganhos de produtividade do sistema de comercialização, contribuindo para a permanência de esquemas arcaicos de transacionar a colheita proveniente dos minifúndios.

Preços – Entre os instrumentos tradicionais, o preço é o de maior influência sobre o desempenho da oferta rural. O produtor reage a ele e, ao decidir sobre a utilização de sua área, leva em conta o comportamento dos preços dos cultivos alternativos. Uma queda persistente na cotação de uma determinada cultura conduz o agricultor ao seu abandono e a uma corrida em direção dos produtos de melhores preços.

Tal comportamento, contudo, não pode ser generalizado para todos os tipos de agricultores. A elasticidade-preço da oferta não é uniforme em qualquer classe de estabelecimento. Quanto maior o estabelecimento maior esta elasticidade, a ponto dos grandes proprietários substituírem não apenas um cultivo agrícola por outro, mas se transferirem para pecuária, quando esse mercado mostra-se mais favorável.

A elasticidade-preço da oferta decresce nos estabelecimentos pequenos devido, entre outras razoes, ao fato de quanto menor a propriedade mais debilmente lhe atinge as variações de preços agrícolas. O ímpeto com que os incrementos de preço repercutem nos estabelecimentos decresce na mesma razão de seu tamanho. Os fatores condicionantes desta tendência são:

1) a produção comercializada do minifúndio é pequena ou nula e, portanto, as variações de preços não chegam a afetar a renda do agricultor que, desta forma, não é sensibilizado pelas perspectivas de maior receita;

2) o minifundista encontra-se cronicamente em situação financeira precária, o que o torna vulnerável a uma série de procedimentos que obstaculizam sua participação em aumentos de preços; por exemplo:

   a) dada sua escassez de recursos para manutenção na entressafra, vende a produção antes da colheita a preço irrisório;

   b) o produtor não proprietário recebe ajuda do dono da terra em troca de parte de sua produção;

   c) por sua situação financeira frágil, não possui capacidade de reter estoques a fim de aguardar melhores preços; necessitando de dinheiro, vende a colheita o mais rápido possível, perdendo, assim, qualquer poder de barganha.

3) O pequeno proprietário tem menor acesso aos agentes mais dinâmicos de comercialização (como já vimos anteriormente) e está mais sujeito aos modelos tradicionais, nos quais os incrementos de preços se diluem entre as camadas de intermediários;

4) mesmo quando as melhorias de preço logram superar todas essas barreiras contra sua apropriação pelo minifundista, isto não significa que será suficiente para melhorar sensivelmente sua renda. A produção sendo pequena não permite um montante de lucro elevado, pois a atividade agrícola caracteriza-se por um lucro unitário reduzido, só gerando um nível global de renda significante a partir de um apreciável volume de produção.

Apesar do preço ser o mais poderoso entre os instrumentos, sua repercussão, sob atual estrutura agrária, será suficiente apenas para afetar o nível de renda de uma parcela dos produtores. O alcance pleno do potencial de impacto do preço depende de transformações na ordem agrária, suficientes para elevar o número de estabelecimentos rurais sensíveis ao comportamento do mercado.

B – TEXTOS PUBLICADOS EM REVISTAS DA ÁREA ECONÔMICA

REVISITANDO O CAPITALISMO

"Conjuntura Econômica" - Fundação Getúlio Vargas.   Novembro 2019

Não podemos afirmar que a economia mundial atravessa um período brilhante. Na verdade, já há mais de dez anos escasseiam as notícias alentadoras e frequentemente somos assombrados por previsões de iminentes crises.

Ao constatarmos que o crescimento da economia americana não supera sua timidez, que a Europa padece do mais longo período de pasmaceira do pós guerra, que o Japão não se livra do contexto estagnante e a América Latina arrefeceu sua convicção de atingir rápido desenvolvimento econômico e social, cabe perguntar: o que está acontecendo de errado com o sistema capitalista?

Vários economistas não socialistas, tais como o americano prêmio Nobel Joseph Stiglitz e o francês Thomas Pikelly, vêm alertando que o "establishment" de certos países capitalistas persiste em agir de forma a estreitar as possibilidades de impulsionar a economia. Nesse sentido, advogam reformas na maneira como a integridade do sistema é interpretada.

Existem motivos de temor a respeito do destino reservado às nações onde alguns caprichos das leis de mercado se sobrepõem a princípios relevantes ao crescimento do PIB e à justiça social. Não restam dúvidas de que a empresa privada constitui a melhor alternativa para organizar a produção de bens e serviços e de que a estatização não é sinônimo de eficiência, nem de melhor defesa dos interesses do povo.

Porém, além de não vir sendo capaz de reanimar a economia mundial, o formato de capitalismo ora predominante demonstrou inabilidade para enfrentar três dos maiores tormentos que rondam a humanidade: a crescente inequidade social, a acelerada degradação ambiental e a índole desastrada do setor financeiro. Apesar de serem de naturezas inteiramente distintas, esses três fenômenos condicionam nosso futuro.

Por exemplo, nos Estados Unidos abundam os indicadores de agravamento da inequidade social. O recém publicado livro "The Triumph of Injustice", de autoria dos economistas Emmanuel Saez e Gabriel Zucman, professores da Universidade da Califórnia, revela que:

a) entre 1962 e 2018, a renda dos 50% da população localizada na base da pirâmide social aumentou em 1,5 vezes, enquanto que a dos 0,1%

mais ricos elevou-se em 7,3 vezes;

b) Os estratos menos privilegiados estão pagando proporcionalmente mais impostos do que os mais ricos. No caso específico do imposto de renda, entre 1962 e 2018 o percentual pago pelos 50% situados na base da escala social aumentou, enquanto diminuiu para os 10% mais ricos. O ultra bilionário Warren Buffet costuma dizer que paga menos imposto de renda do que sua secretária.

Panorama ainda pior prevalece na maioria dos países não pertencentes ao clube dos desenvolvidos, sendo o Brasil caso ilustrativo. Entretanto, é comum encontrar quem acredite ser possível a eternização do processo concentrador de renda, sem danos para a sociedade como um todo.

Em relação à negligência prevalecente na área ambiental, advogo que, assim como na Alemanha tornou-se ilegal negar o Holocausto, em todos os países deveriam ser processados os ocupantes de cargos públicos que negam a agressão humana à ecologia. Ao se recusarem a concretizar medidas protetoras do meio ambiente, essas autoridades mereceriam ser penalizados por cometerem crime contra a humanidade. O mesmo procedimento deveria recair sobre os demais cidadãos depredadores das normas ambientais

Outro traço verificado no capitalismo e passível de ser alvo de reforma, refere-se à tendência do setor financeiro em assumir riscos cujos estragos, em caso de fracasso, recaem também sobre o resto da sociedade. Tendo em vista a elevada influência dos Estados Unidos sobre a economia mundial, volto a usar esse país como exemplo.

Sabemos que as temerárias acrobacias do mercado financeiro norte-americano funcionaram como estopim da crise de 2008/09. Pois bem; enganou-se quem pensou que o susto serviu de lição. Por incrível que pareça, percebe-se nos Estados Unidos a repetição dos erros detonadores do abalo sofrido há onze anos: começou a elevar-se o índice de vulnerabilidade do sistema de financiamento à aquisição de imóveis. O governo vem facilitando a subida da exposição ao risco das hipotecas imobiliárias, limpando o caminho para os bancos liberarem empréstimos a mutuários passíveis de não terem capacidade de saldar seus compromissos.

Fannie Mae, Freddie Mac e o Federal Housing Administration, instituições públicas garantidoras de empréstimos, abrigam hoje quase 7 trilhões de dólares em dívidas hipotecárias, montante 33% superior ao registrado na véspera da crise de 2008. Esse é o maior volume de qualquer época da história americana, segundo dados do Urban

Institute. Assim sendo, eventuais incrementos na inadimplência tenderão a induzir outra crise. Segundo notícia do New York Times (13/10/19), o valor das amortizações de 30% dos empréstimos garantidos pela Fannie Mae encontrava-se, em 2018, na delicada situação de suplantar 50% da renda dos mutuários, enquanto que em 2016 essa relação era de 14%.

A única forma de evitar comportamentos perigosos como esses consiste em aperfeiçoar a regulamentação aplicada ao setor financeiro, a despeito dos inevitáveis protestos. Esse seria um dos ingredientes do processo de reforma do sistema capitalista mencionado anteriormente.

Poucos são os atores políticos e empresariais, no âmbito internacional, que compreendem a inexistência de incompatibilidade entre os seus interesses e as políticas de amenização das disparidades sociais de renda, de proteção ambiental e de contenção das traquinagens de agentes financeiros.

A consciência quanto à necessidade de reformas se expressa pela proposta de adoção de um "capitalismo progressivo", pelo qual seria ampliada da atuação seletiva do Estado visando, entre outros, os seguintes objetivos: elevar a participação dos mais pobres nos frutos do crescimento do PIB, controlar a qualidade ambiental e aperfeiçoar a regulamentação de segmentos específicos da atividade econômica. A interferência estatal em outras áreas diminuiria e, em certos países, tais como o Brasil, a privatização do aparelho produtivo seria benéfica.

Enfim, advogar pelas reformas não constitui ato revolucionário marxista. Pelo contrário, trata-se de uma demonstração de apreço pelo sistema capitalista e de desejo de revigorá-lo.

* * *

EQUIDADE SOCIAL E CRESCIMENTO ECONÔMICO

"Conjuntura Econômica" - Fundação Getúlio Vargas.   Março 2016.

No artigo "A crise vista sob outro ângulo", publicado na Conjuntura Econômica em março de 2009, analiso a recessão de 2008 sob uma ótica inexplorada naquela época pelos observadores mundiais. O mencionado artigo aponta o processo de concentração social de renda nos Estados Unidos como raiz do cataclisma sofrido pela economia desse e de outros países.

Pois bem; agora afirmo que o padrão modesto da atual retomada do crescimento do PIB americano também provém da persistência de contrastes entre a evolução da renda nos diversos segmentos da sociedade local.

Em 2008, a extrema desregulação do sistema financeiro dos Estados Unidos ajudou a forjar uma euforia econômica cuja fragilidade manteve-se desapercebida pela maioria absoluta do establishment local e internacional. No entanto, era inevitável a implosão do mirabolante esquema de financiamento montado para insuflar o mercado imobiliário, pois sustentava-se no ascendente endividamento de famílias cuja renda real encontrava-se estagnada ou declinante. Assim, o gigantesco índice de inadimplência ocorrido desencadeou a crise bancária.

Hoje os Estados Unidos se orgulham do fato de usufruir do melhor desempenho econômico entre os países mais avançados. Porém, seu crescimento poderia ser bastante superior ao atual se políticas receptivas à equidade tivessem sido implementadas nos últimos sete anos. Tendo em vista que a propensão marginal a consumir dos grupos menos favorecidos é elevada, o incremento acentuado de sua renda provocaria uma expansão do consumo total superior ao presentemente constatado, resultando em estímulos ao investimento e ao crescimento do PIB. Porém, os dados mais recentes disponíveis demonstram que a discrepância social permanece insubmissa.

De acordo com o U.S. Census Bureau, a inequidade aumentou durante a recuperação da economia registrada nos anos recentes e, apesar do declínio do desemprego, analistas estimam que em 2015 manteve essa tendência. Entre 2008 e 2013 a renda real dos 10% mais ricos cresceu em 10,6%, enquanto a dos 10% mais pobres declinou em 3,2%. Em 2007 12,0% dos habitantes do país viviam sob condição de pobreza, índice que subiu para 14,8% em 2014.

Sob uma perspectiva de longo prazo, constata-se que o distanciamento entre os patamares de bem estar vem avançando desde os anos 80. Em 1982 o 1% mais rico da população recebia 10,8% da renda total, passando para 22,5% em 2012. Durante o mesmo período a renda dos 90% menos afortunados retrocedeu de 64,0% para 49,7% do total.

Essencial para inferir o comportamento da desigualdade, a comparação mais recente entre as trajetórias da produtividade da economia e do valor médio dos menores salários (60% da massa salarial) indica aumentos de 243,1% e 108,9%, respectivamente, de 1970 a 2010. Isto é, aos trabalhadores de remunerações inferiores coube quinhão insatisfatório dos ganhos auferidos pelos incrementos de produtividade.

Segundo o "US Bureau of Labor Statistics", os contratos de trabalho referentes aos assalariados de menores remunerações contêm regras mais restritivas, danificando a qualidade de vida desses empregados. Comparando benefícios desfrutados entre os 25% mais baixos e os 25% mais altos níveis de assalariados constata-se nítida desvantagem do primeiro grupo em termos de aposentadoria, férias, assistência médica proporcionada pelos empregadores, licenças de saúde e de maternidade e remunerações extras (dividendos, bonificações, etc.). Por outro lado, o enfraquecimento dos sindicatos provocou perda do poder de barganha dos assalariados

Em paralelo ao processo concentrador, as camadas menos providas da população enfrentam fatores que conspiram contra sua mobilidade social, tais como:

a) inexistência de um sistema gratuito e universal de seguridade social, incluindo atendimento médico;

b) elevado custo das universidades públicas dificultando o acesso dos jovens de menor poder aquisitivo;

c) ausência de legislação que obrigue as empresas a liberar seus empregados para votar, quando as eleições ocorrem em dia de semana, afetando proporcionalmente mais os ocupantes de funções subalternas, impedindo-os de influenciar o resultado eleitoral.

Além de ser modesta, a presente recuperação da economia americana é vulnerável a recaídas pois carece do alicerce que proporcionariam a ascensão financeira das classes média e baixa e, também, a expansão do atual nível de investimentos em setores envelhecidos. Em outras palavras: o alcance de prosperidade substancial e duradoura depende do incremento no poder de compra dos excluídos do top social e, também, da ampliação dos investimentos no rejuvenescimento da infraestrutura do país, principalmente nas áreas de ferrovia, portos e transporte urbano.

Essa percepção é, por incrível que pareça, compartilhada por expressivo segmento de empresários bilionários, entre os quais se destacam Warrem Buffett, George Soros e Michael Bloomberg. Esses empresários compreendem que nada melhor para o capitalismo do que o impulso à demanda por bens e serviços proveniente das classes média e menos privilegiadas. Evidentemente, sob a condição de que esse impulso seja lastreado pelo incremento em suas rendas e não agrida sua capacidade de endividamento.

Abordado no ambiente acadêmico, mas omitido pelas lideranças políticas, o vínculo entre desigualdade e recessão ainda não conquistou o merecido status de alvo crucial de mobilização da sociedade americana. Na presente campanha eleitoral para a presidência do país o tema vem sendo mencionado de maneira inadequada. Até mesmo os candidatos mais à esquerda se referem ao combate à inequidade como uma questão somente de justiça social e não de dinamismo do conjunto da economia.

* * *

A CRISE VISTA POR UM OUTRO ÂNGULO

"Conjuntura Econômica" – Fundação Getúlio Vargas. Março 2009.

Imenso volume de textos já foi produzido no intento de retratar a crise econômica e financeira detonada em 2008 nos Estados Unidos e propagada ao resto do planeta. Mesmo assim, ainda é possível identificar aspectos que a literatura especializada internacional não abordou de forma suficiente. Neste artigo, procuro explorar um desses aspectos, que considero fundamental. Trata-se de um ingrediente de natureza estrutural que influenciou a fisionomia do mais inquietante fenômeno enfrentado, desde os anos 30, pela economia mundial.

Ciclos econômicos sempre existiram, cada um com características e origens diferentes. Seria incorreto atribui-los a um conjunto simplista de causas. Mas existe um determinado componente da realidade americana que forjou o cenário propício à atual crise. Refiro-me ao processo de concentração social de renda. Vejamos algumas manifestações da crescente desigualdade verificada nos Estados Unidos e seus vínculos com a tormenta que ainda o aflige e a outros países.

No período 2004 – 2008 (2008: 1^0, 2^0 e 3^0 trimestres) a remuneração ao trabalho representou 45,8% do PIB, o mais baixo nível registrado desde 1929, a partir de quando existem dados agregados sobre salário (fonte: Department of Commerce, Bureau of Economics Analysis).Durante o longo intervalo compreendido entre 1929 e 1980, o espaço médio ocupado pelo salário no PIB foi de 51,5%, atingindo os montantes máximos de 53,7%, 53,6% e 53,5% em 1944, 1945 e 1970, respectivamente.

O declínio sistemático da massa salarial na renda interna começou em 1981 e desde então jamais superou os 50%, cifra frequentemente suplantada entre 1929 e 1980. Isto, apesar de a proporção de empregados vis à vis a população total dos Estados Unidos, entre 1980 e 2008, ter passado de 43,8% para 47,9%.

Em paralelo a essa tendência desfavorável ao conjunto "remuneração do trabalho", constatam-se nos últimos dez anos, no interior desse conjunto, evidências inquestionáveis de drástica acentuação das disparidades entre os níveis salariais extremos. Isto é, os empregados localizados no topo da pirâmide vêm recebendo intensos incrementos em suas remunerações, ao contrário dos demais. Portanto, os valores referentes às camadas inferiores de assalariados sofreram, na realidade, compressão muito superior à sugerida pelas médias mencionadas no parágrafo anterior. Ademais, o salário mínimo real em vigência é o mais baixo dos últimos 50 anos.

Outro indicador expressivo do definhamento relativo do padrão de vida das classes menos favorecidas é a trajetória da relação entre produtividade da economia e a mediana da renda familiar. Historicamente e em grande parte do século XX, essa medição de renda e a produtividade mantinham passos harmônicos. Os primeiros

episódios de discrepância (desde que essa estatística é calculada) ocorreram nos anos 50, 60 e 70. Mas é a partir de 1980 que se constata nítido e persistente descolamento, com o crescimento da mediana da renda familiar não logrando alcançar o da produtividade. O gráfico A exibe claramente esse fenômeno.

Em conexão com esses e outros fatores, a sociedade americana vem sofrendo um processo de aumento dos contrastes nos níveis de renda, conforme atestam estatísticas fartamente divulgadas. Segundo o estudo "United States GPN Report 2007", elaborado pela Global Policy Network (www.gpn.org), é flagrante a disparidade no crescimento da renda média real por classe social, entre 1979 e 2004. No caso dos 20% mais pobres, subiu em apenas 2,0%, enquanto no quintil mais alto avançou em 63,0%. Nos quintis intermediários - segundo, terceiro e quarto – os incrementos de renda foram de 11,0%, 14,7% e 23,2%, respectivamente. O 1% mais rico da população usufruiu de um aumento de 152,9%. Todas evidência indicam que de 2005 a 2008 essa desigualdade acentuou-se.

Como consequência desse tipo de evolução, pela primeira vez na história americana a força motriz da expansão do consumo das classes média e baixa deixou de ser o aumento de suas rendas reais. O endividamento familiar assumiu então a condição de principal incentivador da aquisição de bens e serviços e do funcionamento do sistema produtivo. Ao longo das últimas quase três décadas, essas camadas sociais, embora submetidas a vicissitudes em suas rendas, encontravam-se expostas às atraentes vitrines de consumo e sucumbiram à tentação do endividamento exagerado. E a orgia da desregulamentação viabilizou financiamentos a quem não tinha condições de assumi-los.

De fato, dados do "Federal Reserve" e do "Pew Research Center" (Washington), revelam que o nível de endividamento das famílias americanas nunca atingiu patamares tão elevados quanto os atuais. Em 2007 representou 133,5% da renda média familiar, enquanto que em 1983 pesava em 46%. No final do terceiro trimestre de 2008 houve ligeira retração, para 130,3%, explicada pela queda na oferta de crédito e temor das famílias em ampliar compras, devido à recessão.

Comparando o total da dívida familiar com o PIB, percebe-se sua crescente dimensão como explicadora do ritmo de atividade econômica e dos hábitos da sociedade americana: no quinquênio 1983 – 87, tal endividamento representava, em média, 53,5% do PIB, pulando para 94,4% em 2003 – 2007. Para evidenciar ainda mais a mudança, vale destacar que a cifra para 2007 chegou a 102,9%, enquanto que em nenhum dos anos das décadas de 60 e 70 superou os 50%.

Ora, uma economia de tal forma movida pelo endividamento familiar não escapa impune quando algo desfavorável ocorre entre os mutuários, ou no seio das agências financeiras, ou no ritmo de atividade em geral.

É óbvio que desigualdade social e endividamento familiar não devem ser encarados como causas inevitáveis de cataclismos financeiros e recessivos. Um país cuja a renda é mal distribuída mantem chances de crescer. No caso americano, é possível até afirmar que o aumento da desigualdade e do endividamento não redundaria obrigatoriamente em um desastre da dimensão atual, desde que:

a) a desregulamentação não houvesse conduzido as agências financeiras a um comportamento leviano;

b) esse comportamento não tivesse induzido certas famílias a atitudes irresponsáveis, em termos de endividamento;

c) a economia não começasse a engasgar em 2007, tornando vários mutuários inadimplentes devido à redução em suas rendas.

No entanto, quando a casa está pegando fogo, torna-se irrelevante estudar essas hipóteses. O prioritário agora é apagar o incêndio, recuperando a atividade econômica e o nível de emprego, e começar a executar as reformas necessárias à inversão da tendência à inequidade social, propiciando assim o redirecionamento da economia americana com base em alicerces mais sólidos.

GRÁFICO A – EUA: PRODUTIVIDADE E RENDA DOS ASSALARIADOS. 1945-2005

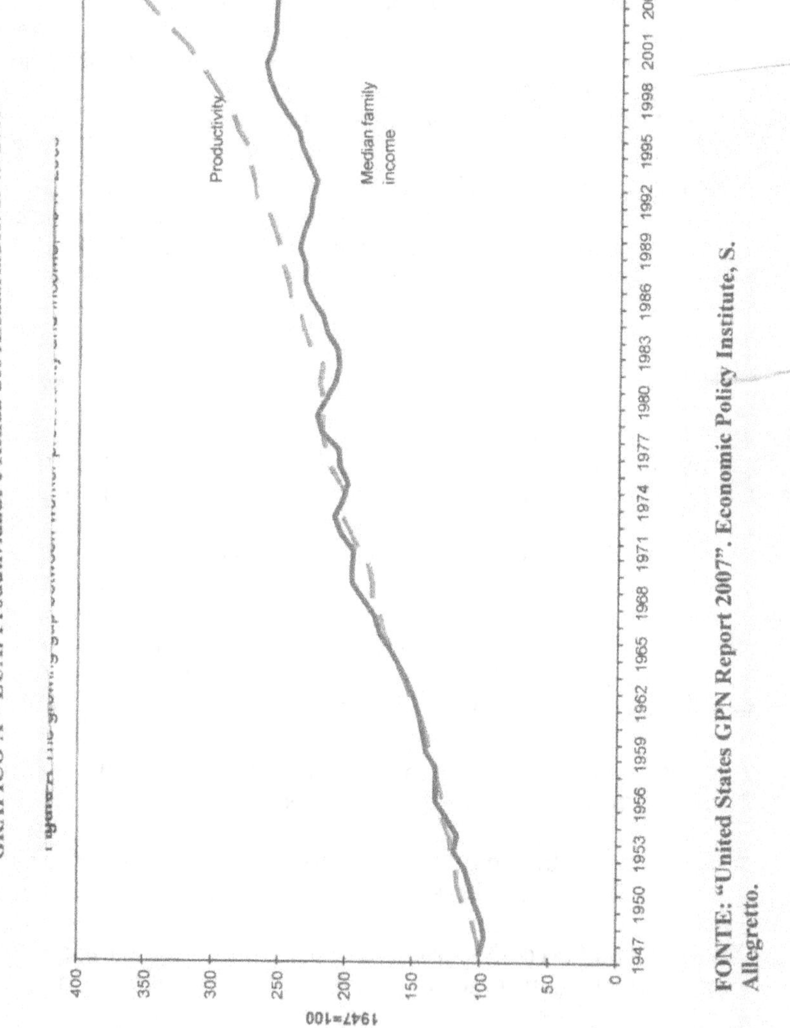

Uma discussão ainda não plenamente resolvida é a referente ao ponto de partida da crise. A recessão americana não foi provocada originalmente pelo terremoto no setor financeiro. Na verdade, as agruras das instituições de crédito resultaram, em parte, da esfriamento da atividade econômica a partir do último trimestre de 2007, quando o PIB encolheu 0,2% em relação a igual período de 2006. E assim, inúmeras

famílias perderam condições de honrar suas hipotecas, desmascarando as heresias cometidas pelo mercado de crédito. A crise então detonada no setor financeiro precipitou e avolumou a onda recessiva já em movimento, influenciando suas características, em um processo causa-efeito de múltiplo sentido.

Por outro lado, os indícios recessivos explicitados a partir de final de 2007 vulnerabilizaram uma série de empresas, principalmente aquelas com desprezíveis níveis de eficiência e ameaçadores índices de solvência. Parte dessas empresas, sendo a indústria automobilística um exemplo típico, já se encontravam fragilizadas devido a carências de competitividade, não resistindo ao contexto econômico adverso.

Regulamentação- No tocante ao tão discutido tema da desregulamentação, ainda é oportuno realçar alguns aspectos. No início dos anos 80, partindo do refrão adotado pelo presidente Ronald Reagan de que "o Estado não é a solução mas sim o problema", e que o mercado sempre engendra as melhores opções para a sociedade, enalteceram-se as modalidades mais extremadas de desregulamentação. E o desmoronamento do comunismo na Europa Oriental consolidou o prestígio da chamada visão ultra liberal do capitalismo. Desde então, esse caminho parecia estar garantindo a prosperidade global perpétua.

Mas eis que chegou a vez dessa concepção sofrer os seus abalos. A crise deflagrada nos Estados Unidos revelou as debilidades de um segmento apontado como exemplo do êxito da desregulamentação extremada: o setor financeiro.

Evidentemente, não se trata da derrocada do capitalismo, mas sim do esvaecimento de um conceito que atribuía ao mercado a capacidade de cumprir certas funções a ele inacessíveis. Embora não tenha sido provocada apenas pela escassez de regras disciplinadoras, a crise dramatizou a necessidade de ferramentas de controle e acompanhamento da economia, em especial no setor financeiro. Isto, apesar dos riscos inerentes a qualquer modelo desregulamentação.

Com os acontecimentos recentes, o pêndulo da história deslocou-se para uma posição mais central, totalmente afastada dos princípios marxistas e dos arroubos estatizantes, mas também distante dos traços frenéticos de um capitalismo incontrolável. Esse reposicionamento não constitui uma ameaça à lógica dos processos de privatização e de abertura comercial ocorridos em vários países, nem contesta outros avanços modernizantes na engenharia do capitalismo. A questão não é substituir o mercado, mas sim criar condições para que funcione com o máximo de eficiência.

Os Estados Unidos despertaram para uma nova realidade, a partir da qual o relacionamento entre o Estado e a economia jamais será como antes. E o planeta como um todo está sentindo os efeitos desse reposicionamento. Daqui para frente, por um longo período de tempo, quem batalhar pela máxima desregulamentação será encarado como personagem exótico, da mesma forma como o é Hugo Chávez em decorrência de seu projeto de implantar o socialismo do século XXI.

* * *

PAÍSES E EMPRESAS EMERGENTES

RUMOS – Revista da Associação Brasileira de Instituições Financeiras de Desenvolvimento.   Julho - agosto 2008

De acordo com o estudo *"Globalização 2.0: países emergentes e empresas que já emergiram"*, divulgado em maio deste ano pela Ernst & Young, a ascensão econômica de algumas nações em vias de desenvolvimento tornou-se uma realidade tangível. O crescimento do poder de grandes empresas originárias desses países é impressionante: entre 2000 e 2007, seu peso entre as mil maiores capitalizações efetuadas nas bolsas mundiais passou de 5% a 19%. Em 2000, apenas uma centena figurava nessa lista, enquanto que atualmente o número chega a 221.

A maioria dessas firmas provêm do chamado BRIC, conjunto formado pelo Brasil, Rússia, Índia e China: representam 53% do número e 68% do valor das 221 listadas. Segundo o estudo , "... entramos na segunda fase do processo de globalização, onde os países emergentes (PE) não são mais apenas uma destinação dos investimentos europeus, americanos e japoneses. Eles constituem agora o berço de multinacionais que se lançam à conquista dos mercados internacionais".

Em média, essas empresas crescem mais rápido e são mais rentáveis do que suas equivalentes americanas, europeias e japonesas. Nos últimos cinco anos, sua taxa média anual de crescimento foi 2,9 vezes superior à das nativas dos países desenvolvidos (PD). Suas margens operacionais alcançaram a 25% do faturamento, enquanto que naquelas oriundas das nações ricas esse índice foi de 14%. Grandes empresas dos PE que alcançaram tamanho suficiente para ameaçar suas concorrentes dos PD não são mais exemplos isolados.

No caso brasileiro, a ascensão de grupos empresariais ao escalão internacional de excelência deve-se às políticas públicas implementadas durante várias décadas, a partir do pós-guerra. Incentivos fiscais e cambiais, subsídios, protecionismo e empréstimos diferenciados foram mecanismos fartamente utilizados. Papel fundamental coube ao arcabouço estatal de financiamento de investimentos, liderado pelo Banco Nacional de Desenvolvimento Econômico e Social.

Mas agora os tempos mudaram. Hoje predomina um certo constrangimento no uso excessivo do fomento estatal e, por outro lado, o setor privado necessita menos desse gênero de apoio. O desenvolvimento do mercado de capitais e do sistema financeiro privado abriu às empresas nacionais, sobretudo as maiores, novas fontes de recursos para investimento. Caberia então perguntar: instituições como BNDES, FINEP e bancos regionais e estaduais de desenvolvimento estão sintonizadas com essa nova realidade?

Vejamos o caso do BNDES, tendo em vista o fato de ser a mais importante das instituições mencionadas. Desde sua criação, o Banco assumiu como meta a construção de grupos empresariais brasileiros de elevadas dimensão e competitividade, cometendo até alguns exageros paternalistas. Mas, levando em conta que a maior parte das grandes empresas brasileiras já atingiu avançado grau de maturidade, seria natural que recorressem menos ao BNDES e mais às fontes privadas de recursos, tanto internas quanto externas, e às multilaterais.

Em outras palavras: as operações do Sistema BNDES deveriam registrar substancial declínio relativo no financiamento às firmas de maior porte e aumento no apoio às micro, pequenas e médias e, também, ao empreendedorismo. No entanto, essa não é a realidade.

Entres os triênios 1998/2000 e 2005/2007, seus desembolsos às grandes empresas passaram de 84,5% a 76,2% do total, indicando baixa pouco significativa. Evidentemente, não seria realista imaginar que mudança de ênfase dessa natureza pudesse atingir velocidades espetaculares, mas deveria ter sido mais acentuada do que o ocorrido entre os triênios mencionados.

No momento em que clientes tradicionais do BNDES tornaram-se estrelas do cenário econômico internacional, não justifica-se que continuem absorvendo parcelas tão expressivas das operações do Banco. Hoje, eles dispõem de acesso privilegiado a instituições financeiras privadas localizadas dentro e fora do Brasil, inclusive bolsas de valores, assim como ao Banco Mundial e Banco Interamericano de Desenvolvimento. Esta realidade é mais evidente ainda no caso dos grupos brasileiros que figuram entre os 221 listados pela Ernst & Young.

Agora, o papel ideal do BNDES, no setor privado, consiste em promover uma nova geração de grandes empresas, assim como de contribuir para a prosperidade daquelas com vocação de permanecerem menores. O desenvolvimento de um país depende da mobilização profunda da sociedade. Os empreendimentos de menor porte constituem um dos componentes dessa mobilização. Cabe às instituições públicas de financiamento a investimentos assumir, nesse nicho empresarial, o nível de engajamento ainda não oferecido pela banca privada, em termos de volume de recursos e disposição ao risco.

* * *

A NOVA FACE DA FOME

Conjuntura Econômica – Fundação Getúlio Vargas. Julho 2008

Thomas Malthus (1766 – 1834) provocou polêmica ao prognosticar para a humanidade, em seu livro "Ensaio Sobre o Princípio da População", um futuro assombrado pela fome. Segundo ele, em decorrência de uma série de fatores, a população mundial cresceria em ritmo superior ao da oferta de alimentos.

Felizmente, a tese de Malthus não confirmou-se, dados o progresso tecnológico aplicado à agricultura, a incorporação de novas terras cultiváveis e o comportamento demográfico diferente daquele por ele previsto. A ocorrência de fome endêmica ao longo da história não é explicada pela escassez de alimentos, mas sim pela pobreza. Porém, o espectro da fome provocada pelo descompasso entre oferta e demanda de alimentos passou a rondar a humanidade, em pleno século XXI, embora por razões diferentes das apontadas por Malthus.

A atual tendência à fome não resulta do desencontro entre os crescimentos demográfico e da produção de alimentos, nos termos malthusianos, nem da persistência da pobreza. Uma nova configuração de fatores está atuando.

Desde o início de 2007 verificam-se, em várias partes do planeta, tensões sociais e políticas derivadas de obstáculos no acesso à compra de alimentos. Os focos de tensão localizam-se entre aqueles segmentos que, apesar de pobres, logravam comer um mínimo razoável ou passaram, recentemente, a possuir meios de melhorar sua alimentação. Os obstáculos à compra de alimentos resultam da escalada dos preços de produtos como trigo, arroz, milho, soja, óleos vegetais, leite e carne.

De acordo com a FAO, ao longo das três décadas entre 1974 e 2005, o preço real dos alimentos caiu em 75%, na média internacional. Mas desde 2005 esses preços voltaram a subir no mesmo ritmo. O Banco Mundial avalia em 83% o aumento do conjunto de preços alimentares, nos últimos três anos, chegando a 181% no caso do trigo. Apenas em 2007, o valor da cesta considerada básica pela FAO encareceu 40%, destacando-se o arroz com a taxa de 119%.

Países atingidos - Os países onde as penúrias manifestam-se mais explicitamente localizam-se na África, Ásia e, em menor escala, na América Latina e Europa Oriental. Também no Brasil constata-se que o preço dos alimentos está empurrando a taxa de inflação. Até mesmo os países ricos vivenciam os reflexos da crise. Nos Estados Unidos, duas gigantescas redes comerciais, Sam's Club (divisão atacadista da Wal-Mart) e COSTCO, instituíram limites à venda do arroz, o que equivale a um verdadeiro racionamento. Por outro lado, assim como na maioria dos membros da União Europeia, o custo dos alimentos vem subindo acima da taxa média de inflação

Matéria do *Washington Post* de 14 de abril informa que os refeitórios das escolas públicas americanas enfrentam dificuldades oriundas do custo de leite, grãos, frutas e legumes. Como resultado, essas escolas elevam o preço das refeições ou servem pratos mais baratos. O subsídio concedido pelo governo federal não subiu no ritmo dos custos: de 2007 para 2008, a ajuda ao almoço gratuito servido às crianças pobres aumentou em 3,0%, enquanto o custo da refeição subiu 14,8%.

Cada país atingido pela crise tenta solucioná-la à sua maneira, recorrendo a limitações às exportações de alimentos, controle de preço ou esforço extraordinário de importação. Essas iniciativas unilaterais repercutem negativamente sobre os países pobres importadores, o que levou a FAO a apelar por uma estratégia global.

Causas - Vários fatores concorrem para tal explosão de preços:

a) crescente demanda por alimento;

b) degradação ambiental;

c) impetuosidade nos investimentos em biocombustíveis;

d) movimentos especulativos;

e) produtividade agrícola insatisfatória na maioria dos países em desenvolvimento;

f) elevação do preço dos insumos utilizados na atividade rural por influência do petróleo;

g) redução da área cultivada, devido à urbanização.

Neste artigo, serão comentados apenas os quatro primeiros fatores.

a) Demanda

Em certos países – como China, Índia e Brasil – houve progressos no nível de vida de parcela das classes menos favorecidas, redundando em acentuado crescimento na demanda por alimentos, associado à diversificação do conteúdo das refeições. Passaram a frequentar, com maior assiduidade, a mesa das famílias emergentes itens como cereais e grãos de valor superior, carnes vermelhas, frangos, peixes, produtos lácteos, frutas e verduras. Esse movimento, por sua vez, eleva a necessidade de cereais destinados à nutrição animal. Cria-se assim uma dinâmica que inexoravelmente pressiona os preços.

Nos países citados no parágrafo anterior, verifica-se elevada elasticidade renda da demanda por alimentos nas classes que estão ingressando no mercado. Poderia-se argumentar então que, à medida que a renda per capita for subindo, essas famílias atingirão faixas onde a elasticidade é menor e, assim, o incremento da demanda arrefecerá. No entanto, a população da China e Índia, por exemplo, é tão gigantesca que, se suas economias continuarem crescendo, novas ondas de multidões provenientes da pobreza irão invadir o mercado, ávidas por comer mais e melhor.

Não estamos lidando com uma queda ou estagnação na oferta mundial de alimentos, visto que, segundo a FAO, a produção de cereais aumentou em 2007 e deverá seguir avançando em 2008. O que está havendo é um crescimento insuficiente vis-à-vis a demanda, provocando declínio dos estoques de cereais, que encontram – se nos níveis mais baixos desde há um quarto de século.

b) Meio ambiente

É inexorável o impacto da anarquia ambiental sobre a produção agrícola. A lista de efeitos nocivos, elaborada por instituições especializadas, é suficiente para percebermos o quanto dificulta o esforço de aumentar a oferta de alimentos em ritmo harmônico com o comportamento da demanda.

Um dos exemplos mais dramáticos desse impacto é a seca que vem castigando a Austrália, há seis anos. Relevante produtor de commodities alimentícios, o país sempre foi sujeito a secas, mas esta é a pior em um século. Além de afetar toda a agricultura local, o colapso em sua produção de arroz é um dos fatores agravantes da pressão sobre os preços internacionais do produto. Inúmeras instituições científicas acreditam que este é um dos indícios de como o aquecimento global afeta a atividade rural.

c) Biocombustíveis

Acirrada controvérsia envolve a questão da disputa, pelo uso da terra, entre os alimentos e as matérias primas para biocombustíveis. No Brasil, predomina a versão de que, no caso da cana-de-açúcar, não existe esse conflito. Mas na esfera internacional, instituições como Banco Mundial, FAO, "International Food Policy Research Institute" (Washington) e Programa Alimentar Mundial da ONU, atribuem aos biocombustíveis o agravamento do cenário da oferta alimentar no planeta.

Essas instituições apontam os EUA como o grande vilão. Em seu afã de viabilizar artificialmente o etanol, o governo americano concede elevados subsídios ao milho destinado a esse fim, induzindo os agricultores a encaminhar maior proporção de sua colheita aos fabricantes do combustível, em detrimento do mercado de alimentos. Em 2007, os EUA registraram uma colheita recorde de milho, mas também destinaram uma proporção recorde, um terço do total, à indústria de etanol.

Na verdade, para o etanol solucionar a dependência dos EUA, e mesmo da Europa, ao petróleo, seria necessário ocupar um espaço inimaginável de terra.

c) Especulação

A especulação internacional aviva as tensões observadas no mercado de commodities alimentares, na medida em que os investidores, abalados com a crise do setor financeiro americano e seduzidos pela escalada dos preços agrícolas, aplicam quantias vultosas no mercado futuro de cereais. Por outro lado, compradores atacadistas e importadores começaram a adquirir volumes maiores do que normalmente efetuavam, devido aos distúrbios populares provocados pelo encarecimento dos alimentos. Esse salto nas aquisições aquece os preços.

Alerta - Tudo indica que poderá tornar-se realidade o grito de alarme lançado, em outubro de 2007, por Jacques Diouf, diretor da FAO, profetizando a generalização de "motins da fome". Face a uma situação que corre o risco de degradar-se ainda mais, o presidente do Banco Mundial, Robert Zoellick, fez um apelo, em abril de 2008, por uma nova política alimentar mundial, a fim de evitar que um número ascendente de países enfrentem crises sociais e políticas.

Conforme advertiu Zoellick, "os avanços arduamente alcançados no combate à pobreza podem agora se reverter, anulando, ademais, todas as esperanças de melhorias na saúde, educação e redução de desigualdades. Com a fome, vem o retrocesso geral". Segundo o Banco Mundial, a elevação dos preços alimentares pode fazer com que 100 milhões de pessoas, em países de baixa renda, mergulhem ainda mais na pobreza.

Em Londres, o primeiro-ministro Gordon Brown afirmou (*Washington Post*, 23/04/08) que "A fome não é apenas um desafio moral, mas também uma ameaça à estabilidade das nações pobres". Segundo Brown, a "União Europeia incentivou maior uso de biocombustíveis mas, agora, tornou-se imperativo analisar o impacto ambiental e sobre preços de alimentos. Se a análise que faremos na Inglaterra demonstrar a necessidade de mudar nossa posição, nós vamos agir no sentido de rever as metas da União Europeia".

Uma das preocupações das Nações Unidas é a possibilidade de que a ajuda alimentar disponível seja incapaz de atender às necessidades. O Programa Mundial de Alimentação (WFP), da ONU, presente em 78 países, fornece ajuda a aproximadamente 88 milhões de pessoas. Os recursos de que dispõe agora são insuficientes para manter seus programas. Somente para distribuir a mesma quantidade de alimentos do ano passado, necessitaria de um extra de US$700 milhões (*The Economist*, 19-25 abril)), sem contar as levas adicionais de pessoas prejudicadas pelo aumento de preços.

Ações - Para amenizar em parte o panorama descrito, pode-se contar com o clássico funcionamento do mercado. Se os preços sobem, a oferta responderá induzindo maiores colheitas. O Banco Europeu de Desenvolvimento e a FAO identificam possibilidades promissoras nos países do leste europeu. Seu potencial é importante, em termos de terras aráveis subutilizadas.

Por outro lado, a maioria dos países em desenvolvimento, inclusive da América Latina, dispõe de um vasto caminho a ser percorrido em termos de incremento de produtividade. As nações desenvolvidas também responderão aos preços expandindo a produção. Enfim, uma fatia do déficit na oferta alimentar pode ser reduzida pela ampliação espontânea das safras.

A maior fonte de preocupação advém dos fatores de caráter mais rígido e, por conseguinte, de difícil redirecionamento: aquecimento do planeta, impetuosidade nos investimentos em etanol, especulação, encarecimento dos insumos e diminuição das áreas cultivadas devido à urbanização. Como o processo de urbanização é irreversível e o custo dos insumos se encontra associado ao do petróleo, sobram como passíveis de eventual ação reparadora a degradação ambiental, a corrida aos biocombustíveis e o frisson especulativo.

Por mais que a oferta mundial de alimentos cresça via resposta aos altos preços, perdurarão os estragos decorrentes do aquecimento global e do exagerado desvio de terras do suprimento de refeições para o de tanques de combustível. É farta a literatura sobre a questão ambiental e as dificuldades nessa área são óbvias. Porém, a análise da questão etanol ainda é insuficiente, no sentido inclusive de libertá-la do dilema de ser pró ou contra essa alternativa ao petróleo.

O esforço em diminuir a dependência aos combustíveis fósseis não se limita a substituí-lo pelos biocombustíveis (a esse respeito, ver artigo meu publicado na **Conjuntura Econômica** de outubro 2007). Quanto à especulação, o único meio de limitá-la seria mediante maior grau de regulamentação do mercado internacional, o que beira a fronteira da utopia.

Ao Brasil caberá papel relevante nas ações destinadas a alterar o quadro sombrio hoje observado. Isto porque reúne as seguintes peculiaridades:

a) dispõe de elevado potencial para incrementar produção de alimentos;

b) executa o programa etanol mais viável dos atualmente disponíveis no mundo;

c) trata-se de um dos países onde vem ocorrendo forte expansão no consumo das classes de menor renda;

d) figura entre os alvos de crítica internacional a respeito de zelo ambiental.

Expectativas – O setor agrícola caracteriza-se por corresponder aos incentivos de mercado, ainda que com certa defasagem. Mas, no nível mundial, jamais enfrentou desafio de tamanha envergadura: atender a uma demanda de alimentos em forte crescimento e participar com intensidade na produção de combustível, ao mesmo tempo em que sofre os efeitos de condições ambientais hostis.

Sua capacidade de vencer esse desafio ainda é desconhecida. Existe o risco de o encarecimento dos alimentos não ser algo passageiro, mas sim um fenômeno prolongado de caráter estrutural, conduzindo um número crescente de pessoas à situação de insegurança alimentar.

Talvez a crise atual seja a oportunidade para mudanças no mercado internacional de alimentos, pelas quais sejam eliminadas distorções como os subsídios praticados pelos EUA e Europa e, assim, os países emergentes possam concorrer em condições de igualdade com os desenvolvidos. Esta é também a oportunidade de as agências multilaterais de financiamento expandirem drasticamente seu apoio ao setor agrícola dos países da América Latina, Ásia, África e Europa Oriental.

O lado irônico da crise em questão é que durante décadas a luta contra a pobreza encontrava-se associada ao conceito de inverter os movimentos de baixa nos preços das commodities, que conspirava contra o crescimento do PIB dos países em desenvolvimento. Agora, as cotações mundiais de quase todos produtos agrícolas dispararam, mas os motivos de alegria são poucos.

Predomina a preocupação de que esse incremento de preço acentue a pobreza em intensidade maior do que os clássicos declínios na cotação internacional das culturas agrícolas ofertadas pelos países não desenvolvidos. Isto porque embora a alta de preços favoreça os agricultores, prejudica uma categoria mais numerosa, constituída pelas pessoas de baixa renda que compram alimentos: a população pobre urbana e a rural sem terra.

* * *

PROGRAMA ETANOL E CONTEXTO URBANO

RUMOS – Revista da Associação Brasileira de Instituições Financeiras de Desenvolvimento. Novembro 2007

Não há como negar o poder de sedução do programa etanol. Sua atratividade reside em:

a)   tratar-se, neste momento, da alternativa mais acessível à gasolina;

b)   oferecer ao Brasil a posição de maior exportador de biocombustível do mundo;

c)   criar oportunidades de ótimos negócios empresariais.

No entanto, a política nacional de redução da dependência ao petróleo padece de uma visão incompleta e conservadora, quando analisada sob o ângulo do transporte urbano.

Incompleta, porque atua apenas sobre a oferta de combustível. O correto seria focalizar também o lado da demanda, diminuindo a intensidade de sua expansão mediante drástica ampliação dos investimentos em transporte coletivo. A curto prazo, esses investimentos não necessitariam ser exclusivamente do gênero ultra dispendioso, como o metrô. Apesar de a opção ferroviária ser a ideal, a reestruturação dos serviços de ônibus e a correspondente adequação das vias públicas, já constituiriam um avanço. Afinal, cada ônibus substitui uns trinta automóveis, desde que seja confortável e seguro.

O conteúdo conservador da política vigente consiste no fato de manter intacto o modelo de locomoção baseado no carro individual, alterando apenas o tipo de combustível consumido. Alterar esse modelo não implica em declarar guerra à indústria automobilística, mas sim em mudar a maneira de usufruir do automóvel, buscando diminuir o número de viagens casa – trabalho – casa. O que seria viabilizado mediante maior disponibilidade de transporte coletivo, concepção de outras fórmulas criativas de induzir menor dependência ao automóvel e aplicação de limites ao seu ingresso nas áreas centrais das cidades.

Nesse campo, os melhores exemplos vêm da Europa:

a) vários municípios europeus vêm modernizando ou instalando sistemas de bonde e* ônibus em vias exclusivas;

b) Londres e Estocolmo instituíram um pedágio à circulação de carros particulares no centro da cidade. Singapura também adotou esse encargo e a prefeitura de Nova York anunciou estudos para sua implantação;

c) o prefeito de Paris criou um sistema de aluguel de bicicleta, a preços irrisórios, conjugado à rede de metrô.

No Brasil, ainda é baixa a percepção de que a prioridade ao transporte coletivo devolveria à população espaços urbanos hoje invadidos pelo automóvel, favorecendo o desfrute dos recursos culturais, econômicos e recreativos das cidades.

Ações destinadas a reduzir a demanda de combustível por passageiro requerem um robusto esquema de financiamento a projetos de transporte coletivo. O agente financeiro natural para esses projetos é o BNDES. Entre 2002 e 2006, os desembolsos do Banco às atividades vinculadas ao etanol aumentaram em 241,8%, enquanto os efetuados a projetos de transporte urbano subiram em 94,1%.

Essa diferença não surpreende, dado o fato de o setor de biocombustível encontrar-se em fase de forte expansão. Porém, no momento em que o país caminhar para um salto significativo na concepção de programas de transporte coletivo, os desembolsos do BNDES a esse segmento terão que crescer em ritmo superior ao do último quinquênio.

Encarando o etanol não apenas sob o ponto de vista de alternativa ao petróleo, mas também como parte de um esforço para acelerar a recuperação ambiental e melhorar a qualidade de vida urbana, percebemos a urgência em reformular a postura da sociedade brasileira. O caminho adequado seria conjugar o programa etanol a um ambicioso conjunto de investimentos em transporte coletivo de passageiros e ferroviário e hidroviário de carga.

Ao longo dos últimos quarenta anos, as modalidades ferroviária (urbana, interurbana e de carga) e de cabotagem foram vítimas de verdadeiro extermínio, o qual gerou uma dependência rodoviária exagerada. A estrutura de transporte em vigor é incompatível com as características geográficas do país e lesiva à competitividade da economia brasileira, além dos já mencionados danos ecológicos e urbanos.

O fato de uma fonte energética ser renovável não justifica que monopolize as iniciativas visando diminuir a dependência aos combustíveis fósseis. Nesse sentido, a escassez de medidas destinadas a racionalizar o uso do automóvel e ampliar o transporte coletivo gera danos que comprometem os benefícios da busca à alternativas ao petróleo. Da mesma forma como concluiu-se que o cigarro é prejudicial à saúde das pessoas, chegou a hora de considerar o uso indisciplinado do automóvel como nocivo à humanidade.

***

PLANO CRUZADO: CRÔNICA DE UMA EXPERIÊNCIA

Revista do BNDES. Junho 2005

1- Introdução

Concluída em março de 1987, a versão original deste texto destinava-se a servir de referência a projetos integrantes do Programa *"América Latina e Caribe: atualidade e perspectivas"*, então promovido pela Universidade das Nações Unidas, Tóquio.

Direcionado a estrangeiros não familiarizados com a economia brasileira, o artigo, inédito no Brasil, adquiriu com o passar dos anos condições de atrair público mais amplo. Isto porque os estudiosos da realidade brasileira que não vivenciaram a era do Plano Cruzado, encontrarão nesta nova versão, revisada e reestruturada em junho de 2005, detalhes não disponíveis em outros textos.

2- Cenário prévio ao Plano Cruzado

2.1 – Traços da situação em 1986.

1986 foi, para o Brasil, um ano repleto de emoções que variaram desde euforia contagiante até frustração contagiosa. O país enfrentou acontecimentos como:

a) agravamento do processo inflacionário, em janeiro, provocando forte apreensão no governo, no empresariado e na população;

b) reforma econômica via Plano Cruzado, em fevereiro, despertando entusiasmo em todos segmentos da sociedade brasileira;

c) eleição, em novembro, para os governos estaduais e Assembleia Constituinte, detonando ardente debate nacional;

d) comportamento inusitado da economia, com alterações nos hábitos de consumo e escassez de produtos, causando um misto de excitação e irritação no povo;

e) mudanças nos parâmetros do Plano Cruzado, em novembro, criando sentimento de desilusão.

Convém lembrar que 1985 não havia sido menos emocionante pois, mal começou a saborear a redemocratização, o brasileiro testemunhou o trauma da morte do Presidente eleito Tancredo Neves, criando-se um vácuo político que só não gerou consequências desestabilizadoras devido à repulsa generalizada a qualquer solução não constitucional.

Como resultado da combinação de acontecimentos resumida anteriormente, percebia-se um clima nacional de crise, tanto às vésperas do Plano Cruzado quanto ao final de 1986. Para facilitar a visualização desse clima, torna-se útil um relato sintético do comportamento da economia brasileira naquela ocasião, abordando também alguns de seus reflexos políticos.

2.2- O quinquênio 1981/1985

Após desfrutar período relativamente longo de crescimento, logrando assim driblar um ajuste econômico e fiscal considerado indispensável por várias correntes de pensamento, o país sofreu os rigores da recessão a partir de 1981. A fase expansiva da década de 70 apresentava traços contraditórios pois, ao mesmo tempo que robusteceu o sistema produtivo, também continha em si os germes da crise que se avizinhava.

Já foi bastante explorado pela literatura econômica o fato de que, a partir de 1973, o Brasil recusou-se a adotar políticas de aclimatação aos choques externos da época, optando por um esforço de investimento associado ao crescente endividamento externo. O objetivo declarado era combater a vulnerabilidade ante flutuações internacionais, mediante diminuição da dependência à importação dos produtos básicos necessários à sustentação do nível de atividade interna. E, de preferência, passar a exportador de alguns desses produtos. Idealizava-se um Brasil tipo "ilha de prosperidade", ao meio de um mundo imerso em pessimismo.

Esse objetivo foi perseguido através de incisiva atuação estatal, pautada nos programas setoriais do II Plano Nacional de Desenvolvimento, que proporcionaram projetos dificilmente realizáveis como resultado espontâneo do mercado. Os setores de insumo básicos e bens de capital foram os mais beneficiados por esta nova onda de substituição de importações, cujo perfil era distinto da ocorrida entre a segunda guerra e o início dos anos 60.

Contudo, enquanto esses investimentos estavam sendo implementados, ocorreu forte incremento no valor das importações, acirrado pelos preços do petróleo, afetando o balanço de pagamento. O déficit comercial assumiu proporções inquietantes e a dívida externa acentuou sua carreira ascendente. Configurou-se assim um panorama de constrangimento externo que conspirou contra a continuidade do modelo. Ademais, a inflação passou a patamar mais elevado em 1979, dando novo salto no ano seguinte, quando superou os 100%.

1981 marca a exaustão de um ciclo de crescimento, verificando-se queda de 4,2% no PIB, o qual havia se expandido em 9,2%, em 1980 (Tabela I). A renda per capita retrocedeu 6,3% e registra-se erosão no nível de vida da classe média, inclusive a parcela de altos assalariados, em proporção incomum no país .

A dimensão e forma desse movimento recessivo foram condicionados pela política então implementada, cujo propósito era controlar as duas mais preocupantes manifestações de desequilíbrio: dívida externa e inflação. Adotou-se estratégia onde o aumento do saldo comercial e o declínio da inflação eram perseguidos mediante contenção da demanda interna. Mesmo antes de recorrer oficialmente ao FMI, em final de 1982, o governo já fluía por caminhos cujo destino não era exatamente o da expansão econômica. Na verdade, os investimentos estatais vinham escasseando desde 1979.

O desempenho fiscal, por sua vez, refletia o cenário vigente:

a) receita tributária foi debilitada pela queda no nível de atividade econômica;
b) valor real da arrecadação era ceifado pelo ritmo inflacionário verificado no intervalo entre o ato gerador do imposto e o seu efetivo recolhimento.

Reagindo a essas restrições, o governo reafirmou a postura de austeridade, diminuindo gastos e estabelecendo restrições monetárias. A alta na taxa de juros incidiu sobre o custo da dívida interna. Enfim, o circuito comandado pelo setor público funcionou como elemento desestimulador da demanda interna.

Durante o triênio 1981/83, algumas variáveis comportaram-se de forma coerente com os princípios da política em curso:

a) a balança comercial passou a apresentar saldos positivos, sobretudo pela queda das importações;

b) em 1981, 1982 e 1983, o produto industrial sofreu variação de - 8,8%, 0,0% (-0,04%) e -5,9%, respectivamente;

c) nesses mesmos anos, a renda per capita diminui em 6,3%, 1,3% e 5,0%;

d) baixaram os níveis de emprego e de investimento.

TABELA I

BRASIL: TAXA DE CRESCIMENTO DO PIB TOTAL E PER CAPITA - 1978/87
%

ANO	PIB	PER CAPITA
1978	5,0	2,2
1979	6,8	4,2
1980	9,2	6,7
1981	-4,2	-6,3
1982	0,8	-1,3
1983	-2,9	-5,0
1984	5,4	3,3
1985	7,8	5,7
1986	7,5	5,2
1987	3,5	1,2

Fonte: IPEA e IBGE.

Apesar desses sacrifícios, os resultados até 1983 eram desanimadores: a inflação manteve-se em torno dos 100% nos dois primeiros anos, saltando para 211% em 1983; a dívida externa continuou crescendo e o país transferiu ao exterior, a título de serviço da dívida, montante recorde de recursos. O endividamento público criou intensos transtornos nas contas fiscais e externas, reduzindo espaço para execução de políticas públicas.

Ao final de 1982, a partir de novo relacionamento com o FMI, a geração de saldos comerciais positivos foi estimulada não apenas pela redução das importações, mas também pelo incremento das exportações. E os frutos aparecem: superávit de US$6,470 bilhões, em 1983, obtido graças à redução de 20,5% no valor das importações e aumento de 8,6% nas exportações. Em 1984, o imponente saldo de US$13,1 bilhões resultou de exportações superiores em 23,3% às do ano anterior, enquanto as importações retraíram em 9,81%.

Facilitado pelas maiores compras efetuadas pelos Estados Unidos, o aumento das exportações promoveu uma retomada da produção que desafiou as políticas restritivas então em vigor. Após ter caído em 2,9% em 1983, o PIB elevou-se em 5,4% em 1984. O setor industrial, responsável pelo incremento das exportações, livrou-se de um negro triênio (81-83) de taxas negativas, passando a crescer 6,3% em 1984. Ante o marasmo do consumo interno, mencionado anteriormente, a demanda externa veio cumprir o papel de deflagrador da retomada.

Os acontecimentos de 1981/1984 foram influenciados pelos projetos de investimento concebidos nos anos 70. A capacidade produtiva instalada amenizou os danos provenientes das restrições à importação, contribuindo para a continuidade do suprimento de insumos básicos. Além desses grandes projetos, o setor privado respondeu às dificuldades para importar dedicando-se à produção de itens até então provenientes do exterior, principalmente equipamentos, conferindo maior integração à estrutura industrial do país.

Ao longo de 1984, aumenta o emprego, intensificam-se os investimentos, a produção agropecuária melhora e essa reanimação acaba alastrando-se, criando condições para, no ano seguinte, a demanda interna passar a epicentro da expansão econômica.

Embora em 1985 o valor das exportações tenha retrocedido em 5,1%, o superávit comercial permaneceu elevado, US$12,5 bilhões, dado o encolhimento das importações. O PIB ampliou seu crescimento para 7,8%, exibindo os setores primário e secundário as taxas de 9,6% e 8,3%, respectivamente. A oferta de emprego no setor industrial continuou expandindo, propiciando acréscimo de 6,3% no salário real médio e de 20,5% na massa salarial. Outro evento significativo é a quase estagnação do valor da dívida externa.

Com o fim da ocupação do poder pelos militares, a escolha do primeiro chefe de governo da Nova República ocorreu através do voto indireto. Saiu vitorioso o candidato de oposição, graças à adesão de um grupo de políticos que até então apoiavam o regime autoritário. O presidente eleito Tancredo Neves defendia reformas estruturais, enquanto demonstrava intenção de combater com firmeza a inflação. A questão do equilíbrio fiscal mereceu destaque, ficando famosa sua frase "é proibido gastar".

Com a morte de Tancredo Neves, em março de 1985, assumiu a presidência o seu companheiro de chapa, José Sarney, oriundo do grupo político que havia servido à ditadura. O combate ao déficit público continuou sendo encarado como fator essencial à eliminação da expansão monetária e, assim, priorizou-se o corte de gastos e aumento da receita. Também foram mobilizados alguns instrumentos de intervenção direta no comportamento do custo de vida, tais como o reforço no controle dos preços e a inalterabilidade das tarifas de serviços públicos e do preço dos combustíveis, proporcionando um moderado declínio na taxa mensal de inflação entre abril e junho.

Essas medidas não chegaram a formar conjunto coerente e tampouco debelaram a inflação que, em agosto, saltou para 14,0% e encerra o ano a 235,1%. A ausência de política global é sentida e, apesar da economia continuar crescendo, prevalece um ambiente de insatisfação social devido aos rumos incontroláveis dos índices de preços.

Os primeiros 10 meses de governo foram marcados por contraditório cenário econômico e político, no qual o entusiasmo com a redemocratização, as razoáveis taxas de crescimento e os apreciáveis saldos na balança comercial não bastaram para tranquilizar a sociedade ante os estragos decorrentes do processo inflacionário. E a explicação repousa no fato de haver consciência quanto à falta de diretrizes que balizassem a trajetória do país.

Observando-se o período 1981-86, constata-se que, no início, sob o presidência autoritária do general João Figueiredo, ainda era factível impor uma política econômica recessiva, como se fosse algo inevitável. Embora a inflação continuasse, divulgava-se a ideia de que essa era a única e amarga receita para domá-la. Com a Nova República, tornou-se mais difícil apregoar uma política que relegava a segundo plano os objetivos de crescimento da economia. A palavra reforma passa a ser pronunciada até por políticos e empresários conservadores.

Após 1985, nenhum grupo político ou classista ousava declarar-se contrário às mudanças, nem sugeria a espera de momentos mais propícios. Porém, será que todos possuíam o mesmo conceito de mudança? A percepção do PMDB era igual à do PFL? A do Partido dos Trabalhadores coincidia com a dos demais partidos de esquerda? E a igreja, os sindicatos e os agricultores? Evidentemente, a resposta é não e, em consequência, conflitos de interesse acabaram diluindo o clamor reformista, limitando-o a núcleos minoritários.

3 – O PLANO CRUZADO

3.1 – MOTIVAÇÕES

Ao início de 1986, vários fatores contribuíam para a configuração de um ambiente nacional tenso, entre os quais destacam-se os seguintes:

a) a partir de novembro 1985 a inflação alcançou índices alarmantes, 17,8% em janeiro e 22,4% em fevereiro (Tabela II);

b) além de não apresentar proposta de política econômica de médio e longo prazo, o governo tampouco indicava possuir resposta imediata ao recrudescimento inflacionário;

c) sucessivas greves vinham eclodindo, em uma frequência à qual a população não estava mais acostumada.

Conforme já mencionado, a expansão econômica não bastou para dissipar o sentimento desfavorável em relação ao futuro imediato, pairando o temor de que o crescimento seria abatido pela inflação.

Os reflexos políticos dessa situação não se fizeram esperar. Prosperou no PMDB (partido adotado pelo presidente Sarney) a tese de "apoio independente" ao governo e, até mesmo, de afastamento total. Vários partidos acentuaram o discurso oposicionista, defendendo imediata eleição direta para presidente. A receptividade da opinião pública às críticas colocava as autoridades em posição defensiva.

Sob esse complexo cenário foi anunciado, em 28 de fevereiro de 1986, o conjunto de medidas conhecido como Plano Cruzado. Para total surpresa do país, implantou-se um choque heterodoxo através do qual pretendia-se atacar de forma drástica o processo inflacionário, sem recorrer a métodos recessivos e agravadores da concentração social de renda. Inflação zero passa a ser a meta.

Além das motivações políticas que induziram o presidente da República a adotar esse inesperado caminho, aquela ocasião era propícia a um experimento de grande envergadura, dados os seguintes fatores:

a) a inflação passou a atuar a tal ponto como elemento desestabilizador da situação interna e de enfraquecimento da posição brasileira na renegociação da dívida externa, que valia a pena os riscos de um tratamento radical;

b) as contas externas apresentavam condições favoráveis, com repetidos saldos comerciais positivos e volume respeitável de reservas em divisas;

TABELA II
INFLAÇÃO NO BRASIL

ÍNDICE GERAL DE PREÇOS – IGP			
PERÍODO	**VARIAÇÃO %**	**PERÍODO**	**VARIAÇÃO %**
1978	40,8	**1986**	
1979	77,2	Jan	17,8
1980	110,2	Fev	22,4
1981	95,2	Mar	5,5
1982	99,7	Abr	-0,6
1983	211,0	Mai	0,3
1984	223,8	Jun	0,5
1985	235,1	Jul	0,6
1986	53,5	Ago	1,3
1987	416,0	Set	1,1
		Out	1,4
		Nov	2,5
		Dez	7,6
1985		**1987**	
Jan	12,6	Jan	12,0
Fev	10,2	Fev	14,1
Mar	12,7	Mar	15,0
Abr	7,2	Abr	20,1
Mai	7,8	Mai	27,6
Jun	7,8	Jun	25,9
Jul	8,9	Jul	9,3
Ago	14,0	Ago	4,5
Set	9,1	Set	8,0
Out	9,1	Out	11,2
Nov	15,0	Nov	15,5
Dez	13,2	Dez	15,9

Fonte: IPEA.

c) a inflação passou a atuar a tal ponto como elemento desestabilizador da situação interna e de enfraquecimento da posição brasileira na renegociação da dívida externa, que valia a pena os riscos de um tratamento radical;

d)   as contas externas apresentavam condições favoráveis, com repetidos saldos comerciais positivos e volume respeitável de reservas em divisas;

e)   não havia evidências de que a agricultura pudesse criar dificuldades de abastecimento, com repercussões altistas sobre preços; e

f)   o ímpeto expansionista demonstrado pela economia nos últimos dois anos permitia prever tendência natural a neutralizar eventuais efeitos estagnantes do plano.

Instantaneamente o Plano Cruzado rendeu dividendos políticos suculentos, encantou a nação e recondicionou a imagem do governo. A sensação de ausência de resposta à avalanche inflacionária foi substituída pela descoberta de um deslumbrante trabalho de equipe, secretamente desenvolvido nos gabinetes oficiais. A propensão de certos segmentos políticos a se esquivarem do Palácio do Planalto foi sucedida por uma verdadeira disputa pelo posto de aliado fraterno.

3.2 – Características do Plano Cruzado

O esquema montado baseava-se na neutralização do fator inercial de inflação, associada ao congelamento de preços e salários. O fator inercial provinha da correção monetária aplicada às transações financeiras e comerciais, funcionando assim como piso mínimo da taxa do mês seguinte. Com o fim da indexação esperava-se romper a rigidez à retração inflacionária.

Os preços foram congelados ao nível em que se encontravam em 27 de fevereiro, aplicando-se aos salários aumento correspondente à manutenção de seu valor médio real dos últimos seis meses, acrescido do abono de 8%. Nova moeda foi instituída, o cruzado, cuja diferença em relação à antiga não seria apenas o fato de equivaler a 1000 cruzeiros, mas também o de personificar uma economia estável onde a moeda não se deterioraria. Outros pontos essenciais a destacar:

a)   a ORTN (Obrigação Reajustável do Tesouro Nacional), título que variava mensalmente servindo de indexador, passou a denominar-se OTN (Obrigações do Tesouro Nacional), sofre elevação em 3 de março e seu valor permaneceria inalterado até março de 1987, quando seria reajustado conforme os indicadores de comportamento de preços;

b) as obrigações de pagamento expressas em cruzeiros, anteriores a 28 de fevereiro, passaram a ser convertidas em cruzados na data de seus vencimentos, dividindo-se o montante em cruzeiros por um fator de conversão. Esse fator era diário e calculado pela multiplicação da paridade inicial (1000 cruzeiros/1 cruzado), cumulativamente, por 1,0045 para cada dia decorrido a partir de 3 de março de 1986;

c) a desindexação só não atingiu as cadernetas de poupança (forma mais difundida de poupança popular), o Fundo de Garantia de Tempo de Serviço e o Fundo de Participação PIS/PASEP (fundos compulsórios vinculados aos assalariados), cujos saldos passaram a ser atualizados pelo Índice de Preço ao Consumidor – IPC, como resguardo à eventual inflação;

d) alterou-se o método de reajuste salarial, doravante automaticamente acionado toda vez que a subida acumulada do IPC atingir 20% (o chamado gatilho salarial). Não havia limitações para negociações coletivas de aumentos salariais;

e) instituiu-se o seguro desemprego, destinado a prestar assistência financeira, pelo período máximo de quatro meses, ao trabalhador desempregado, de acordo com certas condições, entre as quais a de ter percebido salário nos últimos seis meses;

f) a taxa de câmbio oficial foi congelada.

Implícita ao Plano, havia a intenção de obedecer as seguintes diretrizes:

a) montagem de esquema de controle sobre o congelamento de preços, para o sucesso do qual considerava-se importante a participação popular, dada a impossibilidade de a fiscalização oficial cobrir o país inteiro; todos os cidadãos foram investidos simbolicamente da função de "fiscais do Sarney";

b) minimizar o apelo à emissão monetária, no suposto de o déficit público ser mantido em proporções controláveis;

c) livre fixação da taxa de juros; e

d) balizamento de todas as decisões de política econômica no princípio de preservação da renda dos trabalhadores de até cinco salários mínimos.

Supunha-se, como consequência da inflação zero, a ocorrência de dois fatos relacionados entre si e auspiciosos ao desenvolvimento econômico:

a) fim da "ciranda financeira", que desviava de atividades produtivas volumosas somas de recursos, canalizadas às aplicações com rendimentos atrelados aos índices inflacionários. Havia empresas cujos lucros não operacionais, provenientes dessas aplicações, eram superiores aos resultantes de suas atividades fins, não havendo, portanto, incentivo em investir no próprio negócio.

Em decorrência da desindexação, esvaiu-se a atratividade das inúmeras formas fáceis e especulativas de obter rentabilidade com o dinheiro disponível. Assim sendo, era lógico imaginar que agora esses recursos fluiriam para empreendimentos produtivos, transformados na melhor opção de auferir bons resultados, ou para a bolsa de valores.

b) O segundo fato diz respeito aos baixos níveis de produtividade da economia e à heterogeneidade entre os níveis constatáveis em empresas de um mesmo setor. Havia a expectativa de nova ênfase à questão da produtividade, como consequência da inflação próxima a zero. O raciocínio era: quando os preços deixam de subir desordenadamente, aflora à superfície a ineficiência empresarial, antes camuflada pela simples transferência ao consumidor, via preço, do elevado custo de produção. Num contexto de estabilidade monetária, a competitividade de cada empresa seria diferenciada pela sua produtividade, passando a ser difícil transferir ao preço o custo da ineficiência.

Imediatamente após o anúncio do Plano, acendeu-se o pavio de uma polêmica sobre o critério de fixação dos salários, um dos raros alvos de dúvidas e críticas. A controvérsia foi alimentada pelos defensores de um aumento que incorporasse toda a elevação do custo de vida verificada desde o último reajuste, reconstituindo assim o salário máximo real desse intervalo.

A alternativa adotada preservava o valor real médio do semestre anterior, porém consolidava um dos componentes da perda histórica do seu poder de compra. Esse componente era representado pela diferença entre o valor real máximo do salário (isto é, aquele alcançado no momento em que era corrigido) e o valor médio do semestre correspondente, diferença essa tanto maior quanto mais elevada a inflação.

O novo salário decretado e congelado retirava a possibilidade de o trabalhador voltar a atingir o pico de sua remuneração real, equivalente ao que ele deveria ganhar a partir da data do aumento, se não tivesse havido inflação no semestre anterior. O reajuste automático, previsto para quando o índice de inflação atingisse 20%, apenas restabeleceria o poder aquisitivo de março de 1986.

Essas críticas continham fundamento, mas a fixação dos salários em seus níveis de pico impediria o congelamento dos preços da maneira como foi feito. Isto porque comprometeria a rentabilidade das empresas, em especial daquelas cujos preços foram fixados em níveis inadequados. Enfim, implicaria em um choque de conteúdo diferente.

Em termos teóricos, os assalariados obtiveram melhoria de 8% em relação à remuneração média efetiva no semestre anterior, além da aparente garantia de manter sua renda real estável. A evolução dos acontecimentos superou essa polêmica, como veremos adiante.

3.3 – Comportamento da economia durante o Cruzado

Irreconhecível! Essa seria a exclamação de quem comparasse a realidade brasileira de antes e depois de 28 de fevereiro. A mudança de expectativa foi fulminante, graças à credibilidade inspirada pelo Plano, criando-se um arcabouço de apoio popular impenetrável a qualquer contestação mais incisiva à nova política de estabilidade monetária.

A percepção desfavorável quanto às perspectivas do país foi substituída pela confiança no futuro, materializando, na população, a mais rápida e profunda alteração de humor recentemente verificada. As avaliações críticas efetuadas por alguns sindicatos, grupamentos políticos e núcleos acadêmicos não alcançavam ressonância e mostravam-se pálidos ante as manifestações de aprovação. Figuras do antigo regime desculpavam-se por não terem tido ideia semelhante, admitindo que o governo anterior não dispunha de credibilidade necessária para implantar política tão audaciosa.

Esse primeiro impacto positivo foi consolidado em decorrência da queda da inflação: a taxa mensal em fevereiro de 1986 havia chegado a 22,4%, baixando nos três meses seguintes para 5,5%, -0,6% e 0,3%. Sob esse clima, várias transformações surgiram no organismo econômico. A primeira, ocorreu nos hábitos de poupança. Com o fim da correção monetária e dos rendimentos insuflados pela elevada inflação, os frequentadores das múltiplas modalidades de captação de poupança (salvo a bolsa de valores) transferiram seus ativos financeiros a outras destinações, tais como aumento do consumo, compra de imóveis e mercado de ações.

Os recursos canalizados à bolsa de valores poderiam ter sido fonte de financiamento ao investimento se utilizados na compra de ações primárias, resultantes de novos lançamentos. Porém, privilegiaram aquelas já em poder do público, promovendo apenas uma transferência de posse e tendência à valorização das cotações. Se essa valorização tivesse perdurado por longo tempo, talvez conseguisse induzir mais empresas a recorrerem ao aumento de capital, via lançamento de ações, como forma de financiar seus investimentos.

O governo tentou convencer a população de que, por exemplo, a caderneta de poupança não havia perdido rentabilidade e de que os antigos elevados índices de valorização eram ilusórios, pois apenas refletiam a inflação. Entretanto, os primeiros meses do cruzado presenciaram a migração das disponibilidades das famílias em direção, principalmente, ao consumo, o que redundou em incremento também na demanda por bens intermediários.

Acometido de verdadeira epidemia consumista, a população reagiu ao Plano de maneira inversa à imaginada por alguns observadores. Esses observadores temiam um arrefecimento do consumo, proveniente da eliminação daquela parcela de compras efetuada precipitadamente pelos assalariados, à época de inflação elevada, em consequência da convicção de que mais tarde os produtos encareceriam. Com a expectativa de estabilidade de preços, a equipe econômica esperava que as famílias não mais se apressariam em comprar certos bens e serviços, dispondo de calma para escolher o momento propício.

Mas ocorreu exatamente o contrário, em função dos seguintes motivos:

a) a já mencionada perda de atratividade das modalidades mais populares de aplicação no mercado financeiro, levando as famílias a uma preferência pelo consumo, sobre tudo de bens duráveis;

b) aumento na massa salarial devido à expansão do emprego e da remuneração real média;

c) mudanças fiscais que diminuíram retenção do imposto de renda na fonte;

d) em contraste com os motivos anteriores, alguns observadores explicavam a explosão do consumo também como consequência da falta de confiança na continuidade do congelamento dos preços. Assim, mais vantajoso do que poupar seria adquirir o máximo de bens e serviços, antes que eles se tornassem menos acessíveis.

Na verdade, esse gênero de salto na demanda por bens de consumo duráveis já se encontrava registrado pela literatura econômica, como peculiar a programas de estabilização que resultam em freada brusca no processo inflacionário.

Como reagiram as empresas ante tal sofreguidão consumista? De início, as reações eram diferenciadas pelo grau de adequação dos respectivos preços congelados. Aqueles setores considerados prejudicados logo recorreram a mecanismos de resistência, não mostrando-se muito entusiasmados com o crescimento do consumo. Verificou-se então:

a) redução da qualidade dos bens; introdução de detalhes inúteis nos produtos que permitissem a elevação desproporcional do preço;

b) diminuição de pesos e volumes;

c) cobrança de ágio;

d) a simples retirada do produto do mercado.

Nos casos onde o congelamento surpreendeu os preços em níveis satisfatórios e havia capacidade produtiva sobrante, as regras foram respeitadas e os lucros aumentaram com o incremento da produção. Mas tão logo atingia-se a plena ocupação recorria-se a expedientes que permitissem aproveitar o desequilíbrio entre oferta e demanda: redução dos prazos de pagamento, dos descontos e das bonificações usuais, além da cobrança de ágios.

Os que já estavam com baixa ociosidade em março, utilizaram esses expedientes desde o início do Cruzado. Quando o ágio alastrou-se, principalmente entre os bens intermediários, alguns empresários antes satisfeitos com o congelamento passaram a reclamar de incompatibilidade entre custo e receita.

Logo nos primeiros meses de vigência, o congelamento de salários não resistiu à forte expansão da procura por mão de obra, ocorrendo reajustes salariais principalmente nos estabelecimentos privados cujos lucros ampliaram-se.

O conhecimento dos vários gêneros de reflexos que o Plano teve sobre a rentabilidade das empresas seria útil para compreender a natureza de suas reações. Contudo, mesmo sem enveredar por esse tema, é possível supor que o aumento de produção levou ao declínio nos custos unitários e, portanto, melhoria do lucro operacional, inclusive onde os preços não eram satisfatórios. Mas, em geral, a rentabilidade dos estabelecimentos industriais e comerciais comportou-se em função de fatores como:

e) intensidade do aumento salarial concedido aos empregados;

f) perda de vantagens comerciais oferecidas pelos fornecedores e pagamento de ágio;

g) grau de ocupação da capacidade instalada no instante do congelamento;

h) peso dos antigos lucros não operacionais;

i) capacidade da empresa para burlar o congelamento de preços.

Em paralelo à reação de cada empresa ante a explosão do consumo, em termos globais constatou-se uma expansão da oferta industrial insuficiente para acompanhar a demanda. O aumento de produção baseou-se no uso da capacidade instalada, carecendo o setor industrial de projetos suficientemente amadurecidos para proporcionar rápida expansão de oferta.

O elenco de investimentos registrado contemplava ampliações e modernizações de plantas já existentes, não observando-se grande número de novos projetos de relevo. A escassez de certos componentes, que impedia o fornecimento de vários bens manufaturados, também conspirou contra a ampliação mais vigorosa da produção.

Sondagem conjuntural realizada pela FGV/IBRE, em julho, indicava que os subsetores têxtil, papel para impressão, metais não ferrosos e celulose, produziam a 91%, 93%, 95% e 99%, respectivamente, da capacidade máxima teórica. Na indústria como um todo esse percentual era de 82%.

Após os primeiros meses do Plano, o estrangulamento no abastecimento de alguns produtos assumiu tamanha intensidade que seria duvidoso atribui-lo apenas à expansão do consumo. Seguramente, decisões empresariais contribuíram para tal desequilíbrio.

Outro fato marcante foi a persistência de expressivos superávits comerciais, colaborando para a sustentação do clima otimista e atendimento aos compromissos com a dívida externa. Até setembro de

1986, o desempenho da Balança Comercial difundiu a crença na possibilidade de o país honrar o serviço da dívida, sem comprometer o ritmo de crescimento econômico. Esse otimismo não era compartilhado por toda a equipe governamental, pois o pacote de julho (abordado mais adiante) já incluía entre suas justificativas a preocupação com o comportamento projetado das contas externas.

Nos cinco primeiros meses do cruzado, o setor público não adquiriu capacidade de poupar suficiente para posicioná-lo na vanguarda de um processo de retomada dos investimentos. Pelo contrário, sua situação permanecia melancólica a esse respeito. Quanto ao setor privado, a despeito de não lhe faltar capacidade de investir, demonstrava pouco ímpeto expansionista, constatando-se um panorama duvidoso quanto às chances de se superar, a curto e médio prazo, os desencontros entre produção e consumo.

Era visível, já a partir de maio/junho, a necessidade de complementar as decisões de fevereiro, a fim de corrigir tensões e definir aspectos ainda nebulosos.

3.3.1 – O pacote de julho

Em face dos riscos inerentes à evolução da economia após fevereiro, novo conjunto de medidas foi anunciado em 23 de julho de 1986, o qual, contudo, revelou-se tímido. Dada a proximidade de eleições para o Congresso/Assembleia Constituinte e governos estaduais, ao definir-se o conteúdo do chamado "Pacote de Julho", fatores de natureza política predominaram sobre os critérios preferidos pela equipe econômica.

Cinco meses de Plano Cruzado já eram suficientes para perceber a necessidade de partir rumo a outro estágio de política econômica, onde o congelamento de preços não jogasse o mesmo papel de antes. Quanto mais longo, mais vulnerável tornava-se o congelamento e mais difícil a transição a outra espécie de controle, sem transmitir impressão de fracasso. Ademais, as iniciativas (ou falta delas) governamentais nesses cinco meses não esboçaram estratégia condizente com a situação do país, nem com a envergadura do próprio Plano Cruzado.

Ao invés de transpor a fronteira em direção a um novo espaço econômico, a base de sustentação política do governo insistiu em permanecer no mesmo filão, tentando extrair o máximo da popularidade ainda desfrutada pelo Plano. Até sua exaustão definitiva, em novembro.

O diagnóstico inspirador do pacote de julho era correto:

a) a trajetória da demanda e da oferta conspirava contra a estabilidade de preços;

b) a capacidade instalada operava a pleno vapor, sem possibilidades de acréscimos a curto prazo;

c) algumas empresas não logravam aumentar sua produção devido à escassez de insumos e componentes;

d) a recuperação da taxa de investimentos não alcançou o montante requerido para tornar menos agudos os desencontros entre oferta e demanda.

No âmbito desse diagnóstico, chegou-se à conclusão de que seria necessário desaquecer a demanda e acelerar a ampliação da capacidade instalada. Nesse sentido, criaram-se mecanismos compulsórios de transferência à poupança de parte da renda canalizada ao consumo (poupança essa centralizada no Fundo Nacional de Desenvolvimento) e declarou-se a intenção de estimular o processo de investimento, através do Plano de Metas.
O pacote de julho englobava, principalmente, as seguintes medidas:

a) institui empréstimo compulsório a incidir, até 31 de dezembro de 1989, sobre os consumidores de gasolina e álcool, assim como sobre os adquirentes de automóveis de passeio e utilitários, nos seguintes montantes: 28% do valor do consumo de gasolina e álcool carburante; 30% do preço de aquisição de veículos novos e de até um ano de fabricação; 20% do preço de veículos com mais de um e até dois anos de fabricação; e 10% do preço de veículos com mais de dois e até quatro anos de fabricação;

b) determina o pagamento, até 31.12.87, de encargo financeiro no valor de 25% na compra de passagens internacionais e na compra de moeda estrangeira para fins de viagem ao exterior;

c) lança o Plano de Metas, composto de investimentos nas áreas social (saúde, educação, moradia) e de infraestrutura (transporte e energia, principalmente);

d) cria o Fundo Nacional de Desenvolvimento – FND, cujo destino fundamental é financiar o Plano de Metas. Seus recursos advém da arrecadação prevista nos itens a e b, sendo seu patrimônio inicial constituído por ações de empresas controladas, direta ou indiretamente, pela União;

e) concede incentivos à poupança, tais como a redução do imposto de renda sobre os Certificados de Depósito Bancários – CDB e a criação de nova modalidade de caderneta de poupança; e

f) determina a exclusão no índice de preços ao consumidor, do empréstimo compulsório incidente sobre a venda de gasolina, álcool e automóveis.

Parcos foram os resultados obtidos. Na área de consumo como um todo, críticos duvidavam do seu desaquecimento, prevendo apenas um redirecionamento das compras dos bens e serviços gravados compulsoriamente, em benefício de outros. Em realidade, aconteceu algo mais surpreendente: a procura pelos bens e serviços onerados, tais como automóveis e viagens ao exterior, continuou inabalada. Na área de poupança e investimento, o FND permaneceu inativo e o Plano de Metas discretamente engavetado.

Assim, a economia prosseguiu titubeante, agora com a novidade de expor mais abertamente pressões inflacionárias e apresentar sintomas de enfraquecimento do saldo comercial, além do agravamento dos problemas de abastecimento.

3.3.2 – O Cruzado II

Entre julho e novembro de 1986, acentuou-se ainda mais o perfil de comportamento da economia descrito anteriormente, explicitando a inocuidade do pacote de julho. Em outubro, discutia-se abertamente a necessidade de drásticas alterações na política vigente, mas a proximidade das eleições e os resquícios de popularidade do congelamento de preços imobilizaram o governo.

Naquela altura, o congelamento estava sendo de tal forma desrespeitado através do ágio e da falta de produtos que, em realidade, é incompreensível a manutenção de seu prestígio entre a população e o temor do governo em alterá-lo. Efetivamente, logo após o pleito de 15 de novembro, onde o PMDB (partido governista) teve vitória avassaladora, foram anunciadas mudanças conhecidas como Cruzado II.

Fieis ao diagnóstico inspirador do pacote de julho, as novas medidas demonstravam a intenção de aumentar a dose terapêutica, no tentativa de recuperar a oportunidade perdida anteriormente. O Cruzado II foi justificado pelos seguintes fatos:

a. crescimento do consumo atingia taxas que levavam ao superaquecimento da economia;

b. perspectiva de estrangulamento desastroso na oferta, principalmente em setores cruciais como energia elétrica, siderurgia, petroquímica, papel, celulose, metais não ferrosos e comunicações;

c.   persistência de volume insuficiente de investimentos;

d.   comportamento preocupante da balança comercial a partir de setembro, aumentando os riscos de crise cambial; o declínio dos saldos comerciais eram atribuídos ao incremento do consumo interno;

e.   reduzida capacidade de investimento do setor público.

Ante esse quadro, foram apontados os seguintes objetivos:

a)   conter o consumo;

b)   estimular canalização de renda para a poupança;

c)   atenuar o déficit público;

d)   equacionar problemas referentes ao setor externo;

e)   recompor capacidade de investimento do setor público;

f)   reduzir pressões inflacionárias;

g)   preservar a renda dos que percebiam até cinco salários mínimos.

Para alcançar esses objetivos, foram adotadas as medidas resumidas a seguir:

a)   Aumento substancial no preço de: automóveis, em 80% (considerando o empréstimo compulsório instituído em julho, esse aumento atinge a 100%); cigarros, em até 122%; bebidas alcoólicas, em 100% (no caso desses três primeiros produtos, a maior parte do aumento deveu-se à elevação do imposto indireto); tarifas telefônicas, em 30%; energia elétrica residencial, média de 35%; energia elétrica industrial, em 10%; energia elétrica comercial, 40%; tarifas postais, 80%; açúcar, 25% (via redução do subsídio); gasolina e álcool, 60% (embutido aumento de imposto); medicamentos ,10%.

b)   Criação de novas modalidades de caderneta de poupança.

c)   Adiamento de parcela significativa dos investimentos estatais previstos para 1987.

d) Redução dos gastos correntes do setor público, através do impedimento à contratação de pessoal e da extinção e fusão de empresas estatais (exemplo emblemático foi o fechamento do Banco Nacional de Habitação, com suas funções absorvidas pela Caixa Econômica Federal).

e) Estímulo às exportações, mediante incentivos fiscais e restabelecimento das minidesvalorizações cambiais (câmbio estava congelado desde março).

f) Ampliação do processo de desindexação da economia, mediante: (i) mudanças no índice oficial de medição da inflação usado nos reajustes salariais; (ii) proibição de cláusulas de indexação em novos contratos, qualquer que sejam seus prazos de vigência; (iii) alteração nos critérios de rendimento das cadernetas de poupança: deixaram de ser calculados com base na variação do IPC amplo, passando a pautarem-se pelas Letras do Banco Central (LBC), cuja variação teoricamente não é determinada pela inflação.

g) O IPC amplo (Índice de Preços ao Consumidor), que considerava os produtos consumidos por famílias com rendimento mensal de até 30 salários mínimos, foi substituído pelo "IPC restrito", alusivo ao consumo dos trabalhadores de até cinco salários mínimos. Ademais, foram excluídos dos cálculos os chamados fatores sazonais e irregulares, além dos aumentos dos impostos indiretos e despesas com fumo e bebida alcoólica.

h) A aplicação do gatilho salarial (reajuste automático dos salários quando a inflação atingisse 20%) foi regulamentada, estabelecendo o desconto dos aumentos já obtidos pelos trabalhadores no período anterior ao disparo do gatilho; iniciaram-se debates sobre outras mudanças no gatilho, inclusive sua extinção.

Imediatamente delineou-se uma reação contrária, baseada no argumento de que as medidas implementadas não atendiam aos objetivos declarados, em especial os de preservação da renda dos assalariados de menor nível e os de redução das pressões inflacionárias.

Certos críticos sugeriram como mais eficiente, para conter o consumo, o aumento no imposto de renda ou a instituição de empréstimo compulsório. Essas alternativas eram apontadas como preferíveis devido ao fato de reduzirem a disponibilidade financeira das famílias, e não apenas dificultar o consumo de um pequeno número de produtos.

Afinal, as famílias poderiam transferir seu poder de compra a outros bens, não aliviando assim a demanda global.

Por outro lado, comentava-se, teria sido melhor não recorrer a soluções via preços, a fim de não serem exacerbadas as expectativas inflacionárias. Na verdade, o Cruzado II abalou irremediavelmente o congelamento de preços, pelo menos na órbita da política de estabilização inaugurada em fevereiro.

As medidas de novembro não conduziram ao alcance dos objetivos anunciados e, na verdade, demarcaram o completo esgotamento do Plano Cruzado. O declínio verificado no consumo decorreu menos do aumento nos preços de automóvel, cigarro, etc., ou do estímulo à poupança, e muito mais do encolhimento da renda real dos assalariados, provocado pela volta da inflação.

4 – Aspectos setoriais

4.1 – Agricultura

De início, o Plano Cruzado criou expectativas otimistas no setor agrícola, em decorrência da previsão de estabilidade nos custos de produção, proveniente de:

a) desaparecimento da correção monetária incidente sobre os financiamentos;

b) congelamento dos preços de máquinas e insumos agrícolas.

Ademais, a maioria dos preços agropecuários foi congelada a níveis razoáveis, não provocando, no princípio, angústias entre os produtores, sendo exceção mais gritante os casos do leite, carne bovina e ovos.

A demanda por alimentos acompanhou a onda ascendente verificada em outras áreas, configurando um mercado ávido por bens de origem rural. A oferta imediata, contudo, refletia decisões tomadas meses atrás pelo produtor, sendo ainda condicionada por fatores climáticos. Portanto, não estava preparada para corresponder ao incremento do consumo após março 1986, problema esse agravado pela sonegação de alguns produtos, como leite, carne e ovos (Tabela III). Surge assim a necessidade de rápida complementação da oferta interna, via aumento das importações de alimentos.

TABELA III

CRESCIMENTO REAL DO SETOR AGROPECUÁRIO - %

Ano	Agropecuária
1978	-2,7
1979	4,7
1980	9,6
1981	8,0
1982	-0,2
1983	-0,5
1984	2,6
1985	9,6
1986	-8,0

Fonte: IPEA.

Enfim, apesar de o Plano Cruzado ter sinalizado ao setor um cenário promissor, não materializaram-se fatos concretos que promovessem transformações modernizantes mais profundas no campo. Houve, quando muito, um incentivo ao melhor desempenho da safra seguinte. A agropecuária não foi alvo de nenhuma estratégia específica de médio e longo prazo, à semelhança de outras omissões na condução da política econômica à época do Plano Cruzado. Por outro lado, a prevista estabilidade nos custos da produção setorial não confirmou-se.

4.2 – Indústria

Na segunda metade dos anos 80, a fisionomia do parque industrial brasileiro revelava um setor moderno, integrado, de grande dimensão e, até mesmo, com problemas típicos da maturidade. Porém, a oferta de manufaturados refletia um mercado condicionado pelo secular desequilíbrio na distribuição de renda.

A industrialização em nada contribuiu para romper a tendência à inequidade social e, como não podia deixar de ser, nutriu-se da demanda exercida pelas classes privilegiadas. Esse traço marcante explicava a existência, no setor, de sintomas de maturidade (e até de senilidade), enquanto a maior parte da população encontrava-se à margem do consumo de bens manufaturados. E o mais dramático é que esse modelo concentrador não havia esgotado suas possibilidades de prosperar.

Quanto à produção de insumos, seu crescimento apoiava-se no

prosseguimento da substituição de importações, na geração de excedentes exportáveis e na manutenção do suprimento a uma demanda interna ascendente. Na área de bens de capital, a capacidade instalada não vinha impedindo a concretização de investimentos, cabendo às importações uma parte suportável pela economia como um todo. (Tabela IV) Havia evidências, contudo, de que uma eventual aceleração no ritmo de investimentos do país exigiria acentuada ampliação da importação de equipamentos e da capacidade instalada no setor de bens de capital.

Com o advento do Plano Cruzado, o setor industrial viu-se repentinamente na condição de alvo de pressões incomuns, conforme mencionado anteriormente. A maior parte das sequelas de ociosidade na capacidade instalada resultavam, de fato, dos efeitos colaterais do próprio Plano. Isto é:

a) como o congelamento de preços atingiu as empresas de forma heterogênea, algumas sentiram-se prejudicadas e limitaram sua produção;

b) a escassez de matérias-primas, embalagens e insumos em geral, ou o atraso na entrega de equipamentos e componentes, perturbaram o ritmo de atividade de um significativo número de indústrias.

Pesquisa da Fundação Getúlio Vargas indica que, em outubro de 1986, 44% das empresas consultadas eram afetadas por esses problemas de suprimento, passando para 51% em janeiro de 1987.

Outro fenômeno imputável ao Cruzado, a desarticulação na linha de produção de algumas indústrias, decorria do temor em desrespeitar o controle de preços. Em outras palavras, quando o preço de um produto era congelado em nível insatisfatório, certas empresas preferiram parar de fabricá-lo, dedicando-se a um novo produto. Portanto, formaram-se lacunas na oferta industrial, passíveis de serem preenchidas somente após o fim do congelamento e superação de distorções nos preços relativos.

Comportamento tão impetuoso da demanda sugeria a proliferação de investimentos na expansão industrial, fato que ocorreu com ímpeto aquém do imaginado. A taxa de investimento em 1986 foi superior à dos três anos anteriores, mas inferior às normalmente presenciadas antes da crise de 1981. Mesmo considerando-se o tempo requerido para a concepção e implantação de projetos, era de esperar-se aumentos mais acentuados na capacidade de produção. Provavelmente, empreendimentos acalentados nos momentos de euforia do primeiro semestre de 1986 foram abandonados ante a volta da inflação e a hesitante política econômica em geral.

TABELA IV
BRASIL: CRESCIMENTO REAL DO SETOR INDUSTRIAL, POR SEGMENTO

%

Ano	Bens de capital	Bens interme-diários	Bens de consumo	TOTAL INDÚSTRIA
1978	0,1	6,9	7,3	6,4
1979	7,8	9,2	4,1	6,8
1980	8,6	9,2	7,5	9,2
1981	-19,4	-11,2	-3,9	-8,8
1982	-14,9	2,5	3,1	0,0
1983	-19,3	-3,0	-4,0	-5,9
1984	14,7	10,3	0,2	6,3
1985	12,2	7,2	9,1	8,3
1986	21,6	8,4	10,9	11,7
1987	2,8	0,7	0,9	1,0

Fonte: IPEA.

O próprio setor público, líder tradicional dos ciclos de industrialização e presença predominante no segmento de insumos básicos, omitiu-se em 1986, não obstante a relevância dos bens intermediários na pauta de exportações e o fato de várias unidades operarem a plena capacidade. Como a relativa abstinência a investimentos já se prolongava por vários anos, a indústria brasileira sofreu um processo de envelhecimento tecnológico.

Empresários e economistas apontavam os seguintes motivos para o modesto volume de projetos industriais em 1986:

a) descontentamento ante os preços congelados, o que desencorajava iniciativas expansivas;

b)   indefinição na política econômica, inclusive ausência do balizamento tradicionalmente proporcionado pelos investimentos estatais;

c)   demora na definição de acordo com credores externos inibia ingresso de capitais estrangeiros;

d)   a partir de dezembro 1986, o aumento na taxa de juros ressuscita a "ciranda financeira", debilitando o encaminhamento da poupança interna às atividades produtivas;

e)   recente perspectiva de inflação ascendente e problemas no setor externo despertam receios de desaquecimento da economia.

4.3- Emprego

Desde fins de 1984 o mercado de trabalho vinha recuperando-se, no bojo do crescente uso da capacidade instalada. Com o Plano Cruzado, esse movimento acentuou-se, sobre tudo na indústria de transformação, onde o nível de emprego subiu em 9,3%, entre dezembro de 1985 e setembro de 1986.

Segundo o IBGE, a taxa média de desemprego aberto aumentou de 4,0%, em 1982, para 5,6%, em 1983, declinando nos três anos seguintes para 4,8%, 3,2% e 2,2%. A cifra para 1986 torna-se expressiva dado o grande número de demissões ocorridas no sistema financeiro, em consequência dos ajustes efetuados no setor a partir do Plano Cruzado. Entre 1985 e 1986, as taxas de desemprego baixaram em praticamente todas as regiões metropolitanas do país (Tabela V).

Conforme dados do Ministério do Trabalho, no mercado de trabalho formal urbano foram criados 560.000 empregos, de janeiro a junho de 1986, montante que em 1985 como um todo havia se fixado em 400.000. Estima-se que em 1986 foram criados mais de 1 milhão de postos no mercado formal de trabalho, atingindo-se em dezembro a menor taxa média de desocupação desde que o IBGE iniciou, em maio de1982, a Pesquisa Mensal de Emprego. Considerando também o mercado informal, de janeiro a setembro a absorção de mão-de-obra somou a 1.630.000.

Além da maior oferta de emprego, as pessoas ocupadas em 1986, nas principais regiões metropolitanas, tiveram seu rendimento médio real incrementado, principalmente após o cruzado. A forte expansão do consumo induziu empresas a contratar mais trabalhadores e a pagar melhores salários, a fim de não perderem posição no mercado. Quanto menos sujeita ao controle de preços (por exemplo, comércio varejista de produtos leves), ou mais favorecida com o nível do preço congelado, maior era a tendência da empresa em ampliar seu quadro de pessoal.

TABELA V
BRASIL: TAXA DE DESEMPREGO, POR REGIÃO METROPOLITANA
%

Regiões metropolitanas	Out/1985	Out/1986
Recife	6,4	3,5
Salvador	5,3	3,9
Belo Horizonte	4,3	2,4
Rio de Janeiro	3,9	3,0
São Paulo	4,1	2,9
Porto Alegre	4,3	2,8

Fonte: IBGE.

Em consequência da desaceleração da economia, a partir do final de 1986 percebe-se esfriamento no mercado de trabalho. Por outro lado, o incremento do processo inflacionário corroeu os recentes ganhos salariais. Na verdade, esses ganhos foram superestimados, pois os índices de preço não levaram em conta os ágios cobrados sobre bens de consumo, nem os outros subterfúgios usados pelos empresários, tais como adulteração de peso e qualidade de mercadorias

5 – Conclusão

Contemplando o período de vigência do Plano Cruzado, causa estranheza a flagrante ausência de políticas públicas de longo prazo. Embora representasse uma iniciativa empolgante, o Cruzado não substituía a necessidade de propostas abrangentes voltadas ao desenvolvimento econômico e social do país. Nem sequer algo de convincente foi apresentado no sentido de expandir a produção industrial, não para tentar alcançar o ritmo alucinante do consumo, mas sim para atingir taxa de investimento assimilável pela economia.

O Cruzado criou excepcionais condições receptivas a uma política de desenvolvimento compatível com as expectativas despertadas pela redemocratização. Contudo, essa oportunidade não foi aproveitada, prevalecendo a sensação de que o processo esteve circunscrito à esfera das medidas de caráter preliminar. Tampouco foram enfrentadas todas as causas da inflação, mas sim eliminado um fator inercial de aumento de preços e contidos certos realimentadores do processo. Portanto, a inflação não poderia ter sido considerada vencida. Houve apenas uma trégua, durante a qual caberia calibrar melhor a localização dos alvos e partir para o combate decisivo.

Aproveitando imagem usada à época, pode-se afirmar que o Cruzado funcionou como uma anestesia aplicada à economia, proporcionando ótima ocasião para a cirurgia que a curasse da enfermidade inflação. Como tal cirurgia não foi realizada, ao acabar o efeito anestésico os preços voltaram a subir.

A imobilização dos preços nos níveis onde encontravam-se em fevereiro de 1986 provocou situações destorcidas, por empresa e por setor, pela qual valores defasados continuaram em vigor, sem perspectiva de correção. As consequências desse fato já foram citadas anteriormente, cabendo aqui apenas lembrar o porte do esforço que representava administrar esse mecanismo anti-inflacionário, dada a defasagem citada e a corrida ao consumo.

Em tais circunstâncias, o respeito ao congelamento exigiria gigantesca mobilização popular ou um igualmente gigantesco controle oficial, ambos inviáveis. Em realidade, seria uma luta inglória pois visaria impor uma estrutura de preços que desorganizava a atividade produtiva. A estabilidade monetária tornou-se impraticável, à medida que o congelamento formal superou prazo razoável de vigência.

Talvez, a origem do exagero com que a base política situacionista apegou-se ao congelamento localizava-se no desnecessário compromisso firmado com a "inflação zero", autolimitando seu raio de manobra. A população teria também apoiado um plano destinado a cercear o aumento do custo de vida, sem a utopia do número zero. E o governo sentiría-se menos inibido em executar ajustes nos momentos adequados.

Vários indicadores apontaram melhorias na renda real dos assalariados mais pobres, logo após fevereiro de 1986. Imediatamente alardeou-se que a sociedade brasileira havia logrado, como conquista definitiva, atenuar a desigualdade de renda. Na verdade, tratou-se de uma conclusão precipitada, pois não ocorreram câmbios estruturais que atribuíssem sustentabilidade à amenização da inequidade social.

De qualquer maneira, houve intenção de proteger as classes menos favorecidas na incidência dos custos de implementação do Plano Cruzado. As medidas nas áreas de salário e de preço demonstravam intento de impor maior ônus aos estratos privilegiados. Mesmo no Cruzado II, percebe-se o propósito, ainda que infrutífero, de os impactos altistas sobre preços concentrarem-se em bens e serviços consumidos proporcionalmente mais pelas classes de maior renda.

As reações de apoio e oposição ao Plano Cruzado e seus desdobramentos variaram ao longo do tempo. No início, a aprovação era quase unânime, imobilizando os núcleos contrários. Com exceção dos banqueiros, o empresariado em geral demonstrou otimismo, sendo que os surpreendidos com preços congelados em níveis inadequados não manifestaram imediatamente seu descontentamento. Em pouco tempo, a heterogeneidade da acolhida empresarial ganhou maior nitidez, em função do grau de contentamento com os respectivos rendimentos, servindo como símbolo do inconformismo a atitude dos pecuaristas que se recusaram a abastecer o mercado.

Crítica frequente no meio empresarial era a de que o governo exigiu sacrifícios apenas do setor privado, sem equivalente austeridade fiscal. Em outras palavras: consideravam insuficientes as medidas adotadas no sentido de haver combate ao déficit público através do corte dos gastos, e não do aumento na carga tributária.

A partir de dezembro de 1986, o repúdio empresarial adquiriu maior contundência, com aberta desobediência às regras em vigor. Exemplo significativo desse posicionamento é o documento entregue ao presidente da República, em janeiro de 1987, por sete entidades representativas do empresariado: Federações da Indústria, do Comércio e da Agricultura; Associação Comercial; Sindicato dos Bancos; Bolsa de Valores e a Sociedade Rural Brasileira. O documento usa argumentos como:

a) recrudescimento da intervenção do Estado na economia e violação dos princípios da livre iniciativa;

b) desequilíbrio na adequação dos preços congelados, causando o estrangulamento de vários setores e comprometendo o processo produtivo como um todo;

c) necessidade de pensar em novo ordenamento do Programa de Estabilização, substituindo o regime de economia dirigida pelo de economia de mercado, a vontade burocrática pelo sistema de livre competição;

d) insuficiente combate ao desequilíbrio fiscal;

e) política monetária restritiva e gastos públicos em expansão elevam as taxas de juros, desestimulando investimentos produtivos;

f) indícios de descapitalização do setor agrícola;

g) clima de incerteza provocado pelas intervenções do governo, com teor casuístico;

h) ausência de política de longo prazo.

Quanto aos trabalhadores e classe média em geral, a evolução foi similar à dos empresários, embora com óticas diferentes. Nos primeiros meses de 1986, prevalecia a percepção de ganho real de salário, esvaziando ensaios de crítica esboçados por algumas facções sindicais. Essa percepção perdurou o tempo suficiente para promover a vitória eleitoral de novembro, apesar do desgaste já flagrante naquele momento. Mesmo com o desrespeito ao congelamento de preços, agradava as famílias de menor renda a manutenção das tarifas públicas (sobretudo de transporte), dos preços de certos alimentos básicos (em torno dos quais a fiscalização foi mais intensa) e dos aluguéis.

O Cruzado II desmoronou o apoio popular, engendrando outro gênero de sentimento, que não chegou a ser de hostilidade aguda mas, talvez, de ansiedade e desencantamento. Nesse instante, a predisposição em aguardar novas políticas "salvadoras" não anulou o ímpeto reivindicatório por incremento de renda.

Durante o primeiro trimestre de 1987, o aumento da inflação e arrefecimento do consumo privado, associados à maior tensão no front externo, criaram cenário adverso ao crescimento econômico. Enfim, a economia nacional não resistiu à exaustão do Plano Cruzado. A partir de então, criou-se um vácuo político que, posteriormente, tornou possível a dócil assimilação, pela sociedade brasileira, do bizarro plano de combate à inflação implantado pelo governo seguinte.

Bibliografia

1 – Carneiro, Ricardo e Miranda, J. Carlos – "Os Marcos Gerais da Política Econômica", in Carneiro, R (org) <u>Política Econômica da Nova República</u>. Rio de Janeiro, Paz e Terra, 1986.

2 – Suzigan, Wilson "A Indústria Brasileira em 1985/86: Desempenho e Política", in Carneiro, R <u>op. cit</u>.

3 – Buainain, Antônio M. e Souza Filho, Hildo M. "A Trajetória Recente da Agricultura: Da Recessão à Recuperação", in Carneiro, R op. cit.

4 – Mattoso, Jorge E. L. "1985: Recuperação e Mercado de Trabalho", in Carneiro, R op. cit.

5 – Souza, Francisco E. P. "Desempenho e Perspectivas do Balanço de Pagamentos: 1985/86", in Carneiro, R op. cit.

6 – Presser, Mário F. "A Renegociação da Dívida Externa na Nova República", in Carneiro, R op. cit.

7 – Castro, Antônio B. e Souza, Francisco E. P. A Economia Brasileira em Marcha Forçada. Rio de Janeiro, Paz e Terra, 1985.

8 – Instituto de Economia Industrial – Universidade Federal do Rio de Janeiro (IEI-UFRJ) – Boletim de Conjuntura, novembro 1986.

9 – Kandir, Antônio "Choque Heterodoxo", in Novos Estudos CEBRAP; São Paulo. n 15, julho 1986.

10 – Convênio CEPAL-UNICAMP "O Programa de Estabilização e a Economia Brasileira" – mimeo. Campinas, Outubro 1986.

11 – Conjuntura Econômica, Fundação Getúlio Vargas. Rio de Janeiro, março 1986 – fevereiro 1987.

***

MERCOSUL: EXPECTATIVAS E REALIDADE

Revista do BNDES. Junho 2002

1- Introdução

O objetivo deste artigo é efetuar uma reflexão a respeito do desempenho do Mercosul como instrumento do desenvolvimento econômico e social da Argentina, Brasil, Paraguai e Uruguai. Trata-se de um texto que se propõe a contribuir para a intensificação dos debates sobre o futuro dessa experiência vivida por países do Cone Sul.

Em sequência a esta introdução, a Seção 2 apresenta um panorama do comportamento das exportações dos participantes do acordo, tanto as intra-regionais quanto as dirigidas ao resto do mundo. A Seção 3 sintetiza as ideias expostas pelo economista Alexander Yeats, do Banco Mundial, em documento publicado em 1998, o qual provocou controvérsias. Na Seção 4 são expostas as principais características do Mercado Comum da América Central, tendo em vista a existência de certas semelhanças com o que se considera prioritário para os membros do Mercosul. A Seção 5 indica algumas das mudanças de política econômica que os países membros deveriam empreender, a fim de que o processo de integração atue como promotor do desenvolvimento regional. Na Seção 6 procura-se sintetizar as conclusões do artigo.

2- O alcance da integração

Qualquer processo de integração regional consiste na aliança entre nações dispostas a compartilhar mercados, instituições e um conjunto de regulamentações, a fim de alcançarem determinados objetivos.

Dependendo das características dos parceiros, os objetivos variam amplamente e é fácil imaginar, por exemplo, o quanto os anseios dos participantes da União Europeia diferem dos predominantes no Mercado Comum da América Central. Nesse sentido, a avaliação dos resultados de cada experiência tem como parâmetro os respectivos objetivos, os quais, por sua vez, não se encontram imunes a uma análise crítica quanto à sua lucidez.

Um acordo de integração pode ser considerado como fracasso tanto por não haver alcançado seus propósitos, quanto por tê-los atingido. Isto é, existe a possibilidade de os objetivos escolhidos serem equivocados em relação às reais necessidades dos países membros. Assim, muitos insucessos são encobertos pelo fato de as avaliações se limitarem ao cotejo entre resultados e metas, usando indicadores de desempenho que não correspondem às autênticas prioridades do conjunto de Nações entrelaçadas em um pacto.

No caso do Mercosul, a expectativa manifestada no Tratado de Assunção (1991) consiste em criar um espaço de livre comércio e união aduaneira, que culmine com o mercado comum e favoreça a inserção competitiva na economia global. O tratado identifica a integração como veículo para consolidar a democracia e a modernização da estrutura produtiva de bens e serviços, resultando em maior crescimento econômico e bem estar da população. Explicitou-se também a esperança de que o Mercosul contribuiria para elevar a disciplina macroeconômica entre seus membros. Como se pode constatar, trata-se de um conjunto irrepreensível de objetivos.

Entretanto, ao efetuarmos um balanço do que ocorreu ao longo dos últimos dez anos, percebe-se que o realizado concentrou-se apenas no objetivo de formar uma zona de livre comércio e união aduaneira, e a motivação preponderante limitou-se ao incremento do comércio entre os participantes do acordo. Argentina, Brasil, Paraguai e Uruguai cometeram o equívoco de não explorar devidamente o Mercosul como instrumento para elevar a competitividade do bloco vis à vis o resto do mundo e, como consequência, expandir suas exportações totais, sobretudo aos Estados Unidos, Europa e Ásia.

Durante os anos 90 houve aumento espetacular nas vendas entre os países membros do Mercosul (PMM), principalmente Argentina e Brasil, conforme se verifica ao comparar-se os triênios 1988/90 e 1998/00 (Tabelas 1 e 4). Este desempenho se reflete no peso das exportações intrarregionais em relação ao total exportado: segundo dados do BID, no triênio imediatamente anterior à assinatura do acordo, 1988-90, representava 7,9%, passando para 22,8% em 1998/00 (gráfico I). Contudo, esse dinamismo:

a) não resultou em aumento relevante no coeficiente exportação total/PIB;

b) contém traços de um enredo de "desvio de comércio"[‡];

c) beneficiou mais os países maiores, repercutindo menos no Uruguai e quase nada no Paraguai;

d) não gerou impacto transcendental sobre as perspectivas de desenvolvimento dos PMM.

Em outras palavras, embora a finalidade do Mercosul seja criar condições para os sócios conquistarem elevadas taxas de crescimento do PIB, sua contribuição nesse sentido foi modesta.

Apesar de relevantes, as taxas de crescimento das exportações totais de cada país, entre os triênios mencionados, foram inferiores às registradas no interior das fronteiras do Mercosul (Gráfico II). Isto significa que o salto no valor das vendas entre os sócios foi superior ao do colocado no resto do mundo, fato perfeitamente natural dado que se tratava do período de implantação do Mercosul.

[‡]   O conceito de desvio de comércio é aqui utilizado sob a ótica do redirecionamento das importações provenientes dos países excluídos do Mercosul (independentemente de serem mais competitivas), em benefício das compras junto aos parceiros do acordo.

TABELA I
MERCOSUL – EXPORTAÇÃO DE BENS
COMPARAÇÃO ENTRE OS TRIÊNIOS 1988/90-1998/00
%

País Exportador	Crescimento das exportações ao Mercosul	Crescimento das exportações ao resto do mundo	Crescimento das exportações totais
Argentina	448,0	73,5	123,3
Brasil	435,3	37,8	55,2
Paraguai	50,8	-20,6	6,0
Uruguai	126,8	6,0	43,4

Fonte: Elaboração do autor a partir de dados da CEPAL.

O lamentável é a elevada dimensão dessa superioridade, que redundou no fiasco em elevar o grau de abertura externa dos PMM, conforme evidencia o desempenho medíocre do coeficiente exportação/PIB entre os triênios 1988-90 e 1998-00 (Tabela 2 e gráfico III): passou de 9,0% a 12,1%, na Argentina; de 8,2% a 10,2%, no Brasil; de 28,6% a 22,1%, no

GRÁFICO I – EXPORTAÇÕES INTRAMERCOSUL E AO RESTO DO MUNDO
GRÁFICO I – MERCOSUL: EXPORTAÇÕES INTRAREGIONAIS E AO RESTO DO O
%

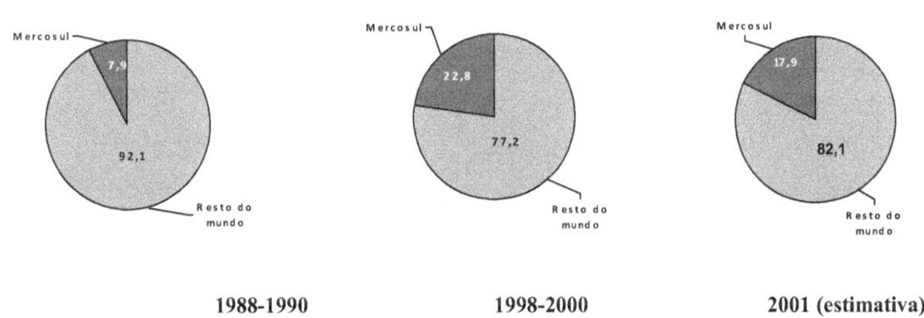

1988-1990	1998-2000	2001 (estimativa)

Paraguai[§]; e de 19,7% a 20,8%, no Uruguai. Não houve mudanças extraordinárias com respeito ao início da década de 80, quando a relação exportação/PIB desses países se encontrava em torno de 6,4%, 5,8%, 17,1% e 17,2%, respectivamente.

---

§ A alta incidência das atividades informais distorce os dados referentes ao Paraguai.

GRÁFICO II
EXPORTAÇÕES DOS MEMBROS DO MERCOSUL
COMPARAÇÃO ENTRE OS TRIENIOS1988/90 – 1998/00

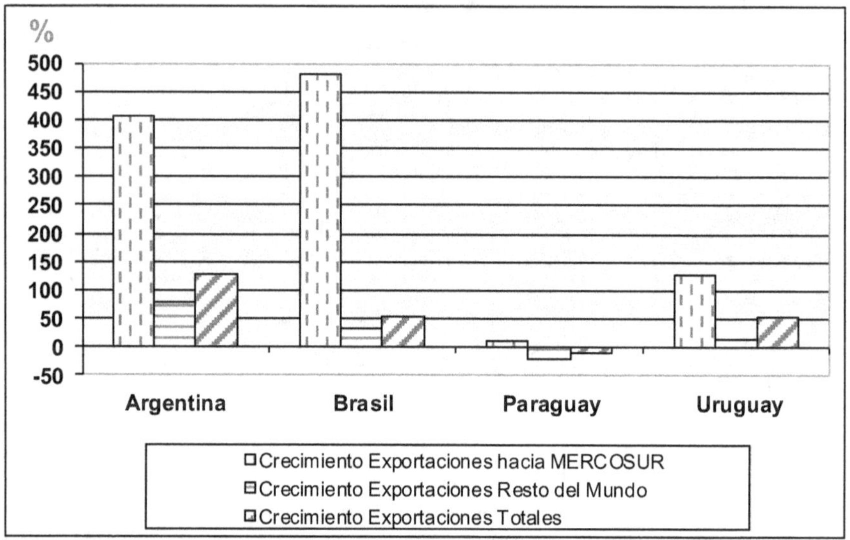

Fonte: CEPAL.

É surpreendente o fato de o Tratado de Assunção não ter atribuído maior ênfase à capacidade para competir no mercado internacional e, desta forma, expandir o grau de abertura das economias envolvidas. Como consequência, chegou-se agora a um ponto de estagnação no acordo, dado que o poder de impulsionar as transações entre os PMM vem esgotando-se, conforme indicam o Quadro 3 e o Gráfico IV.

TABELA II
COEFICIENTE COMPARAÇÃO/PIB
%

País	1980-82	1988-90	1998-00
Argentina	6,4	9,0	12,1
Brasil	5,8	8,2	10,2
Paraguai	17,1	28,6	22,1
Uruguai	17,2	19,7	20,8

Fonte: Elaboração do autor a partir de dados da CEPAL.

Entre 1998 e 2000, constata-se uma queda de 13,0% nas exportações intra-Mercosul, enquanto as estimativas do BID para 2001 apontam um declínio de 9,5%, em relação ao ano anterior. Segundo cifras preliminares para 2001, em todos os países do acordo houve diminuição

TABELA III
COMPORTAMENTO RECENTE DAS EXPORTAÇÕES INTRA MERCOSUL
US$ MILHÕES

País Exportador	1997	1998	1999	2000	2001
Argentina	9.068	9.421	7.071	8.390	---
Brasil	9.044	8.877	6.778	7.732	---
Paraguai	586	531	307	553	---
Uruguai	1.355	1.523	1.007	1.023	---
TOTAL	**20.053**	**20.452**	**15.163**	**17.698**	**15.984**[*]

Fonte: BID.

*: Estimativa BID.

nas vendas aos sócios, gerando o encolhimento do peso das exportações intraMercosul, que representou 17,9% do total, em contraste com os 22,7% de 2000. E estes números não resultaram de um salto repentino nas exportações para o resto do mundo.

Os PMM não perceberam que esta é uma forma incompleta de conduzir um processo de integração. Isto porque a incremento dos laços comerciais entre os participantes do acordo não é suficiente, por si só, para o comércio exterior ampliar as possibilidades de desenvolvimento econômico da região. Maximizar o intercâmbio entre vizinhos é bom e necessário, mas não garante um conjunto mais ambicioso de benefícios para a região.

Dada a realidade observada na Argentina, Brasil, Paraguai e Uruguai, o mais importante não é a integração regional isoladamente, mas sim o quanto ela proporciona melhor posicionamento ante o comércio internacional. Se o Mercosul houvesse induzido avanços mais ambiciosos na competitividade das exportações totais, o nível de investimentos na região teria sido superior ao registrado na década de 90, pois esses avanços induziriam um círculo virtuoso de investimentos. Essa dedução provém do fato de que exportação e competitividade são, ao mesmo tempo, causa e consequência de investimentos produtivos.

GRÁFICO III
RELAÇÃO EXPORTAÇÃO/PIB

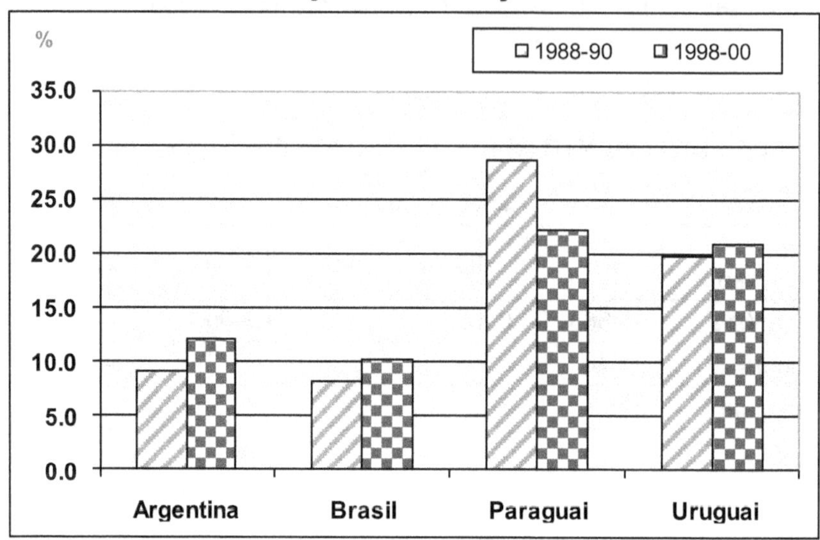

Fonte: CEPAL.

Existem diferenças de ênfases entre Argentina-Brasil e Paraguai-Uruguai em quanto ao tipo de mudanças no comércio exterior que o Mercosul deveria proporcionar. Nos dois primeiros países, o essencial seria o incremento da relação exportação/PIB. Com respeito ao Paraguai e Uruguai, cujos graus de abertura externa é superior à dos outros dois sócios, o essencial seria utilizar o Mercosul como alavanca para diversificar setorialmente sua oferta ao mercado externo.

Nos países onde o coeficiente exportação/PIB já é elevado mas a economia se encontra estagnada, como Paraguai e Uruguai, a tarefa da integração consiste em engendrar uma pauta de exportação o mais contrastante possível com a tradicionalmente verificada, de forma a provocar mudanças no sistema produtivo, com reconversão setorial.

Quando se trata de acordos entre países desenvolvidos, como a União Europeia (UE), a intensificação das transações intrarregionais já se justifica por si própria, tanto por motivos de política externa quanto por seu efeito dinamizador sobre a economia. Dada a magnitude e complexidade do sistema produtivo e do mercado consumidor europeus, o aumento das transações intrarregionais cria naturalmente a tendência ao incremento de competitividade. Isto porque a escala de produção que as empresas sediadas na UE podem atingir é suficientemente elevada para melhor posicionar seus bens e serviços junto ao resto do mundo

GRÁFICO IV
COMPORTAMENTO RECENTE DAS EXPORTAÇÕES
INTRAMERCOSUL

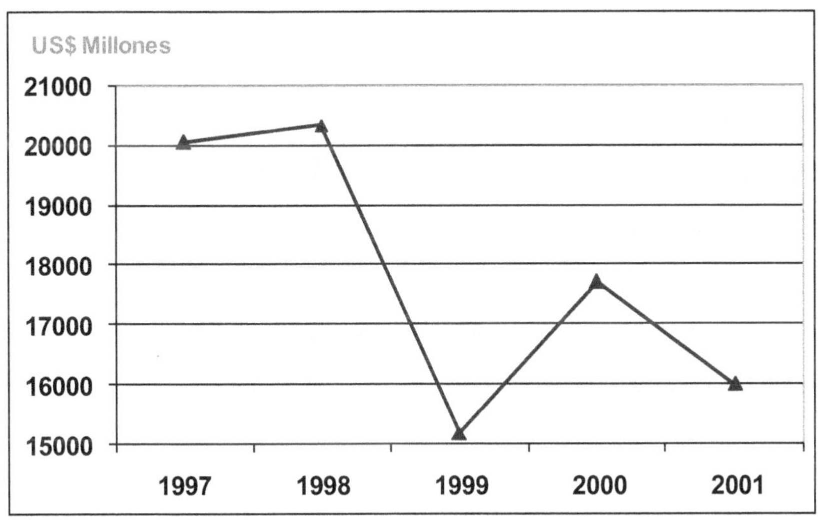

Fonte: CEPAL.

Ademais, esse conjunto de países realizou ajustes no sentido de aumentar o grau de especialização de sua estrutura produtiva, acentuando assim os ganhos de produtividade. No Mercosul, a pura expansão do comércio intrarregional não tende a gerar tais resultados e, por outro lado, a principal vantagem no campo da política externa deveria ter sido o fortalecimento do poder de negociação econômica e comercial com os países desenvolvidos.

A relevância aqui atribuída ao aumento do coeficiente de exportação não significa menosprezo ao mercado doméstico. Para que os PMM alcancem taxas elevadas e sustentáveis de crescimento do PIB, com maior equidade social, o único caminho aceitável é o da ampliação do consumo interno. Entretanto, dados os constrangimentos fiscais, a estrutura de distribuição de renda, as elevadas taxas de juros e o nível de marginalidade social, não há como nutrir grandes esperanças com respeito à possibilidade de a demanda doméstica, a curto prazo, ser o fator que proporcione elevado crescimento econômico.

Conjugado a essa realidade, o setor exportador, por sua baixa participação no PIB e/ou seu perfil tradicional, não vem contribuindo, na magnitude de seu potencial, para que os PMM ingressem em um círculo virtuoso de desenvolvimento. Daí a importância dos esforços para acelerar o aumento das exportações totais, não como fim em si mesmo, mas como um meio de abrir caminho à expansão do consumo e do investimento e a ganhos de produtividade.

Outro aspecto não desprezível é que o desempenho exportador dos PMM não vem contribuindo para diminuir sua vulnerabilidade aos choques externos. Isto porque, no âmbito de seus vínculos com os países desenvolvidos, a influência das transações comerciais cresceu menos que a influência do movimento financeiro. Como a volatilidade do fluxo de dinheiro é superior à do intercâmbio de mercadorias, atualmente grande parte da política econômica do Brasil e da Argentina se destina a tranquilizar o mercado financeiro internacional e, por contágio, Paraguai e Uruguai também são afetados.

No caso da Argentina e do Brasil, o aumento do coeficiente de exportação contribuiria para amenizar os inconvenientes originários do endividamento externo. Na medida em que fosse possível diminuir as relações juros/exportação e dívida externa/exportação, seria mais fácil administrar a dívida. Entre 1990 e 2000, a relação juros pagos/exportação declinou de 44,6% para 17,0%, na Argentina, e de 24,3% para 12,4%, no Brasil. Embora esta seja uma boa notícia, não há como ignorar o inquietante peso da dívida com respeito ao PIB, que entre 1990 e 2000 passou de 40,7% para 60,5%, na Argentina, e de 17,9% para 32,8%, no Brasil.

O retrocesso verificado na relação juros pagos/exportação deveu-se principalmente à queda nas taxas internacionais de juros, a algumas renegociações de contratos e a mudanças entre os tipos de credores. Dada a persistência de elevados níveis de endividamento, a relação juros pagos/exportação ainda permanece vulnerável a flutuações, na medida em que mudanças no mercado financeiro provoquem aumentos nos custos da dívida. Portanto, quanto mais a diminuição na relação juros/exportação for explicada pelo aumento das exportações, tanto menos sensível será o país às flutuações do mercado financeiro internacional.

É justo reconhecer que a conquista de maior fatia do comércio mundial não depende apenas do esforço dos PMM. A atitude protecionista e discriminatória dos países desenvolvidos é responsável por obstáculos concretos ao incremento das exportações dos integrantes do Mercosul. A União Europeia e os Estados Unidos não demonstram disposição de amenizar as barreiras tarifárias e não-tarifárias e os subsídios, que limitam o acesso dos PMM aos seus mercados.

Ao longo da década de 90, Argentina e Brasil efetuaram um esforço de abertura comercial a terceiros mercados nitidamente superior ao realizado nesse período pelos Estados Unidos, União Europeia e Japão.

Essa não reciprocidade é uma das razões pelas quais ao esforço de abertura dos PMM não correspondeu um aumento equivalente de suas exportações.

No Brasil, a liberalização comercial começou em 1988, mediante a redução   tarifária e o abrandamento de barreiras não-tarifárias. Conforme lembra Averbug, A. (1999, p. 46):

> "Entre 1988 e 1989, a redundância tarifária média caiu de 41,2% para 17,8%, foram abolidos regimes especiais de importação, unificaram-se os diversos tributos incidentes sobre as compras externas e reduziram-se levemente o nível e a variação do grau de proteção tarifária à indústria local, com a tarifa média passando de 51,3% para 37,4%, a modal de 30% para 20% e a amplitude de 0-105% para 0-85%. De 1990 a 1995, a alíquota média do imposto de importação diminuiu de 32,1% para 13.1%. A partir de 1996, no entanto, observou-se pequeno viés de alta nas alíquotas de importação, na tentativa de conter o aumento do déficit em conta corrente".

Entre 1988 e 1995, intervalo dentro do qual ocorreu a maior partes das medidas de abertura, as exportações aumentaram em 41,3% e as importações em 265,0 %. Em resumo, o processo de abertura não proporcionou mudanças expressivas no lado das exportações brasileiras.

Em complemento à Organização Mundial de Comércio, também o BID e o Banco Mundial constituiriam um foro ideal para negociar esse conflito de interesses, dada a presença dos Estados Unidos, Europa e Japão em sua gestão, ao lado da América Latina. É irônico constatar que parte da ação de fomento empreendida por esses organismos é neutralizada pelas restrições às exportações dos prestatários, impostas por países participantes do capital das mencionadas instituições multilaterais.

São evidentes os sinais de envelhecimento do mandato conferido ao BID e B. Mundial, pelo qual se limitam à atividade de financiamento. Afinal, se a finalidade de ambos bancos é promover o desenvolvimento, justifica-se que passem a atuar em outras frentes onde se abrigam fatores inibidores do desenvolvimento, inclusive a obstrução praticada pelo "clube dos ricos" às exportações latino-americanas.

3- Outro enfoque.

Em 1998, o economista Alexander J. Yeats, do Banco Mundial, publicou o estudo "Does Mercosur's Trade Performance Raise Concerns about the Effects of Regional Trade Arrangements", no qual questiona uma série de aspectos da forma como o acordo vem sendo conduzido, mas sob uma ótica distinta da aqui adotada.

Yeats analisa o Mercosul pelo ângulo dos seus reflexos sobre os interesses dos consumidores da região e sobre as chances dos terceiros países exportarem para esse mercado. Embora o panorama tenha mudado desde a publicação do estudo, o enfoque que adota é pertinente, em termos metodológicos, para a avaliação de um processo de integração comercial.

Segundo Yeats, alguns pactos regionais, tais como o Mercosul, podem impedir os consumidores residentes nos países sócios de terem acesso a certos bens mais baratos e de melhor qualidade, pelo fato de serem produzidos em terceiros países. Nesse caso, a produção dos membros do acordo estaria deslocando ofertantes mais eficientes, através de tarifas de teor protecionista. Conforme indica o estudo, as tarifas praticadas pelo Mercosul, com respeito a terceiros países, eram de quatro a seis vezes superiores às registradas na União Europeia e NAFTA e, assim, a reorientação do comércio em favor dos integrantes do Mercosul foi maior do que a verificada em qualquer outro acordo regional.

Nas palavras de Yeats, em consequência dessa característica os membros do Mercosul revelaram, em tais bens, uma acentuada desvantagem comparativa em termos de competitividade, com respeito aos mercados que não utilizam tarifas tão discriminatórias contra terceiros. Os produtos que se reorientaram com maior intensidade para dentro da região foram exatamente aqueles que demonstraram menor habilidade de competir em outras partes do mundo. Para Yeats, os sócios do Mercosul não vêm sendo internacionalmente competitivos nos setores onde o comércio intrarregional cresceu mais.

Em vista do propósito do presente artigo, não cabe conferir se as conclusões de Yeats são procedentes, ou opinar sobre o mérito de sua abordagem. O interesse em citá-lo se restringe ao fato de:

a) representar um critério a mais para testar se o Mercosul vem ampliando a capacidade dos países membros em conquistar maior fatia do comércio internacional;

b) o teor de seus argumentos entrar em choque com comentários sobre o protecionismo dos países desenvolvidos, feitos em parágrafos anteriores.

TABELA IV
TRANSAÇÕES COMERCIAIS ENTRE OS MEMBROS DO MERCOSUL
US$ BILHÕES

País Importador\Exportador	Argentina	Brasil	Paraguai	Uruguai	TOTAL
Argentina					
1989	-	722	49	78	849
1990	-	645	55	82	782
1997	-	6.767	105	354	7.226
1998	-	6.747	153	501	7.401
1999	-	5.364	53	369	5.786
2000		6.233	94	411	6.738
Brasil					
1989	1.124	-	328	441	1.893
1990	1.423	-	312	502	2.237
1997	7.734	-	458	940	11.369
1998	7.941	-	349	938	9.228
1999	5.689	-	235	557	6.481
2000	6.990	-	337	530	7.857
Paraguai					
1989	96	323	-	7	426
1990	147	381	-	6	534
1997	588	1.406	-	61	2.055
1998	622	1.249	-	84	1.955
1999	563	744	-	81	1.388
2000	592	831	-	82	1.505
Uruguai					
1989	207	334	11	-	553
1990	263	295	12	-	570
1997	746	870	24	-	1.640
1998	849	881	29	-	1.759
1999	818	670	19	-	1.507
2000	808	668	122	-	1.598
TOTAL					
1989	1.428	1.380	388	526	3.722
1990	1.832	1.321	379	591	4.123
1997	9.068	9.043	587	1.355	20.053
1998	9.421	8.877	531	1.523	20.352
1999	7.071	6.778	307	1.007	15.163
2000	8.390	7.732	553	1.023	17.698
2001 (1)	.....	.....	.....	.....	15.984

Fonte: BID/INT.   (1) – Estimativa BID.

4- A experiência da América Central

Reunindo Costa Rica, El Salvador, Guatemala, Honduras e Nicarágua, o Mercado Comum da América Central (MCAC) é um dos mais antigos esquemas de integração comercial do mundo. Foi concebido em 1960 como estratégia para promover o desenvolvimento do setor industrial, via substituição de importações, utilizando o estabelecimento de tarifas comuns frente a terceiros países e o redimensionamento das tarifas intrarregionais. Em suas etapas iniciais, semeou um início de industrialização que evoluiu de formas diferentes em cada país.

No referente à integração comercial em si, durante a década de 60 ocorreu um forte aumento nas transações intrarregionais. As exportações entre as fronteiras do MCAC, em 1965 e 1970, situaram-se em valores 340% e 853% superiores ao de 1960, enquanto sua participação no total das exportações passou de 6,8%, em 1960, para 17,4% e 26,0%, respectivamente, em 1965 e 1970. Considerando esses mesmos anos, as exportações totais aumentaram em 73% e 150%, em comparação com 1960.

Dificuldades ocorridas durante as décadas de 70 e 80, tais como instabilidade política e crise da dívida externa, abalaram o MCAC e conduziram, no início dos anos 90, a mudanças de estratégia rumo à abertura comercial, à promoção das exportações ao resto do mundo, à competitividade internacional e aos investimentos estrangeiros. Os países passaram a privilegiar mais a ampliação da presença regional no comércio internacional, e não tanto o aprofundamento da integração centro-americana em si.

Atualmente, embora funcionem regras comuns referentes a certos aspectos das relações comerciais extrarregionais, não existe um compromisso para a formação de uma união aduaneira, nem para a negociação conjunta com outros parceiros, operando apenas como uma área de livre comércio. Enfim, os integrantes do MCAC concluíram que essa era a alternativa mais adaptada às suas necessidades, o que não é de estranhar, dado o limitado mercado local.

Em decorrência dessa mudança de ênfase, foram formuladas medidas de promoção de investimentos voltados para as oportunidades oferecidas pelo resto do mundo. Por outro lado, uma das mais notáveis características da postura dos países centro-americanos é a flexibilidade na área das negociação com terceiras partes, facultando-se ações conjuntas, em subgrupos ou bilaterais. Por exemplo, os sócios do MCAC decidiram negociar individualmente a participação na ALCA, mas mantém reuniões para coordenar suas posições.

Essa mudança de estratégia não é tarefa simples de ser executada em países como os centro-americanos, tanto por suas limitações institucionais quanto pelo baixo grau de diversificação da economia: apenas cinco produtos ocupam mais de 50% do total exportado pela região, enquanto no Mercosul essa relação é de aproximadamente 21%. Portanto, não convém esperar, a curto prazo, efeitos grandiosos da nova estratégia. Porém, alguns resultados já são percebidos e desde 1990 as exportações totais vêm apresentando um crescimento intenso:

1) na primeira metade da década a taxa média anual chegou a 9,2% e na segunda metade a 16,6%, enquanto nos anos 80 o valor exportado permaneceu estagnado;

2) como as vendas intrarregionais cresceram em ritmo inferior, sua participação no total passou de 24,2%, no triênio 1980-82, para 20,8% em 1997-99;

3) de 1990 a 1999 a magnitude dos fluxos de comércio (exportação mais importação) passou de US$10,6 bilhões para US$29,6 bilhões; isto é, cresceu ao redor de três vezes;

4) em 1999 houve uma desaceleração do crescimento das exportações e em 2000 e 2001 ocorreram quedas, em consequência de desastres climáticos que afetaram a produção dos principais itens agrícolas e da baixa nos preços internacionais dos bens exportados.

O saldo da balança comercial desse conjunto de países vem sendo negativo durante as últimas décadas

Embora padecendo de uma série de problemas, a integração centro-americana vem proporcionando a esse conjunto de países oportunidades de transformações que provavelmente não se encontrariam disponíveis sem o MCAC. Além das ondas de industrialização, muitas vezes incipientes, verificadas desde 1960, observa-se durante a década de 90 um melhor clima para a atividade empresarial e os investimentos intrarregionais se expandiram fortemente.

O capital local, que antes operava apenas no mercado doméstico ou, durante os problemáticos anos 80, buscavam ambientes fora da América Central, agora encaram a região com otimismo. São frequentes as iniciativas de regionalização em alguns setores, com a formação de multinacionais centro-americanas em atividades como serviços financeiros, transportes, agroempresas, supermercados e restaurantes.

Ao mesmo tempo que a ênfase em termos de comércio exterior passou a ser o mercado extrarregional, percebe-se um processo de integração do sistema produtivo com perspectivas promissoras.

Dadas as profundas carências que restringem as chances de desenvolvimento dos participantes do MCAC, a estratégia de conquistar maior fatia do mercado internacional e aumentar o grau de regionalização da estrutura produtiva é acertada. Um indicador de que esta opção tende a render frutos é o comportamento do PIB: apesar dos desastres climáticos e queda nos preços dos produtos exportados, no período 1995-2000 a taxa média anual de crescimento desses países esteve em torno de 4,2%, ritmo inferior ao desejável mas superior ao das décadas anteriores.

Embora a dimensão do mercado interno e a sofisticação do sistema produtivo dos PMM seja substancialmente maior do que os dos integrantes do MCAC, vale a pena observar o que se passa na América Central. De fato, no caso do Mercosul a prioridade às exportações extra-regionais também é essencial e, afinal, o PIB dos países do sul vem apresentando taxas de crescimento inferiores às de seus irmão centro-americanos.

5- Redefinição dos objetivos

Em vista das considerações anteriores, conclui-se que o papel do Mercosul como promotor do desenvolvimento somente será compensador se seus participantes ousarem imprimir mudanças substanciais na maneira como o processo vem sendo implementado. Entre essas mudanças, caberia destacar as referentes aos seguintes temas: política industrial, competitividade, reforma do Estado e setor de infraestrutura.

Política Industrial

Parcela essencial das mudanças no Mercosul propostas neste artigo encontra-se vinculada ao rejuvenescimento do conceito de política industrial, desvinculando-o do ranço protecionista e atribuindo-lhe um conteúdo regional. Essa nova versão teria poucas semelhanças com aquelas seguidas à época da substituição de importações, tanto em termos de objetivos quanto de uso de instrumentos: a missão agora seria criar unidades fabris de elevada competitividade em todos os países participantes do acordo.

Parte da justificativa para reabilitar o conceito de política industrial, resgatando-o do exílio para o qual foi banido, se encontra no fato de que os critérios em voga nos últimos tempos para fomentar a industrialização já renderam os frutos que poderiam oferecer. Abertura econômica, privatização, desregulação, agilidade do mercado de capitais e flexibilização das leis trabalhistas, sob um marco de estabilidade monetária, não bastam como ingredientes do desenvolvimento industrial, quando se trata de um processo articulado incorporando todos os sócios do Mercosul.

Evidentemente, a execução de uma política industrial regional desse gênero contém elevado teor de complexidade pois depende de decisões no âmbito do setor privado, o qual nem sempre reage conforme o esperado ante medidas governamentais. Embora seja inadequado neste artigo explorar detalhes de tal política, convém mencionar dois de seus componentes vinculados à lógica da integração regional:

a) Estratégia de localização.

Consiste em uma estratégia de localização de investimentos visando criar, nos quatro países, núcleos de grande porte fabricando determinados grupos de bens. Como resultado da elevada produtividade que poderiam atingir, as empresas teriam condições de competir no mercado mundial, além de suprirem os PMM. Por exemplo: produtores de freios, localizados no Paraguai, abasteceriam as montadoras de automóveis existentes na área do Mercosul e exportaria para outras partes do mundo. Essa estratégia é compatível com os novos conceitos de especialização de país. Para Kosakoff e López (2000, p. 7 e 8):

> "A busca de flexibilidade, velocidade e qualidade no processo de produção induziu uma redefinição das relações entre os provedores, mediante a tendência a um crescente nível de subcontratação (compra de partes, componentes ou serviços que fazem parte do produto final da empresa) e de terceirização (compra de serviços). Este modelo implica na existência de um número reduzido de ofertantes, organizados de maneira piramidal, com provedores de primeiro, segundo e terceiro nível.
>
> Seguindo estas tendências, as terminais automobilísticas dos países da OECD reduziram o número de fornecedores diretos de 1250, em 1988, para 900 na atualidade, esperando-se que esse número se reduza a 400 em futuro imediato. Ao mesmo tempo, se verifica uma tendência por parte da indústria terminal em reduzir ao mínimo a produção interna de componentes, para concentrar-se nas funções de desenho".

Este gênero de evolução é propício a uma estratégia de localização industrial semelhante à aqui recomendada para o Mercosul.

b) Aproveitamento de vocações.

Consiste no estímulo à elaboração de determinado bem naquele país que disponha de maior vocação para competir no mercado internacional, desincentivando os demais a produzi-lo. Essa postura inclui o desenvolvimento de cadeias produtivas a partir dos recursos naturais e habilidades disponíveis em cada país, aumentando-se ao máximo as etapas cumpridas nacionalmente em termos de valor agregado. Em atividades desse gênero é possível operar pequenas e médias empresas competitivas.

Analisando as perspectivas da indústria argentina, Kosacoff (2001, p. 2) destaca que "uma parte significativa das possibilidades de aumento da competitividade se baseia nas formas de articulação entre as diversas etapas de produção e comercialização: desde o insumo básico até o consumidor final. Fortalecer as cadeias de valor agregado implica, entre outros fatores, na produção de bens (e serviços) mais diferenciados, gerados essencialmente a partir de critérios de qualidade".

Transladando essas observações para as fronteiras do Mercosul, pode-se afirmar que o objetivo seria maximizar, dentro de cada país, as sequências produtivas mais afinadas com os respectivos talentos, de maneira a serem ofertados bens de elevada qualidade.

Ademais de fomentar a produtividade, diretrizes desse caráter ampliariam as oportunidades de investimento nos países menores, Paraguai e Uruguai, que adquiririam condições de acolher unidades industrias conectadas com outras instaladas no Mercosul e, também, teriam maiores chances de aproveitar suas vocações peculiares.

Competitividade

O aumento da competitividade regional e a redução dos desníveis entre os PMM, figuram entre os propósitos do Tratado de Assunção. A questão da competitividade não se restringe ao setor industrial. Os avanços na inserção internacional dos PMM depende também dos ganhos de produtividade nos setores primário e terciário. A única chance de se obter resultados úteis nesta área é mediante políticas ativas que involucrem todos os países da região, atuando nos âmbitos micro e macroeconômicos.

A ascensão a níveis crescentes e duradouros de competitividade não pode circunscrever-se à ação de um agente econômico individual. A experiência internacional indica que os casos exitosos são explicados pelo funcionamento global do sistema, o qual permite a formação de uma base sólida para o desenvolvimento da competitividade. Dessa forma, a "noção sistémica" de competitividade substitui os esforços individuais que, embora sejam condição necessária, devem estar acompanhados por inumeráveis aspectos que conformam o entorno das empresas (infraestrutura física, aparato científico tecnológico, rede de provedores e subcontratantes, sistemas de distribuição e comercialização, valores culturais, instituições, marco jurídico, etc.) [Kosacoff e Ramos (1997)].

Conforme destacam Laplane, Sarti, Sabbatini e Britto (2001, p.302-303):

> "O déficit de competitividade em relação ao resto do mundo e as assimetrias intra-Mercosul foram explicitamente reconhecidas no Tratado de Assunção e nas medidas e instrumentos acordados posteriormente. A própria configuração das listas de exceção à TEC e à desgravação tarifária intrabloco, conferindo um prazo maior de adaptação ou reestruturação para que alguns produtos/setores fossem expostos à competição mundial e/ou intrarregional, corroboram este argumento.

> Deve-se acrescentar que aos países menores e menos competitivos - Uruguai e Paraguai - foram concedidos prazos maiores e um número maior de produtos constantes destas listas. Entretanto, o reconhecimento do problema não se traduziu em medidas concretas que levassem à implementação de uma política comum de competitividade voltada para reduzir as falhas de coordenação e promover a criação de externalidades para superar as assimetrias".

Como "a ausência de uma política de competitividade comum e as assimetrias entre as políticas nacionais impede o fortalecimento da competitividade do bloco frente ao resto do mundo e agrava os desníveis intra=Mercosul" [Laplane. Sarti, Sabbatini e Brito (2001, p. 318)], conclui-se que aos PMM cabe a tarefa urgente de usar a integração como veículo para políticas micro e macroeconômicas destinadas a modernizar e especializar a base produtiva regional, além de ampliar seu índice de complementação.

Infraestrutura

Os programas integrados de investimento em infraestrutura nos PMM, executados até agora, apenas tocam superficialmente a vasta agenda de necessidades existentes nesse campo. Em realidade, o insuficiente número de projetos disponíveis e os problemas fiscais dos países dificultam a efetivação dos empreendimentos no setor. O impacto desse tipo de iniciativa sobre a integração do sistema produtivo e o nível de competitividade dos PMM é óbvia e, por esse motivo, as grandes fontes de financiamento (BID, BM e BNDES) que operam na região deveriam se apressar em formular programas coordenados de apoio aos investimentos no setor .

Reforma do Estado

Caberia atribuir nova dimensão ao esforço de promover a reforma do Estado nos PMM, com a finalidade de aprimorar a eficiência do setor público e diminuir as diferenças entre os países nesse aspecto. As debilidades institucionais em geral e as discrepâncias no interior do bloco, com respeito à disponibilidade de instrumentos de políticas públicas, tendem a bloquear a participação equitativa de cada país no processo de integração regional e, por outro lado, conspiram contra vários propósitos do Tratado de Assunção, tais como:

a) coordenação das políticas macroeconômicas e setoriais;

b) harmonização legislativa em áreas pertinentes.

Sem o aprofundamento da reforma do Estado, as iniciativas destinadas a implementar esses propósitos perdem impulso, pois cada país dispõe de uma vitalidade distinta para perseguir metas.

Exemplo significativo das consequências da fragilidade institucional é o que ocorreu no tocante à preparação de normas comuns para defesa da concorrência nos PMM. Conforme expõe Tavares (2001, p.152):

> "Os países do Mercosul assinaram em dezembro de 1996 o Protocolo de Fortaleza, que definiu um conjunto de procedimentos a ser implementado num período de dois anos, dirigido à harmonização das condições de concorrência nos mercados domésticos dos países membros. Tal como fizeram outros acordos regionais nas últimas duas décadas, o objetivo fundamental do protocolo é impedir que os benefícios do processo de integração sejam erodidos por barreiras advindas de condutas empresariais ou políticas públicas.
>
> Com relação às ações governamentais, o protocolo destaca os dois tópicos relevantes para o Mercosul: subsídios e medidas antidumping; quanto ao setor privado, contém instrumentos para reprimir práticas anticompetitivas de escopo regional e para controlar fusões e aquisições que alterem as condições de concorrência em mais de um país".

Apesar de identificar os principais problemas a serem tratados, de propor soluções ajustadas às peculiaridades do Mercosul e de enfatizar a urgência das medidas ali acordadas, o Protocolo de Fortaleza não foi aplicado. Seus signatários revelaram indiferença quanto ao estado das instituições antitruste na região.

No momento da assinatura do protocolo, o Brasil era o único país que possuía os instrumentos mínimos indispensáveis à implementação dos compromissos ali firmados. Paraguai e Uruguai até hoje não dispõem de instituições antitruste, e a lei argentina só passou a tratar de fusões e aquisições depois de 1999. Esta dicotomia entre o escopo normativo do protocolo e o estado das instituições nacionais está bloqueando a execução das metas definidas em Fortaleza [Tavares (2001)].

As demandas resultantes do eventual revigoramento do Mercosul e relançamento do conceito de política industrial, além do enfrentamento de questões seculares que afligem os PMM, tais como a concentração social de renda, sugerem que a reforma do Estado apropriada para a região não visaria o retraimento de sua capacidade de atuar.

O exemplo da União Europeia revela o incisivo papel desempenhado pelos governos na execução do acordo, tanto em relação às negociações externas quanto às medidas no interior de cada país. No leste asiático, os países exitosos de desenvolvimento tardio são os que usaram e abusaram da ação governamental. O processo de privatização nos PMM abre espaço para o Estado se dedicar com maior competência a temas que realmente interessam, cuja gestão não cabe às forças de mercado.

O novo modelo de atuação estatal não terá mais como principal objetivo viabilizar diretamente o aumento da capacidade instalada na economia, mediante ocupação pelo Estado de espaços no aparelho produtivo, ou concessão de favores excessivos ao setor privado. Seu objetivo será criar um cenário que propicie clima favorável ao investimento, à modernização e ao desenvolvimento econômico e social, via concentração de esforços em propósitos tais como: estabilidade monetária e fiscal, redistribuição social da renda, ampliação do comércio externo, desenvolvimento tecnológico e incremento do grau de competitividade, além do delineamento de políticas setoriais, em paralelo aos programas de privatização [Averbug, M. (1991)].

Para a integração comercial aliar-se à dinâmica expansiva de competitividade, o Estado terá que exercer um papel relevante na economia dos quatro países. A simples convivência entre Mercosul e "forças de mercado" tende a ser platônica, sem gerar frutos satisfatórios sobre o desenvolvimento. Por outro lado, a própria estrutura institucional do Mercosul requer fortalecimento, no sentido de incorporar maior poder de coordenação estratégica e resolução de conflitos, de forma a filtrar assuntos tratados diretamente entre os governos.

6- Conclusão

Ante o cenário exposto anteriormente, conclui-se que a única chance de o Mercosul funcionar como agente do desenvolvimento intenso e sustentável dos seus sócios repousa na sua capacidade de proporcionar um choque de abertura externa, via exportação. Por incrível que pareça, e lamentavelmente, em certas circunstâncias é mais fácil administrar esta opção do que induzir o crescimento econômico a partir do rompimento de certos constrangimentos internos.

Não devemos esquecer que, nos PMM, o setor externo foi o epicentro das fases mais prolongadas de crescimento econômico: antes, o modelo primário exportador e, depois, as várias etapas da substituição de importações. São raros e de curta duração os períodos de crescimento expressivo com origens estritamente internas. Entre esses períodos destacam-se: na Argentina, os seis primeiros anos da Conversibilidade, mesmo assim graças ao fluxo de capital externo; no Brasil, o post Plano Cruzado e os três anos iniciais do Plano Real.

Havendo um contexto favorável em termos do índice de relações de troca, não há porque encarar com preconceito a ideia de usar as exportações como estopim da expansão do PIB, desde que não se repitam os pecados do passado; isto é, na medida em que sejam implementadas políticas destinadas a promover:

a) a redistribuição social da renda, mediante a qual o consumo doméstico assuma gradualmente o papel de principal propulsor dos investimentos;

b) a diversificação da pauta de exportação, com crescente presença de bens manufaturados e serviços mais sofisticados;

Analisando-se os últimos dez anos da história econômica dos PMM, percebe-se que as exportações totais da Argentina, Brasil e Uruguai (talvez Paraguai) apresentaram resultados melhores do que se não existisse o Mercosul, embora sem atingir padrões exuberantes, e criaram-se oportunidades de investimento e emprego. Porém, o acordo se encontra vulnerável a um retrocesso, caso não evolua para um estagio onde o eixo seja o forte incremento do coeficiente exportação total/PIB. Nessa nova etapa, a ênfase recairia sobre a política de investimentos nos PMM, de maneira a aprofundar a integração da estrutura produtiva regional.

Bibliografia

Ballestro, F. e Rodriguez, E. (1997); "Centroamérica hacia una área económica armonizada". INTAL/BID. Washington.

BID (2001). "Centroamérica- Documento de Programación Regional". Washington

BID (2000). "Integration and Trade in the Americas". Periodic Note. Washington.

Peña, F. (1995). "La Construcción del Mercosul: Ensayo sobre Metodología de Integración entre Naciones Soberanas". Archivos del Presente. Buenos Aires.

Taccone, J.J. e Nogueria, U. (2000). "Informe Centroamericano". SIECA (Sistema de la Integración Centroamericana) – INTAL/BID. Buenos Aires.

Referências bibliográficas

Averbug, A. (1999). "Abertura e Integração Comercial Brasileira na Década de 90" . In: Giambiagi, F. e Moreira, M. M (eds.). A Economia Brasileira nos Anos 90. BNDES. Rio de Janeiro.

Averbug, M. (1991). "A Propósito do Debate sobre Privatização". In: Jaguaribe, H. e David, M. D (eds.). Economia Política da Crise Brasileira. Fundação Teotônio Vilela. Rio Fundo Editora. Rio de Janeiro.

Laplane, M. Et alli (2001). "Política de Competitividade no Mercosul". In: Chudnovsky, D. e Fanelli, J. M. (eds.). El Desafío de Integrarse para Crecer- Balance y Perspectivas del Mercosul en su Primera Década. BID – Red Mercosul. Siglo Veintiuno de Argentina Editores.

Kosacoff, B. e Ramos, A. (1997). "Consideraciones Económicas sobre la Política Industrial". Revista de Industria y Desarrollo. Ano 1, N.1. Buenos Aires.

___________, B. e López, A. (2000). "Cambios Organizacionales y Tecnológicos en las Pequeñas y Medianas Empresas. Repensando el Estilo de Desarrollo Argentino". Revista de la Escuela de Economía y Negocios, Universidad Nacional de General San Martin. Ano II N. 4. Buenos Aires.

___________, B (2001). "Estrategias Competitivas para el Crecimiento Económico". CEPAL – Nações Unidas, mimeo. Buenos Aires.

Tavares, J. A. (2001). "Política de Concorrência no Mercosul: Uma Agenda Mínima". In: Chudnovsky,D e Fanelli, J. M. (eds.). El Desafío de Integrarse para Crecer – Balance y Perspectivas del Mercosul en su Primera Década.. BID – Red Mercosul. Siglo Veintiuno de Argentina Editores.

Yeats, A. J. (1998). "Does Mercosur's Trade Performance Raise Concerns about the Effects of Regional Trade Arrangements?" The World Bank Economic Review, vol.12, no. 1. Washington.

*C - ARTIGOS PUBLICADOS EM JORNAIS E SITES**

***   Sites:** (a) APARTE – Instituto de Economia, Universidade Federal do Rio de Janeiro. (b) IMIL – Instituto Millenium, Rio de Janeiro.

Jornais estrangeiros: (a) "BAE" – "Buenos Aires Económico", Agentina. (b) "La Nación, Argentina. (c) "La Tercera", Chile. (d) "ABC", Paraguai.

1- BRASIL

AGRICULTURA E REDISTRIBUIÇÃO DE RENDA

Jornal do Brasil - ... /julho/1983

Até recentemente, o governo alardeava prioridade à agricultura, apontando o aumento da produção como meta a ser perseguida. Com o passar do tempo o assunto foi relegado e, hoje, a crise econômica monopoliza as atenções. As últimas safras, suficientes para amenizarem tensões no abastecimento, também contribuíram para deslocar a agricultura a uma posição secundária no cenário político.

Esse arrefecimento de ênfase é injustificável, inclusive porque o desenvolvimento do setor reclama uma abordagem abrangente, com finalidades mais amplas do que o aumento da produção. Se o problema fosse apenas a dimensão da safra, os motivos de preocupação seriam menores pois a oferta demonstra sensibilidade ao preço e demais instrumentos. Afastemos, portanto, a ideia pela qual o objetivo principal de uma política agrária é de natureza quantitativa.

Dado o ângulo pelo qual interpretamos o papel de agricultura no desenvolvimento brasileiro, optamos por uma diretriz cujas características básicas delineamos neste artigo.

Preliminarmente, caberia definir as expectativas vis à vis a agricultura, a fim de não haver decepções na busca de resultados impossíveis. Não é válido almejar que o crescimento intenso do setor insufle fortemente o PIB. Representando perto de 12% da Renda Nacional, sua capacidade de acelerar a economia é limitada. Tampouco vamos confundir prioridade à agricultura com o folclórico conceito de "Brasil, País rural', nem preconizar o "retorno do homem ao campo".

O desenvolvimento do País extravasa a fronteira delimitada pela agricultura. Apenas através do avanço das atividades industriais e de serviços a Nação terá chances de ingressar em estágios superiores de evolução. Porém, o desenvolvimento autêntico estará comprometido se não forem enfrentadas as mazelas renitentes no campo.

O ângulo relevante da dinamização do setor é sua influência qualitativa sobre a estrutura econômica e social do país. São fartos os impactos positivos que gera no perfil da distribuição de renda, no comércio exterior (incremento das exportações e substituição de importações de produtos primários), na indústria (ampliação do mercado interno de manufaturados e expansão da agroindústria), na inflação (queda relativa dos preços de alimento), na área energética (produção de fontes alternativas de combustíveis), etc..

Todos esses efeitos e conexões não ocorrem automaticamente a partir de mero esforço de aumento da produção rural. Por vezes, convém até optar por uma alternativa menos afoita de incremento da oferta, mas que proporcione consequências fecundas sobre o modelo socioeconômico agrário e sobre as áreas extra-setoriais mencionadas.

A diferença básica entre a ótica quantitativa e a aqui defendida é estabelecida pela hierarquia atribuída à questão da concentração social de renda. Introduzir o ingrediente redistributivista no processo de desenvolvimento nacional implica em mobilizar a participação do setor agrícola. Tal participação traduz-se em:

a) redimensionamento de estabelecimentos rurais cujo diminuto tamanho impede a geração de um patamar satisfatório de renda aos que nele trabalham;

b) remuneração adequada aos assalariados do campo e regulamentação do arrendamento de terra;

c) decréscimo da ociosidade das grandes propriedades;

d) aumento da produtividade da terra e, por conseguinte, da renda por hectare cultivado.

Além de ser alvo de medidas redistributivistas, que atingiriam sua própria população, a agricultura possui capacidade de irradiar aos demais segmentos sociais efeitos atenuadores da concentração de renda. Esses efeitos manifestam-se principalmente através de:

• redução relativa dos custo da alimentação, consequência da melhoria na produtividade;

• parcela de emprego criada na indústria, em decorrência da maior presença do agricultor no mercado de bens manufaturados de consumo, intermediários e de capital;

• criação de emprego no setor terciário, proveniente do incremento dos investimentos em infra estrutura rural, corolário de uma programa de elevação da produtividade agrícola, assim como da crescente demanda por serviços pela população de campo.

Tradicionalmente, o Brasil valeu-se dos períodos de crise externa para ingressar em ciclos de substituição de importações e, dessa forma, industrializar-se. Na crise atual, esse esquema já se encontra exaurido como pivot de grandes acontecimentos.

Neste momento, a agricultura desponta como um setor relevante no processo evolutivo da economia brasileira, desempenhando, pela primeira vez, o papel de polo dinâmico fora do antigo modelo primário exportador. Os efeitos quantitativos não serão esfuziantes como os provenientes do polo industrial mas, certamente, serão essenciais ao destino do país, se partirem de um desenvolvimento agrícola que assuma a feição de instrumento de redistribuição social da renda.

* * *

PLANEJAMENTO, ESTATIZAÇÃO E DEMOCRACIA

Jornal do Brasil – 21/12/1984

Decorridos quase 30 anos desde a divulgação do Plano de Metas da presidência Kubitschek, o primeiro a ter ressonância efetiva, podemos afirmar que existe planejamento no Brasil? Ou, pelo menos, que o País elabora e executa sua política de desenvolvimento de forma planejada?

Embora a implantação de um processo nacional de planejamento demande um prazo longo, desaconselhando avaliações prematuras, o tempo transcorrido já é suficiente para uma resposta negativa à indagação anterior. Nenhum período presidencial, a partir de 1956, deixou de editar seu plano. Porém, o impacto sobre os destinos do país, e, até mesmo, sobre as decisões oficiais, tem sido esporádico.

O caso brasileiro não pode ser entendido isolado do que ocorreu na América Latina, na década de 60. Naquele momento, a vertiginosa ascensão do prestígio do planejamento o elevou à condição de mito, sendo confundido com o próprio adeus à situação de subdesenvolvido e festejado com construtor infalível de um futuro promissor. Em seguida, no final dos anos 70 e esse início dos 80, surge um ceticismo em relação ao planejamento, que passou a ser alvo de críticas generalizadas.

Essa crise de confiança é injustificável, pois resulta do "fictício planejamento "praticado na maioria dos países latino-americanos. Em realidade, simulou-se um processo que, de fato, encontrava-se desprovido de instrumentos efetivos de ação e cujo único produto consistia em editar planos destinados ao engavetamento.

Enfim, a decadência sofrida pelo planejamento decorre, em grande parte, de creditar-se a ele responsabilidade por fatos ante os quais é inocente. Inocente pelo simples motivo de nem ter estado presente no local dos acontecimentos.

No Brasil, uma das causas do mencionado desprestígio é a tendência da opinião pública em associar planejamento e estatização, como se o primeiro fosse veículo inexorável do segundo. Essa associação, contudo é falsa. Sem entrar na controvérsia "estatização x privatização" lembro que o planejamento é utilizável para implementar qualquer objetivo, inclusive o da privatização. Mais do que a presença do setor público na economia, ele representa uma forma de presença do povo no governo.

Perde sentido vincular o planejamento à ideia de interferência estatal abusiva, quando compreendido como meio de sociedade definir sua proposta de destino, buscando maior racionalidade no delineamento da política econômica e social. Sem renegar as leis de mercado, conjugando-as a indicadores, parâmetros e ações que possibilitem determinados eventos impossíveis de ocorrerem espontaneamente.

É sob essa ótica que encaramos o ato de planejar, convictos de que mesmo de que mesmo não sendo uma varinha mágica apta a resolver todos os problemas, é imprescindível à existência de alguma chance de solucionar grande parte deles, principalmente em um contexto nacional onde figurem objetivos de mudança.

Nada mais compatível com o momento vivido pelo País do que a efetiva implantação do planejamento, desde que entendido como mecanismo fornecedor de um conjunto integrado de iniciativas, onde haja ligação entre metas de longo prazo e as decisões cotidianas do governo. E, ademais, na condição de os objetivos não partirem de uma imposição, mas sim refletirem o resultado da participação dos diversos segmentos sociais. Este último aspecto representa condição indispensável, sem a qual todos os argumentos anteriores se anulam.

O planejamento assume o caráter de instrumento da democracia, na medida em que proporciona a oportunidade de um amplo debate sobre o destino nacional, no qual se engajem as várias correntes componentes da nação. Enfim, ele só se justifica quando praticado como processo eminentemente político, envolvendo os verdadeiros centros da decisão, articulando a compatibilização entre os anseios populares e as alternativas econômicas factíveis.

* * *

NOVO MODELO DE ESTADO

Jornal do Brasil – 30/10/1989

É inegável o importante papel que o setor público vem desempenhando na economia brasileira. O país jamais teria alcançado o atual nível de capacidade instalada, sob o presente índice de nacionalização, se o Estado não houvesse assumido, no século 20, a postura incisiva que o vem caracterizando.

Considerando o período do pós-guerra, essa ação desenvolvimentista revestiu-se principalmente de três formas:

(a) investimentos diretos nos diversos setores produtivos;

(b) incentivos e subsídios, nas áreas fiscal, creditícia e cambial, destinados a induzir o investimento privado;

(c) exercício do poder de regulamentar atividade econômica, controlando, por exemplo, preços, salários, sistema bancário, implantação de projetos, comercio exterior etc.

Embora tantos anos de forte presença estatal tenham garantido elevada taxa de crescimento e, também, tenham transcorrido sob harmoniosa convivência com o setor privado, hoje presenciamos contundentes críticas à tal "intromissão". Na verdade, podemos afirmar essa onda recriminatória não resulta de uma epidemia de liberalismo, mas sim de um contexto caracterizado pela exaustão do antigo modelo de participação do setor público na vida econômica.

A atuação estatal tornou-se vulnerável a críticas pelo simples fato de seu estilo não mais corresponder às necessidades do desenvolvimento brasileiro. Os investimentos públicos pioneiros na indústria são agora menos relevantes, pois o empresariado nacional adquiriu suficiente maturidade financeira e o capital estrangeiro passou a ser visto sob um ângulo mais globalizante. Por outro lado, os incentivos e subsídios federais só induziriam volume significativo de investimentos privados se fossem praticados a um nível não mais tolerados pela nação.

Quando à capacidade de regulamentar a atividade econômica, cabe distinguir duas vertentes: a primeira, vinculada ao amortecimento da livre competição empresarial, já merece ser descartada e substituída pelo mercado. Porém, a segunda, de caráter social e visando restringir abusos predatórios, continua necessária e, até mesmo, requer ampliação.

Em resumo, o Estado cumpriu satisfatoriamente sua missão frente aos antigos obstáculos à detonação de um processo intenso de investimento. Hoje, entretanto, as dificuldades para a retomada do desenvolvimento são diferentes e, por isso, urge montar novo modelo de ação estatal. Essa transição de um modelo a outro, ainda não concluída, se exterioriza através da chamada "crise do setor público".

O novo modelo não terá mais como principal objetivo imediato viabilizar diretamente o aumento da capacidade instalada na economia, via ocupação pelo Estado de espaços no aparelho produtivo, ou concessão de favores excessivos à iniciativa privada. Seu objetivo passará a ser criar um cenário nacional que proporcione clima favorável ao desenvolvimento econômico e social, mediante a dedicação a propósitos que jamais ocuparam parcela significativa das políticas públicas, tais como:

a) *Redistribuição social da renda,* em consequência da qual haverá alargamento das fronteiras do mercado interno e, portanto, novas oportunidades de investimento privados. O próprio processo de desconcentração da renda incorpora elevado componente de investimentos, pois pressupõe aumento na oferta de bens e serviços essenciais, a maioria sob responsabilidade pública (saúde, educação, moradia, transporte coletivo, saneamento etc.).

b) *Ampliação do comércio externo,* como fator de fortalecimento e modernização da economia. O exemplo da Comunidade Econômica Europeia demonstra a importância dos governos no delineamento de um esquema inovador de relacionamento comercial. Não se trata apenas de aumentar as exportações, mas sim de conferir ao intercâmbio internacional a conotação de agente dinamizador do investimento interno.

c) *Aceleração do desenvolvimento tecnológico,* naqueles tópicos inacessíveis ao capital privado. O avanço da ciência e da tecnologia no Brasil ainda depende da presença estatal.

d) *Enfrentamento das questões ligadas à degradação urbana e do meio ambiente,* até hoje marginalmente contempladas. Nesse sentido, será necessária a mobilização de recursos financeiros públicos e da capacidade de regulamentar.

e) *Incremento do grau de competitividade do mercado,* eliminando regras que favorecem o oligopólio e desestimulam a busca por melhor produtividade. O abrandamento dos rigores da concorrência justificou-se apenas na fase adolescente da industrialização.

f) *Equacionamento da crise financeira do setor público,* mediante incremento da arrecadação e mudança na estrutura de gastos. Aumentar a arrecadação não significa, necessariamente, elevar impostos, mas sim diminuir sonegação e reduzir subsídios. Por outro lado, a diminuição dos gastos correntes, inclusive via redesenho da máquina governamental, permitirá o redirecionamento de recursos ao investimento.

Pelo exposto anteriormente deduz-se que será exigido do Estado maior gasto na área social, atribuindo-se aos capitais privados participação crescente naqueles investimentos em serviços públicos cujo retorno financeiro é atraente. Por outro lado, a privatização de empresas impõe-se como caminho para melhor geri-las.

Defender reformas no setor público, privatização de suas empresas e eliminação de barreiras à livre competição, não significa considerar o setor privado nacional símbolo da perfeição paradisíaca. Pelo contrário. A dimensão das mudanças de mentalidade nele necessárias é suficiente para servir de tema a outro artigo.

Chegamos à seguinte conclusão: redefinir o Estado não consiste obrigatoriamente em diminuir sua presença na sociedade brasileira, mas sim em mudar o tipo de atuação. No rol da redistribuição de responsabilidades entre os setores privado e público, ao maior espaço concedido ao primeiro corresponderá a assunção, pelo segundo, de encargos em relação aos quais omitiu-se historicamente.

O conteúdo político de tais mudanças é mais profundo do que aparenta, pois implica retirada de antigos suportes a grupos privilegiados, canalizando-se proporção maior da ação estatal em benefício dos menos favorecidos. Este é o caminho condizente com atual estágio da evolução capitalista do país.

* * *

EM BUSCA DA MODERNIDADE

Jornal do Brasil - 01/08/1992

Até há pouco tempo ser moderno era acreditar que a humanidade caminhava para o socialismo e que a vanguarda do pensamento se localizava nas hostes da esquerda. Porém, os acontecimentos mundiais dos últimos dois anos abalaram os paradigmas dos conceitos de progressista, conservador e reformista.

No Brasil, esses abalos deflagraram uma disputa entre os candidatos a empunhar a bandeira da modernidade. Para alguns, modernizar significa confiar inteiramente na sabedoria do mercado e arquivar a ideia do planejamento, como meio de conceber e executar políticas públicas. Acreditam que uma empresa, ao realizar um bom negócio, automaticamente promove o desenvolvimento nacional e, em decorrência dessa crença, desdenham o papel ativo do Estado na coordenação da economia, qualificando-o de anacronismo ideológico.

Esse ponto de vista vem inibindo a definição de um modelo inovador de atuação do setor público, pois cria constrangimentos a qualquer proposta não alinhada ao dogma de que nada supera a eficiência do livre funcionamento das forças de mercado como norteador absoluto da sociedade.

Não resta dúvida de que a modernização passa pela reforma do Estado, pelo aumento do índice de privatização da economia, pelo desaparecimento das barreiras à competição capitalista e pela maior integração á economia internacional. Mas essas metas não constituem objetivos finais. O objetivo básico é o desenvolvimento econômico e social. Cabe então a pergunta: o mercado possui capacidade de promover sozinho as condições para a conquista do desenvolvimento? A resposta depende do conceito de cada pessoa sobre o processo de desenvolvimento.

Provavelmente, a conjugação de alguns fatores favoráveis permitiria um surto de crescimento sem mudanças fundamentais na estrutura socioeconômica do país. Mas se essa hipótese não incluir atitudes reformadoras, recairíamos no velho estilo de crescimento acompanhado do agravamento dos contrastes sociais, vulnerável a desequilíbrios inflacionários e, sem dúvida, seria uma retomada de curto fôlego. O país requer uma prosperidade diferente e duradoura, baseada na ampliação expressiva do mercado interno, sem relegar o papel impulsionador das exportações.

Aceitando a tese de que desenvolvimento sustentado e socialmente equilibrado será possível apenas através de um processo lastreado por forte expansão do consumo interno, resultante, por sua vez, de reordenamentos estruturais, verificamos o quanto o Brasil encontra-se distante desse padrão. Para atingi-lo necessitaria enfrentar um amplo conjunto de obstáculos, cuja superação jamais será proporcionada pelo simples funcionamento do mercado. Aliás, nem seria justo atribuir-lhe essa tarefa. Se os períodos passados de crescimento econômico não propiciaram a redistribuição de renda, não será um próximo ciclo expansivo que o fará.

A prevalecente concentração de renda corrói o papel do mercado como palco ideal onde o consumidor exerce sua soberania de escolha e, ademais, onde os interesses de cada agente social se somam para compor o interesse comum. Quando a maioria da população não consegue satisfazer suas necessidades básicas, o Estado ainda retém responsabilidades relevantes a cumprir, independente de nossa admiração pela economia de mercado. Essas responsabilidades nada têm a ver com o antigo modelo do Estado empresário, mas sim com áreas de atuação antes negligenciadas.

Sem substituir o mercado onde ele é imbatível, cabe ao Estado viabilizar eventos essenciais ao desenvolvimento que não ocorreriam espontaneamente. Invocar o ideário liberal da maneira simplista como alguns o fazem conduz, quando muito, á melhor lubrificação da engrenagem geradora do velho crescimento socialmente excludente.

* * *

NOVA SAFRA DE POLÍTICOS

O Globo – 16/05/1994

Dizem que Deus escreve certo por linhas tortas, mas no caso do Brasil Ele exagerou. Deus precisa urgente um curso de caligrafia. As sinuosas linhas da história brasileira, repletas de trechos arriscados, estão levando o povo à exaustão.

Pode ser que a sequência de eventos dramáticos na trajetória do país esteja até contribuindo para o fortalecimento de seu caráter e que um destino glorioso lhe esteja reservado. Porém, a dose de sobressaltos e frustrações tem sido excessiva: suicídio de Vargas, renúncia de Jânio, derrubada de Jango, regime militar autoritário, morte de Tancredo, violência urbana e rural, inflação desconcertante, choques econômicos, recessão e desastroso governo Collor e seu impeachment.

Além dessas crises agudas, perduram problemas crônicos entre os quais se destacam a miséria, que não foi amenizada até mesmo nos períodos de crescimento econômico e a corrupção generalizada. Essa pequena seleção de eventos basta como amostra do que foram os últimos 40 anos, durante os quais, é claro, também houve vários bons acontecimentos.

Discordo do refrão "o Brasil não tem jeito", pois é inconcebível que um país com tal disponibilidade de recursos naturais, privilegiadas dimensão e localização geográfica, respeitável capacidade de produção já implantada, talentosa classe empresarial e imensa riqueza cultural veja seu destino de nação feliz desintegrar-se. Sim, mas não há como negar que a sociedade brasileira vem demonstrando inabilidade em aproveitar seu potencial. E tal inabilidade localiza-se sobretudo no âmbito do poder público. Sem a pretensão de explicar esse fenômeno, desejo apenas destacar um dos seus componentes: o anacronismo de nossa classe política.

Independente da discussão se é causa ou efeito do perfil cultural do país, a verdade é que esse anacronismo obstrui o reencontro do desenvolvimento e do otimismo. Talvez o atual arcabouço político-partidário será remodelado de forma gradual e espontânea, como resultado do dinamismo dos demais segmentos da sociedade. Porém, será que os focos de dinamismo visíveis são suficientes para promover tal remodelagem com razoável brevidade? Antevejo uma resposta negativa.

Implementar de maneira incisiva o aperfeiçoamento do marco político é o caminho para recuperar a habilidade do país de conduzir seu destino com eficácia. Embora a Constituinte de 1988 e o Congresso Revisor não tenham logrado este tento, ainda é possível executar um processo dessa natureza. Ainda que aos trancos e barrancos, através de agentes nem sempre adequados e geralmente farsantes, a reforma ajudaria a desatar o nó em que nos metemos.

O primeiro capítulo da reforma seria tornar a disputa eleitoral acessível a pessoas qualificadas mas sem recursos financeiros e que não desejam usar fontes suspeitas. Durante a ditadura imposta em 1964, a atividade política era desempenhada por quem fosse subserviente ao regime, ou se conformasse em exercer uma oposição fictícia, ou estivesse disposto a atuar na clandestinidade. Quem não se enquadrasse nessas alternativas recusava-se a entrar no jogo. Com a redemocratização, outro fator passou a predominar na atividade política: dinheiro para arcar com os gastos de campanha eleitoral.

Empreender uma candidatura implica um volume de gastos compatível apenas com quem é rico ou está disposto a vender a alma ao diabo, com honrosas exceções. Assim, os cidadãos idealistas encontram dificuldades para participar da vida pública, por não estarem dispostos a mobilizar somas gigantescas de recursos, ou por não possuírem popularidade suficiente para elegerem-se sem gastos excessivos.

Aceita a tese de que uma das principais condições para a nação aumentar sua habilidade em administrar seu destino é a existência de políticos honestos e competentes, deduz-se o quanto é fundamental implantar sistemas eleitoral e partidário propensos a promover renovação dos quadros. Enquanto nada for realizado nesse sentido nenhuma eleição resultará em progresso significativo no padrão dos vencedores. E, dessa forma, continuará a patética defasagem entre a qualidade da classe política e a missão que lhe cabe.

Enfim, o país clama por uma nova safra de políticos, capaz de ajudar Deus a escrever nossa história com linhas menos tortas.

* * *

A PROPÓSITO DA PRIVATIZAÇÃO

O Globo – 31/07/1994

Por mais bem conduzido que seja um processo de privatização, sempre aparece alguém dizendo que faria melhor. No Brasil os que se vangloriam da superioridade de suas atitudes privacionistas são encontrados em todas as fileiras políticas. De um lado, existem os que denunciam lesões aos interesses nacionais e propõem uma desestatização tão comedida e cheia de ressalvas que mal conseguem disfarçar sua ojeriza ao assunto. No outro extremo, grupos afoitos taxam de complicadas as regras atuais e reclamam da morosidade do processo, torcendo por uma temerária ligeireza de critérios.

Observando outras experiências internacionais, podemos afirmar que a sistemática adotada pelo Brasil, mesmo não sendo perfeita, é das mais providas de parâmetros técnicos. Se há morosidade é por consequência de hesitações políticas e não por defeitos metodológicos. Para conduzir o programa de privatização, o BNDES utiliza cultura adquirida ao longo de 40 anos de relacionamento com empresas privadas e estatais e com temas ligados ao desenvolvimento brasileiro. Dificilmente o país poderia optar por sistemática radicalmente diferente, embora aperfeiçoamentos sejam sempre necessários.

Ainda não foi inventado um método de privatizar imune a críticas e riscos. Se o país esperar tal milagre ficará eternamente imobilizado. O fundamental é garantir preços de venda compatíveis com o mercado, minimizar as chances de corrupção de evitar critérios que inviabilizem a transação. O resto é detalhe. Ademais, não seria razoável o Estado retirar–se indiscriminadamente de todas as suas empresas mediante estratégia padronizada. Cada setor demanda abordagem específica e em alguns pouquíssimos talvez até bastasse acabar com o monopólio estatal tipo Petrobrás, sem alterar o controle acionário da respectiva empresa pública.

O tema privatização deve ser encarado sob a perspectiva da redefinição do papel do Estado na sociedade, no âmbito da chamada "crise do setor público". O setor público encontra-se em crise porque seu antigo modelo de atuação deixou de corresponder às expectativas do desenvolvimento brasileiro e ainda não foi concluída a fase de transição para um novo. Esse próximo modelo não terá mais como objetivo a ocupação pelo Estado de espaços no sistema produtivo, inclusive em serviços públicos, e a profusão de regulamentações na economia.

Configura-se como novo objetivo o desenho de um cenário propício ao investimento privado e à equidade social, através do realce a questões como: atenuação dos desequilíbrios na distribuição de renda, ampliação do comércio externo, desenvolvimento tecnológico, meio ambiente, degradação urbana, segurança pública, incremento do grau de competitividade do mercado e equacionamento da crise financeira do setor público.

A essa altura dos acontecimentos mundiais, convém retirar desse debate qualquer ranço gênero esquerda x direita. Não tem mais sentido a chamada esquerda considerar-se na obrigação de defender a forte presença do Estado no aparelho produtivo, nem a dita direita-liberal reivindicar exclusividade na liderança ideológica da privatização. Para quem ainda mantém dúvidas a esse respeito, basta lembrar que:

a) no Chile, governo apoiado pelo partido socialista deu continuidade a amplo programa de privatização;

b) na França, o presidente socialista François Mitterrand, arrependido dos arroubos estatizantes do início do seu mandato, aderiu ao programa de venda de empresas públicas iniciado posteriormente por um primeiro-ministro de direita, mantendo o programa quando seu partido voltou a comandar o ministério;

c) na Espanha, o socialista Felipe Gonzales iniciou ampla privatização de segmentos estatizados durante a ditadura direitista do general Franco;

d) no Brasil, o regime militar implantado em 1964 promoveu a proliferação de empresas sob controle estatal e o aumento da regulamentação da economia.

Na verdade, o tom ideológico de um governo é definido pela sua postura ante o tema da equidade social e não pelas suas preferências quanto a quem cabe ser proprietário das empresas instaladas no país. Aos que discordam dessa afirmação, sugiro conversar com os operários da Usiminas e da Companhia Siderúrgica Nacional.

* * *

SINAL DE ALERTA

O Globo – 23/10/1994

Quando eu estudava na antiga Universidade do Brasil, no início da década de 60, certa ocasião um grupo de alunos resolveu coletar assinaturas em um manifesto internacional contra a bomba atômica, promovido por Bertrand Russel. As adesões iam de vento em popa até que esbarramos na resistência de um colega. "Assina", insistíamos; "não assino", respondia ele com obstinação. A discussão foi ficando cada vez mais exaltada, até que alguém gritou: "Você não quer assinar porque é covarde, tem medo de se comprometer." Ao que ele retrucou: "Covardes são vocês que têm medo da bomba atômica!".

Esta velha história me veio à lembrança ao observar os segmentos da sociedade brasileira que resistem em aderir aos hábitos anti-inflacionários. Pessoas que parecem afirmar: "Eu não tenho medo da inflação; portanto, não endosso medidas destinadas a erradicá-la definitivamente." É o caso, por exemplo, dos parlamentares que não se interessam em aprovar uma verdadeira reforma fiscal e outras mudanças constitucionais, dos governadores que não perdem a mania de tratar o orçamento e os bancos estaduais como propriedades suas ou dos respectivos partidos, da parcela de assalariados que insiste em recorrer a mecanismos de indexação automática de salários, dos empresários que não se preocupam com aumento de eficiência e dos especuladores em geral.

Agora que teremos novos Governos federal e estaduais e um novo Congresso, é o momento oportuno para neutralizar esses segmentos da sociedade e livrar o país dos nocivos costumes que, igual à radioatividade, ficam pairando sobre o ambiente nacional durante longo tempo após um processo inflacionário.

Ilude-se quem acha que a inflação já está vencida. Ainda faltam muitas etapas fundamentais para podermos festejar o fim do perigo de sua volta devastadora. A vitória não depende apenas de como o presidente da República e seu ministro da Fazenda vão pilotar o Plano Real, mas sim de como toda a sociedade se comportará.

Além de temer a inflação, confesso meu medo de outro petardo: nível elevado de desemprego. Devemos estar preparados para a eventualidade de a criação de novas oportunidades de trabalho ser decepcionante, mesmo com a retomada do desenvolvimento. Não trata-se de uma previsão, mas sim de um alerta. Isto pode acontecer devido ao aumento de produtividade no setor privado (não acompanhado de proporcional incremento salarial), inexorável com a queda da inflação e abertura da economia, e à tendência do setor público em alojar menos servidores, em decorrência do esforço para enxugar a máquina administrativa e reduzir gastos.

Diante deste cenário convém, antes de tudo, arquivar receitas retrógradas de combate ao desemprego, tais como conter a evolução tecnológica, frear a desestatização e interromper a abertura extrema da economia. Frear a privatização equivale ao reconhecimento da existência de empreguismo nas estatais e de que uma administração eficiente dispensará mão-de-obra inútil. Tentar barrar o avanço tecnológico e a abertura da economia corresponde a jogar o Brasil na penumbra do atraso, privando-o da chance de usufruir do melhor que a civilização pode oferecer.

* * *

AGORA, O RIO

O Globo – 26/11/1994

Residindo em Washington há mais de dois anos, estou tendo a oportunidade de testemunhar a mudança do humor internacional em relação ao Brasil. Esta mudança ficou perceptível a partir dos primeiros resultados do Plano Real e tornou-se mais evidente após as eleições presidenciais.

Até inicio deste ano a comunidade internacional demonstrava tendência a isolar o Brasil, da mesma forma como se castiga aluno mal comportado. Tinha-se a sensação de que as nações desenvolvidas acreditavam que não valia a pena se ocupar desse "amigo delinquente" enquanto não se regenerasse. A imprensa contribuía para agravar o clima, colocando temperos apimentados em qualquer notícia sobre nosso país e apontando Chile, México e Argentina como exemplos de latino-americanos ajuizados.

Quando sinais de estabilização da economia começaram a surgir, as primeiras manifestações de confiança eram prudentes, pois o fracasso dos planos anteriores e a possibilidade de vitória de Lula criavam, naqueles meios, um suspense que represava s entusiasmos.

Agora, analistas começam a delinear um caminho promissor e a parceria com o Brasil vem despontando como atraente. Enfim, estamos saindo do castigo. Regenerando-se da "delinquência", isto é, vencendo a inflação, retomando o crescimento e elegendo liderança competente, o Brasil passa a ser companhia agradável e lucrativa. No tocante aos países da América Latina, as novas perspectivas brasileiras são encaradas com euforia, pois vislumbram um mercado em expansão para suas exportações.

Aspecto pitoresco desse processo de reabilitação de prestígio é a alegria dos estrangeiros ante noticias alvissareiras vindas do Brasil. É como se recebessem boas novas de um velho e querido amigo. Essa reação vem ocorrendo com maior nitidez entre membros de organismos internacionais, do Governo americano e de grupos empresariais que mantém relacionamento com o Brasil. Levará ainda algum tempo até esses traços positivos ficarem visíveis para a massa da opinião pública americana.

Em se falando de imagem internacional, capitulo à parte cabe ao Rio de Janeiro. A recuperação da confiança no Brasil não será completa enquanto não for resolvida a crise carioca. O Rio representa o caso mais pungente, neste século, de deterioração da imagem de uma cidade, sem ser por motivos de guerra. De cidade maravilhosa passou, em poucos anos, à condição de antro da marginalidade. Alvo de fascinação mundial há pouco tempo, hoje desperta repúdio e pena. O Rio de Janeiro chega alquebrado à metade da década de 90, com o risco de ingressar no novo milênio com saudades do padrão de vida que desfrutava no início do século XX.

Embora não seja única explicação dessa decadência, não há duvida de que a maneira como foi efetuada a transferência da capital para Brasília deu origem a uma tendência ao declínio. Na verdade, esse ato transformou-se em uma imensa violência contra a antiga capital, pois não foi oferecida recompensa proporcional.

A retirada de uma atividade fundamental a uma região sempre provoca esvaziamento econômico se o espaço não for ocupado por outros focos de crescimento. No caso do Rio nada foi feito nesse sentido, apesar do imenso montante de renda que passou a deixar de circular pela área metropolitana e do desaparecimento de poderoso fator locacional de empreendimentos privados, a presença do poder federal.

Dificilmente a cidade encontraria sozinha outra vocação forte suficiente para impulsionar seu desenvolvimento. Sua estrutura político-administrativa não estava capacitada para cumprir tarefa dessa natureza, nem suas lideranças empresariais. O trauma econômico proveniente da mudança para Brasília ecoou num ambiente de tamanha escassez de bairrismo, por parte dos cariocas, que nem deflagrou movimento reivindicatório por parte da população.

Cabe ao presidente da República ter coragem de dedicar ao Rio prioridade que o Brasil lhe deve há mais de 30 anos. Isto seria benéfico tanto à cidade quanto ao país, pois o Rio cumpre papel único no cenário brasileiro, inclusive como polo de atração internacional. O Rio precisa e merece uma ação federal, que servia como detonador do seu elevado potencial de prosperidade, permitindo-lhe adquirir condições de assumir por conta própria seu destino.

Como o leitor deve ter percebido, o propósito deste artigo é defender a seguinte tese:

(a) uma conjugação de fatores criou boas perspectivas para o Brasil recuperar sua imagem externa;

(b) a consolidação da imagem nacional positiva só será completa se o Rio de Janeiro voltar a brilhar;

(c) a recuperação da cidade depende do patrocínio federal;

(d) a Nação não estará fazendo nenhum favor aos cariocas, pois existe uma dívida histórica para com o Rio.

* * *

BANCO CENTRAL INDEPENDENTE?

O Globo – 02/09/1995.
Versão reformulada: BAE – 31/07/2001   e   ABC – 14/08/2001.

Existe tal predominância de opinião a favor de um Banco Central Independente (BCI) que o simples fato de nutrir dúvidas a esse respeito representa um ato de ousadia. Mas como nem sempre a razão está com a maioria, sinto-me à vontade para manifestar as minhas dúvidas, sobretudo no momento em que o caso do Banco Econômico suscita tanta controvérsia.

O principal argumento a favor do BCI fundamenta-se no fato deque sua capacidade de zelar pela moeda estaria acima das pressões geradoras de tendências inflacionárias, pressões essas provenientes tanto da sociedade em geral quanto do Governo. Portanto, a política monetária resultaria de critérios imunes a interesses menos comprometidos com a estabilidade. Aparentemente, uma tese irrepreensível. Mas vale a pena analisar alguns outros aspectos da questão.

De início, convém esclarecer que existem dois tipos de independência, de acordo com Stanley Fisher, economista do FMI: a de objetivos e a de instrumentos. No primeiro tipo, o Banco Central dispõe de liberdade para definir sua própria política, enquanto no segundo possui controle decisório sobre os instrumentos a serem usados na implementação de objetivos definidos pelo Governo. Para Fisher, um BC deve ter independência de instrumentos mas não de objetivos.

Em minha opinião, contudo, no caso do Brasil ambas são inconvenientes. Isto porque nossa economia ainda encontra-se de tal forma distante de uma estabilidade consolidada, que a escolha entre os caminhos alternativos no uso dos instrumentos assume uma dimensão tão dramática quanto a própria escolha dos objetivos da política econômica. E, portanto, exige total sintonia entre as diversas esferas da administração pública.

Em economias sujeitas a grandes desequilíbrios e flutuações, é fundamental a unidade de controle sobre todos os mecanismos de atuação. Mais importante do que praticar isoladamente uma política monetária perfeita é obedecer políticas públicas coerentes e adequadas. De que adianta um BCI sábio se os de mais órgãos da área econômica são burros?

O esforço deve ser direcionado ao aprimoramento global do arcabouço governamental. Mazelas como descoordenação e até hostilidade entre ministérios, extrema partidarização e descontinuidade nos cargos de chefia e ausência de planejamento, causam mais danos do que um BC sob o comando do Ministério da Fazenda.

Apesar de submetidos à autoridade do presidente da República, os ministros brasileiros já proporcionam abundantes demonstrações de divergência e rivalidade. Provavelmente, a resultante final das diversas medidas emanadas, por um lado, dos vários organismos da área econômica e, por outro, do BCI, não teria nada a ver com os objetivos de cada um deles. Existe o risco de acontecer o inverso do que, em teoria, se almeja; isto é, pode haver um debilitamento da capacidade de implementar política econômica.

O BCI é defendido especialmente pelo ângulo do combate à inflação. No entanto, como a inflação não depende apenas do que acontece no âmbito monetário, seria mais producente aprimorar o vínculo entre as áreas fiscal, monetária, de rendas, de fomento industrial e agrícola, de investimento em infraestrutura, etc., de forma a definir-se um conjunto condizente com a estabilidade de preços.

Não podemos esquecer um outro aspecto: quem garante a sabedoria e a santidade dos diretores do BCI? Em outras palavras: por que associar o conceito de BCI ao de BC competente? O fato de os nomes dos diretores serem submetidos à aprovação do Senado não representa garantia alguma, conforme evidenciam o perfil fisiológico da maioria dos senadores e o elenco de decisões medíocres por eles adotadas.

BCI não é necessariamente causa de estabilidade monetária, mas sim consequência. É o estágio a que chegam países onde as decisões transcendentais são do gênero "mudar ou não a taxa de juros de 5% para 5,7%". Antes de atingirmos esse estágio muitas etapas ainda faltam ser superadas.

* * *

UMA QUESTÃO DE VELOCIDADE

O Globo – 18/04/1996

Desde o início do Governo Fernando Henrique a economia brasileira ingressou em um processo de recuperação, invertendo tendência adversa prevalecente há muitos anos. Ao mencionar "inicio do Governo FH", refiro-me ao período inaugurado com a sua posse no Ministério da Fazenda, quando o presidente Itamar Franco, pressionado pela ameaça de caos, concedeu ao novo ministro a liberdade de ação negada aos anteriores.

Dissolvendo o pessimismo e a desorientação reinantes naquela época, o Plano Real resgatou as chances de o Brasil voltar a ser um país confiante em seu futuro e atribuiu nova dimensão à imagem política de FH. Em outras palavras, não foi o presidente Itamar quem viabilizou a candidatura Fernando Henrique, mas sim o ministro Fernando Henrique quem salvou a Presidência Itamar.

Além de domar a inflação, o Plano Real deu partida a medidas destinadas a estimular a reforma do Estado, requisito imprescindível ao desenvolvimento econômico e social. A estrada a percorrer é longa e cheia de obstáculos, o que torna o trajeto vulnerável a retrocessos, mas, pelo menos, o rumo está correto. Dependendo do comportamento do Congresso, existe chance de importantes reformas constitucionais serem efetivadas.

Porém, enquanto a batalha ferve em Brasília, vários governos estaduais comportam-se como se nada tivesse a ver com a questão e alguns até criam problemas às iniciativas do executivo federal. O lento esforço reformista observado na maioria dos estados é incompatível com sua precária situação financeira e indica uma defasagem de suas autoridades em relação ao caráter de um setor público moderno.

Por exemplo, poucos são os estados engajados em um programa de privatização de empresas e bancos. Nada justifica que governos estaduais possuam um banco comercial.
Enquanto o setor público estadual permanecer debilitado devido à sua máquina arcaica, ao orçamento deficitário e a monstrengos tipo Banespa e Banerj, não poderá agir em áreas onde realmente interessa, tais como: saúde, educação, pobreza, segurança, habitação, meio ambiente, desenvolvimento urbano e fomento às atividades do setor privado.

O tema da reforma do setor público, nos níveis nacional, estadual e municipal, ocupa posição destacada nos programas do BID e Banco Mundial. Provavelmente, o apoio desses organismos internacionais ajudaria a viabilizar uma veloz implementação das reformas. Velocidade no caso é fundamental pois, como é notório, não basta lutar por avanços no âmbito federal enquanto o panorama estadual permanece complicado.

Capacitar os governos estaduais a atuarem eficazmente onde sua presença é insubstituível constitui objetivo inadiável. Esse incremento de habilidade seria melhor alcançado através da ressurreição da ideia de planejamento, visto que o desenho e a execução das reformas exige competência técnica, além da decisão política.

Observando as unidades da federação, conclui-se que o realizado até agora, em termos de remodelagem institucional, é insuficiente para caracterizaram processo gerador de impacto positivo sobre o país. Além da lentidão, acontecem enfoques equivocados que se restringem ao equilíbrio orçamentário. Embora seja louvável, esse equilíbrio, por si só, não aumenta as chances de um futuro tranquilo, pois administrações subsequentes podem subverter as finanças públicas. Já a reforma do Estado, além de facilitar a obtenção do saneamento financeiro, torna-o estruturalmente mais estável.

* * *

CIDADE AGREDIDA

O Globo – 19/06/1996

Dizem que a mãe do prefeito César Maia, moradora da Rua Jangadeiros, pediu-lhe para recuperar a Praça General Osório e ele, como filho obediente, atendeu-a logo após assumir o cargo. Acontece que minha mãe também mora na Rua Jangadeiros e também me fez um pedido: ilhada em seu apartamento, sem coragem de enfrentar as crateras espalhadas pelas ruas, pediu-me que escrevesse um artigo contra o caos provocado pelas obras da Prefeitura.

Como não sou um filho tão obediente quanto César Maia, relutei em atender o pedido materno. Essa relutância tinha uma explicação: residindo há alguns anos em Washington, não me era possível ter uma ideia precisa do que estava acontecendo na terra carioca e desconfiava de que havia uma dose de exagero nas reclamações.

Entretanto, ao passar uns dias no Rio em maio, constatei perplexo que a situação é muito pior do que poderia imaginar. Não tenho condições de avaliar a prioridade e acerto do que está sendo realizado, nem de recorrer ao argumento de que seria preferível aplicar os recursos em saúde, educação, transporte urbano etc., pois desconheço as iniciativas da Prefeitura nesses setores. Portanto, não é o mérito das obras que está em discussão.

O questionável é a forma como estão sendo executadas e o transtorno e riscos que provocam. Em nenhum país considerado civilizado a população aceitaria que a vida de uma cidade fosse de tal maneira subvertida, mesmo para a execução de projetos maravilhosos, a não ser em casos de bombardeio, terremoto ou outras catástrofes. É absolutamente desnecessário prejudicar tanto as atividades urbanas, quando se poderia recorrer a um cronograma planejado, com alternância racional dos locais afetados.

O ritmo frenético e desorganizado das escavações só pode ser explicado por interesses políticos do prefeito e por um instinto exibicionista que o leva a ser partidário do lema "falem mal mas falem de mim". Virou moda chamar o César Maia de maluco, mas discordo totalmente: quem está dando demonstrações de loucura é o carioca, inclusive os vereadores, ao tolerar passivamente o estilo autoritário de implementação do chamado projeto Rio Cidade.

Por favor, não confundam esta crítica com aquelas reações retrógadas às transformações arrojadas de Pereira Passos ou, em Paris, do legendário Hausmann. Os projetos municipais em execução nada têm de arrojados e, em realidade, são totalmente conservadores, não reformando o contexto socioeconômico urbano, embora possam ser considerados louváveis.

Jaime Lerner, em Curitiba, é um exemplo de prefeito que implantou inovações sem agredir os habitantes e sempre governou em clima de harmonia com a sociedade. O cenário conflitivo criado por César Mala é sinal de irresponsabilidade e incompetência. O correto seria definir um programa de governo com intensa participação comunitária e executá-lo de acordo com um cronograma que não afetasse tão profundamente o funcionamento da cidade.

Se os quatro anos de mandato não fossem suficientes para o cumprimento do cronograma, caberia ao prefeito escolher um candidato a sucessor comprometido com o programa. Se seu candidato não fosse eleito, deveria esclarecer o povo que deixou para o novo prefeito um programa a ser completado e a sociedade que tratasse de batalhar pela sua continuidade.

* * *

REFORMA POLÍTICA E OUTRAS

O Globo – 31/12/1997

Os anos 90 estão sendo, para o Brasil, um período repleto de emoções que variam desde a euforia contagiante até a frustração contagiosa. A Nação vivenciou acontecimentos como: bloqueio de contas bancárias e de poupança, Impeachment de um presidente da República, agravamento do processo Inflacionário, êxito do Plano-Real, privatizações, efeito tequila, batalhas pelas reformas constitucionais e turbulências no mercado financeiro internacional. A década anterior tampouco foi monótona, pois presenciou a redemocratização, amote do presidente eleito Tancredo Neves, a Assembleia Constituinte, o descontrole inflacionário, o Plano Cruzado e a volta da inflação.

Apesar desse panorama conturbado, o Brasil constitui o caso mais bem-sucedido de país latino-americano a transitar do status de primário exportador à de industrializado. Entretanto, até hoje não conseguimos nos livrar da sensação de estarmos sempre em clima de crise. Essa sensação resulta tanto de manifestações agudas de dificuldades, quanto de problemas crônicos que nos acompanham ao longo da História e geralmente nem são classificados como crise mas, em face das inquietações que geram, deveriam ser.

A principal crise de natureza crônica consiste em jamais haver ocorrido a atenuação sustentada das disparidades sociais, apesar de, em termos absolutos, as classes de menor renda terem melhorado seus níveis de consumo. Crescimento sem a difusão adequada de seus frutos sempre foi a alternativa mais atraente para as elites, pois não haviam obstáculos ao convívio entre elevadas taxas de incremento do PIB e apropriação regressiva da renda.

Outra manifestação perene de crise é a ocorrência de desequilíbrios tipo inflação, déficit público e vulnerabilidade nas contas externas, tanto em fases de prosperidade quanto de estagnação. Com o Plano Real tudo Indica que nos livramos da instabilidade de preços, embora ainda não seja possível desativar dispositivos antiinflacionários incômodos. Também pode-se mencionar as debilidades das regiões metropolitanas e a velha questão agrária que, após um período de aparente calma, voltou como fonte de tensão.

Enfrentar essas vulnerabilidades é tarefa cujo êxito depende da implementação de reformas estruturais e constitucionais. Embora a receptividade a mudanças tenha melhorado nos últimos anos, basta assistir às cenas de resistência do Congresso aos atuais projetos de reforma para compreender o quanto ainda é insuficiente sua aptidão para tratar assuntos dessa natureza.

Essa realidade induz à conclusão de que sem a reforma política todas as demais são prejudicadas. Se já estivesse em vigor um novo marco político, provavelmente FH não recorreria às alianças extravagantes que vem alinhavando para obter respaldo parlamentar. E o PSDB seria poupado do constrangimento de ver seu presidente da República cortejando Paulo Maluf.

Mas, convém um alerta: levando em conta a proliferação de partidos e o fisiologismo reinante, seria aconselhável não subestimar a possibilidade de o processo de reforma política produzir um monstrengo pior do que o contexto atual.

* * *

A ARTE DE SER OPOSIÇÃO

O Globo – 31/05/1998

Governar é como sexo: por mais sensacional que seja o seu desempenho, sempre aparece alguém dizendo que faria melhor. Esta é uma constatação válida para qualquer país. Em geral, as oposições costumam considerar acrítica como obrigatória, independentemente do acerto ou não das iniciativas oficiais, mesmo quando se trata de governos democráticos, decentes e eficientes.

Quando encontram-se na oposição, os partidos políticos comportam-se como quem acredita que todos os males resultam do comando do país naquele momento. Costumam atribuir ao presidente ou primeiro ministro responsabilidade por questões cujas raízes remontam a várias décadas de história, ou na evolução inexorável da economia, ou em traços marcantes da própria sociedade, ou ainda em fatores de origem externa. Por outro lado, alardeiam a falsa imagem de que o Governo dispõe de poder absoluto para resolver todos os problemas que afligem a nação, mas não resolve porque não deseja ou é incompetente.

Verifica-se essa atitude inclusive nos partidos que perdem as eleições após desfrutarem do poder por muitos anos. Na França, por exemplo, Jacques Chirac foi eleito presidente culpando a gestão do socialista Mitterrand pela alta taxa de desemprego. Na eleição parlamentar seguinte, o Partido Socialista reconquistou a maioria calcando sua campanha na criação de empregos. Nos Estados Unidos, o comportamento do Partido Republicano em relação à administração Clinton beira o absurdo, atuando como se estivesse no regime parlamentarista e quisesse derrubar o gabinete.

No Brasil, quando a Inflação representava a principal fonte de angústia, o Plano Real obteve êxito em subjugá-la mas parte da oposição jamais deixou de execrá-lo. Em vez de encarar o Real como um plano por cujo sucesso o país inteiro deveria torcer, preferiu apostar no seu fracasso.

Outro exemplo típico foi a reação às medidas para enfrentar as turbulências do mercado financeiro internacional, nos últimos meses de 1997. Os ataques concentraram-se nos aspectos amargos da estratégia implementada, como o aumento da taxa de juros, omitindo-se quanto à adequação desta estratégica frente à ameaça à estabilidade econômica. É óbvio que taxa de juros elevada é doloroso, mas havia outra alternativa para controlar o impacto da crise asiática? Se havia, ninguém apresentou. Na realidade, a tendência ao rechaço automático não é exclusiva do PT ou do PDT. O PSDB e o PFL atuariam da mesma forma se não estivessem no poder.

Embora não seja cientista político, atrevo-me a afirmar que esse comportamento é obsoleto. A não ser nos casos de autoritarismo ou corrupção, o confronto obstinado tornou-se atitude arcaica, incompatível com o estreitamento de alternativas em certas matérias econômicas, com a globalização, com o avanço tecnológico e com o desmoronamento da utopia comunista. A forma de agir compatível com os novos tempos seria combater o considerado errado e não conspirar contras propostas acertadas, buscando corrigir suas falhas. Preservando-se, evidentemente, as diferenças ideológicas.

Não acredito na morte das ideologias, embora seja impossível Ignorar o aumento da convergência em torno de certas questões. Não há argumento ideológico que justifique a presença do Estado na atividade empresarial, a tolerância com Inflação elevada, o apego ao protecionismo e uma previdência social falida. No entanto, sobrevivem importantes diferenças conceituais, apesar da onda neoliberal.

No Brasil, os adversários desta onda desperdiçam munição em alvos equivocados e relegam aqueles fundamentais, tais como desconcentração de renda e meio ambiente. Ou, então, abordam esses temas de maneira inócua. Não trata-se, portanto, de defender o fim da postura oposicionista, mas sim a mudança de alvos e de estratégia.

Alguns dos cardeais tupiniquins do neoliberalismo o encaram como como apto a garantir o alcance dos melhores objetivos da sociedade. Em um cenário onde prolifera esse gênero de discurso, faz falta uma neo-esquerda criativa que, conforme definição do sociólogo mexicano Jorge Castañeda, "...não será comunista, não irá inspirar-se na União Soviética e nem sequer será marxista". Essa nova esquerda assumiria o papel de agente da transformação, lutando contra as chances de as reformas promovidas pelo presidente Fernando Henrique privilegiarem conceitos de direita.

Grande parte do repertório esquerdista virou peça de museu. No entanto, existe substância para renovar seu discurso, que teria a qualidade de partir de quem enfatiza a equidade social e possui preocupações mais além do pleno funcionamento do mercado. Uma atuação desse gênero contribuiria para evitar o esquecimento de princípios social-democratas ameaçados de orfandade.

* * *

MÁQUINA DO TEMPO

O Globo – 09/08/1998

Barbosa Lima Sobrinho e Roberto Campos são dois gigantes da cultura nacional. Se pelo menos 10% dos homens públicos brasileiros tivessem suas qualidades, o país estaria em condições substancialmente melhores. Intelectuais de primeira grandeza, possuem excepcional capacidade de, mediante artigos provocativos e atraentes, expressar seus pensamentos. No entanto, discordo de quase tudo que escrevem.

As ideias que Barbosa vem defendendo a vida inteira faziam sentido nas décadas de 50, 60 e 70, mas agora viraram sucata. Reajo agora com menor hostilidade às que ideias Campos defende há mais de 40 anos, mas isso não significa que fossem adequadas no passado.

Exultante com a recuperação do prestígio dos preceitos da economia de mercado e com o desmoronamento do protecionismo, Campos vem vilipendiando a fase histórica na qual o Brasil deu importantes passos rumo à industrialização. Refere-se ao processo de substituição de importações, fomentado pelo Estado, como uma grande e fracassada bobagem. Esse gênero de crítica desconsidera o fato de que a substituição de importações representava o caminho mais acessível, em meados do século XX, para escaparmos do modelo primário exportador, que não lograva diminuir a brecha entre o Brasil e o primeiro mundo.

É verdade que, embalada pelo protecionismo, essa industrialização gerou empresas atuando sob elevado custo de produção, ofertando bens defasados tecnologicamente. Mas também é verdade que dificilmente outro modelo teria proporcionado as taxas de crescimento econômico registradas nas décadas de 50, 60 e 70.

Ademais, a criação de estatais justificava-se pelas limitações do empresariado nacional e pela inviabilidade política de reservar ao capital estrangeiro papel maior do que lhe foi então atribuído. Naquela época, os principais partidos políticos, as Forças Armadas e a burguesia nacional jamais apoiariam ousadas receptividade ao capital externo e abertura da economia. Portanto, ridicularizar em 1998 o modelo adotado em um contexto histórico diferente é absolutamente irrelevante.

Ainda que aos trambolhões, o Estado superou antigas inépcias ao investimento. Bem ou mal, construiu-se um arcabouço produtivo apto de ser direcionado para novos estilos de competição. Sem as ditas bobagens cometidas no passado, o Brasil estaria hoje pior posicionado ante o caminho à integração internacional.

A maneira extremada pela qual Campos enaltece as virtudes do mercado e repudia qualquer iniciativa que possa imaculá-la, nem é compartilhada por grande número de economistas americanos insuspeitos de serem "idiota, subdesenvolvido mental e idólatra do fracasso". Por exemplo, Joseph Stiglitz, vice-presidente do Banco Mundial, ex-assessor do presidente Clinton e professor na Stanford University, tendo antes lecionado em Yale, Priceton e MIT, concedeu entrevista ao New York Times de 31/05/98, na qual declara: "...somente na Universidade de Chicago, centro conservador de economia, levam a sério o modelo de mercado de concorrência perfeita".

No tocante a Barbosa Lima Sobrinho, cabe mencionar sua aversão aos processos de privatização e de abertura da economia, por ele classificados como "lesa pátria". Com referência à desestatização, aborda o assunto como se a empresa vendida fosse desmontada e transferida para o exterior. Sua constante denúncia de que estão sendo privatizados setores estratégicos para a segurança nacional induz à seguinte pergunta: será que os EUA negligenciam sua segurança pelo fato de os setores de energia, comunicações, siderurgia, equipamento bélico, petróleo, etc. encontrarem-se em mãos de capitais privados?

Barbosa não se conforma com a venda de estatais lucrativas. Para ele, a privatização deveria limitar-se às deficitárias, constituindo-se em um programa de oferta de abacaxis. Essa visão ignora a seguinte realidade: para o desenvolvimento do país, perdeu relevância o papel do Estado como empresário e, portanto, a venda de suas empresas independe do fato de serem ou não lucrativas. A atual onda privatizante não resulta de um ataque coletivo de ingratidão às estatais, nem de uma epidemia de liberalismo, mas sim da exaustão do antigo modelo de participação do setor público na atividade empresarial.

Uma das acusações mais frequentemente feitas por Barbosa é a de que o patrimônio público está sendo dilapidado a preço de banana, negociando-se as empresas por uma cifra inferior ao custo de implantação. Trata-se de uma lógica no mínimo pitoresca, que despreza o princípio da depreciação de unidades produtivas em funcionamento. Fazendo uma analogia simplificada, a tese de Barbosa equivale a vender um navio usado pelo mesmo preço de um novo. Até mesmo em uma transação envolvendo um bem de consumo usado é incorreto definir como valor justo o semelhante ao da compra de um novo.

No tocante à desconfiança de Barbosa ante a globalização, basta dizer o seguinte: não trata-se de uma escolha nacional; se não participarmos nos atrasaremos "vis à vis" o resto do mundo. Isto não significa renunciar a ter política econômica própria que, inclusive, torne o país menos vulnerável aos efeitos indesejáveis do processo de globalização.

* * *

A PROPÓSITO DA QUESTÃO AGRÁRIA

O Globo – 10/09/1998

Como consequência do movimento dos sem-terra, o setor agrícola voltou ao centro do debate político e a questão agrária reconquistou a notoriedade desfrutada nas décadas de 50 e 60. Mas acontece que o país mudou, assim como a percepção do papel da agricultura no desenvolvimento econômico. Esse papel continua importante e, por isso mesmo, é uma pena que exista uma desconexão entre o tipo de reformas no setor pelas quais se deveria batalhar e os rumos seguidos pelo MST.

Parte das pessoas sensíveis ao drama da pobreza rural acredita que a solução se encontra em dar terra a quem não tem, "até que não fique um peão sem seu pé de chão". Além de inatingível, este conceito reflete uma visão incoerente do cenário observável no campo. A vulnerabilidade do peão não decorre apenas da falta de terra própria, mas sim da falta de uma fonte segura de rendimento que lhe garanta um padrão digno de vida. Essa fonte tanto pode ser a exploração de sua propriedade quanto o emprego estável e bem remunerado no estabelecimento de terceiros.

Achar que todo habitante da área rural necessita ter sua terra é o mesmo que achar que todo habitante de área urbana necessita possuir empresa própria. Se todo camponês tiver sua terra quem trabalhará como assalariado nas propriedades maiores? Ou será que alguém está sonhando transformar a paisagem agrária em um vasto conjunto de minifúndios?

O esforço de maximizar o assentamento daquelas famílias que não estão encontrando meios adequados de sustento e desejam seu pé de chão deve ser enfatizado, mas no contexto de uma ampla política setorial que não se limite a este objetivo. Nunca houve em nossa história uma política agrícola e agrária efetiva, nem instituições públicas capazes de formulá-la e implementá-la. Agora estamos pagando por essa omissão e o país tomou-se susceptível a discursos equivocados como os proferidos pelo MST.

Nas ocasiões em que foram esboçadas políticas para o setor, a ênfase recaía no aumento da produção, o que constitui uma abordagem insuficiente. Se o problema se resumisse à dimensão da safra haveria menos motivos de preocupação pois a oferta agropecuária já demonstrou sensibilidade ao preço, à assistência técnica e demais instrumentos de fomento. O desafio maior está em atenuar tanto o aviltamento da remuneração do trabalho, quanto o desequilíbrio na relação entre terra e mão-de-obra.

Embora não seja válido nutrir a expectativa de que um crescimento intenso do setor agrícola empurre fortemente a taxa de aumento do PIB, não há dúvidas de que nosso desenvolvimento estará comprometido se não forem enfrentadas as mazelas do campo. Representando apenas aproximadamente 8,5% da renda nacional, a grande contribuição que o setor pode oferecer ao desenvolvimento nacional provém de sua Influência qualitativa sobre a estrutura econômica e social do pais.

Sua contribuição também é relevante para o desempenho de algumas áreas específicas, tais como de comércio exterior, mediante incremento das exportações e substituição de importações de produtos primários, e de estabilidade monetária, através da queda relativa dos preços do alimento via aumento da produtividade.

Uma vez consolidado o Plano Real, não há mais como adiar a priorização ao setor agrícola e saldar esta velha divida para com a sociedade brasileira. E no processo de definição de políticas é fundamental a participação das comunidades rurais interessadas, mas sob um estilo diferente do que vem ocorrendo. Os rumos seguidos pelo MST provocam desconfiança entre os que acreditam na urgência em definir-se uma política agrícola-agrária reformista, na medida em que o MST dedica-se a atividades como Invadir o BNDES em protesto contra a privatização do Sistema Telebrás.

É válido chamar a atenção da opinião pública através de atos pouco ortodoxos e não violentos. Porém, a questão agrária é tão séria e fundamental que não merecia ser submetida às contingências de outras causas, nem servir como massa de manobra de movimentos alheios.

* * *

O LIMITE DA TOLERÂNCIA

Jornal do Brasil – 31/07/2000

Compreendo a necessidade das medidas impopulares adotadas durante este governo, pois:

a) sem o combate ao déficit público, a economia seria sufocada pela volta da inflação e por níveis astronômicos de endividamento. Na verdade, esse esforço deveria ter começado mais cedo e é tarefa de toda a sociedade;

b) o arrocho salarial dos funcionários públicos é uma consequência lógica desse ajuste fiscal. Em outras palavras, não convém almejar aumentos de salário quando se trabalha para um patrão em sérias dificuldades financeiras;

c) as elevadas taxas de juros praticadas desde o início do Plano Real, e alvo de tanta ira, constituem o modo disponível de favorecer a estabilidade monetária e o regime cambial vigente;

d) a criticada salvação de bancos privados insolventes foi uma forma de preservar o dinheiro dos depositantes. Se nada tivesse sido feito, o governo seria criticado por não ter protegido a poupança do povo.

Mas, após 6 anos de Real e de priorizar acima de tudo a estabilidade monetária, chegou a hora de atribuir maior ênfase a outros objetivos. Governar sob a predominância de um único propósito é relativamente fácil. O difícil e sinal de eficiência é implementar simultaneamente vários objetivos com ênfases harmonizadas. E isto já seria possível graças ao próprio êxito do Plano Real.

A essa altura dos acontecimentos, continuar adiando a atribuição de maior destaque a outros propósitos levanta suspeitas quanto à eventual fragilidade da estabilidade monetária, que não resistiria a políticas destinadas, por exemplo, a acelerar a reativação econômica e a atenuar os desequilíbrios sociais.

Levando em conta o padrão de pobreza existente no país, negligenciar este tema constitui erro imperdoável. É verdade que a concentração de renda não é culpa de FH, mas sim de 500 anos de tutela de uma oligarquia econômica e política obtusa. É verdade que esse Congresso representa um obstáculo às reformas que permitiriam ao país crescer com redistribuição de renda. É verdade que a sonegação fiscal e a corrupção são tão enraizadas na cultura brasileira que sua erradicação demandará décadas. Mas a história será implacável com FH se, ao final de 8 anos no poder, nada de maior magnitude e impacto visível for feito em favor da equidade social.

Como ainda há tempo para este governo agir, conservo a esperança de que algo será proposto. Mesmo porque, a desigualdade representa uma fonte de instabilidade para o país tão ou mais importante do que a inflação. E, por outro lado, o bom comportamento dos preços não tem sido suficiente para diminuir o contrate gritante entre os padrões de vida dos diversos segmentos da população, apesar de a situação do pobre ter melhorado em termos absolutos.

Redistribuir renda não é uma tarefa simples nem para os países desenvolvidos, quanto mais para nós. O melhor caminho seria tentar forjar uma sociedade onde haja menos diferenças de oportunidades, evitando-se a eternização de duas castas no Brasil: uma naturalmente contemplada pela economia de mercado e outra que se encontra total ou preponderantemente excluída de seus frutos, dependendo de programas assistenciais, quando existem, para sobreviver.

O papel do Estado no combate às desigualdades é fomentar o desenvolvimento com estabilidade e promover investimentos em saúde, educação, alimentação, moradia, assentamento rural, transporte coletivo, saneamento, segurança pública e promoção social, dado que o crescimento desses setores beneficia proporcionalmente mais as classes menos favorecidas. A esses investimentos se integrariam políticas salarial e tributária condizentes com o aumento sustentável da renda real dos mais pobres.

Não será fixando por lei um salário mínimo elevado que se estará garantindo um nível de vida satisfatório aos operários e aos marginalizados do mercado de trabalho. Mas sim através de um conjunto diversificado de medidas de natureza redistributivista.

Os sucessivos presidentes da República e a chamada elite econômica e política vêm desprezando os limites de tolerância dos desfavorecidos. Poucos percebem que eles podem perder a paciência e assumir alguma modalidade de revolta, não para implantar o socialismo, mas para participarem adequadamente do capitalismo.

Na época do crescimento baseado na substituição de importações, a aspiração dos pobres era arrumar emprego nos setores em crescimento.

Agora, chegou o momento de eles serem protagonistas de relevo da era do neoliberalismo. Enquanto essa realidade não for incorporada pela classe dirigente continuaremos convivendo com uma situação de violência social.

* * *

SEM VERSÕES ALARMISTAS

Jornal do Brasil – 28/10/2002.   La Tercera – 29/10/2002.   BAE – 28/10/2002

Votei em José Serra e preferia que ele tivesse sido o eleito. Mas isso não significa que endosse versões alarmistas ante a vitória de Lula. Se o candidato petista houvesse vencido as eleições em que concorreu antes, talvez os efeitos teriam sido desastrosos, pois tanto ele quanto o Brasil não estavam preparados para obter bons resultados com o PT no poder. Mas ambos evoluíram de tal forma que é razoável, em 2002, nutrir expectativas positivas.

No tocante à evolução de Lula, é inegável que o presidente eleito difere do candidato de 1990, 1994 e 1998. A começar por haver admitido aliança com um partido conservador. O fato de o vice-presidente ser um empresário não de esquerda sugere que a mudança de discurso não foi mera manobra eleitoreira.

Em vista de sua biografia, é de esperar-se que perceba o envelhecimento da plataforma utilizada e que um eventual fracasso de seu governo significaria o fim do projeto PT. Só se for um alucinado não se dará conta de que, com as ideias antes defendidas, o Brasil sucumbiria à falta de investimentos e créditos externos, o déficit público explodiria, a inflação estaria de volta, a economia não cresceria e o desemprego subiria.

Algumas de suas declarações ainda são de arrepiar, mas os galanteios ao empresariado e o reconhecimento dos compromissos internacionais justificam a crença de que, uma vez no Palácio do Planalto, constatará a necessidade de afastar-se de posições que inquietantes.

Sob o ponto de vista da evolução ocorrida no Brasil desde 1990, é óbvio que, independente de quem fosse eleito agora presidente, não há demasiado espaço para experiências pirotécnicas. Qualquer extravagância em políticas públicas provocaria danos que incidiriam principalmente sobre as classe sociais menos favorecidas.

Mudanças de ênfase são naturais e o próprio Serra dizia que as faria. As reformas neoliberais adotadas durante os anos 90 geraram resultados positivos, mas não suficientes para impulsionar maior crescimento econômico. Para que as perspectivas do país sejam promissoras, uma nova geração de reformas é necessária. Manter a tranquilidade dos consumidores e investidores via estabilidade de preços, promover o ordenamento fiscal, incrementar a eficiência da economia via privatização e conquistar maior fatia do comércio internacional via elevação de competitividade são diretrizes inexoráveis, quaisquer que sejam os partidos políticos no poder.

Por outro lado, é relevante saber qual a aliança partidária que viabilizaria a inadiável ênfase na amenização das debilidades sociais. Após as eleições de 1994 imaginei uma aliança entre PSDB e PT, embora reconhecesse sua escassa probabilidade. Entre os grandes partidos, o PSDB é o de mais próxima afinidade com o PT. Esse acordo diminuiria a necessidade de pactos com partidos inexpressivos ou de orientações conflitantes. Seria o início da construção de um cenário politico com melhor coerência ideológica.

* * *

O BNDES NO CONTEXTO DO DESENVOLVIMENTO BRASILEIRO

Aparte – Abril 2006.
Versão ampliada de artigo publicado no Valor Econômico em 24/04/2006

1 – O debate

Entre as correntes de opinião que debatem o destino do BNDES, duas destacam-se pelo radical antagonismo.

Uma, classificável como ultraliberal, considera superada a etapa na qual o Banco exerceu, de forma quase exclusiva, o papel de agência de desenvolvimento e promotor de grandes projetos. Dada a atual existência de um sofisticado setor financeiro, advoga que este papel deveria ser compartilhado, em maior proporção, com a banca privada. Caberia ao BNDES competir no mercado, como mera fonte opcional de recursos para investimento. Uma ala desse grupo propõe a privatização do Banco.

Opondo-se a essa visão, a segunda corrente, aqui apelidada de "saudosista", defende o retorno ao antigo perfil de atuação do Banco, o qual vem sendo flexibilizado desde o início da década de 90. É comum ouvi-la enaltecer:

a) a intocabilidade do quase monopólio do BNDES no financiamento a projetos de grande porte;

b) a preservação das linhas de crédito acentuadamente estimuladoras de investimento;

c) as operações destinadas a reabilitar empresas hospitalizadas e "salvar" grupos nacionais de associarem-se a estrangeiros;

d) a ingerência do Banco no sistema decisório de empresas privadas. Ademais, repudia o engajamento do Banco no processo de desestatização da economia.

Discordo da primeira corrente, pelo simples fato de nosso país ainda não poder abrir mão de financiamentos compatíveis com um esforço intenso de crescimento econômico e redistribuição de renda. Debilitar esse traço da personalidade do BNDES equivale a distanciar-nos de avançados níveis de desenvolvimento. Na verdade, uma das vantagens do Brasil sobre outras nações emergentes é dispor de um BNDES, fato reconhecido internacionalmente.

Também descarto a maioria dos argumentos invocados pelos saudosistas, pois demonstram falta de imaginação e viés conservador, ao exaltarem a restauração de um papel que o Banco cumpriu quando as realidades brasileira e mundial eram outras. A amplitude de alternativas inovadoras de o Banco preservar sua personalidade diferenciada faz jus a uma abordagem mais criativa a respeito de seu destino.

Convicto da persistência, por muitos anos pela frente, de vasto espaço a ser preenchido por uma instituição de fomento ao desenvolvimento, acredito em uma terceira via, que chamaria de "evolucionista". Fundamenta-se na preservação do BNDES como ofertante de crédito direcionado e poderoso instrumento de política de desenvolvimento econômico e social. Isto, porém, nos moldes de uma economia em constante evolução e demandante de veloz aumento de competitividade.

Como espinha dorsal dessa política, figura a prioridade em atacar carências econômicas e sociais menos providas de fontes de financiamento. Refiro-me, é óbvio, àquelas carências de maior impacto sobre o desenvolvimento.

2- A proposta evolucionista

O êxito dessa alternativa depende de um complexo conjunto de mudanças. O componente mais simples desse conjunto é a aceleração na montagem de mecanismos operacionais sintonizados com os praticados pelo mercado financeiro privado. Esses mecanismos, gradualmente adotados pelo Banco nos últimos dez anos, o tornam mais acessível aos empreendedores de menor dimensão, além de contribuírem para a própria modernização do sistema financeiro nacional.

Mas a mudança de maior magnitude refere-se à própria essência do BNDES como agente do desenvolvimento. O panorama nacional evidencia a oportunidade de o Banco repensar suas prioridades e reinterpretar a forma de cumprir com sua missão.

2.1- Traços da atuação recente

Apreciação sumária da atuação do Banco, no período 1996 – 2005, revela algumas características louváveis até recentemente, mas cuja persistência comprometeria sua eficácia. Sob esse ângulo, três aspectos merecem referência: o regional, o setorial e o do porte das empresas apoiadas.

Durante o decênio mencionado, 58,8% dos desembolsos do Sistema BNDES dirigiram-se à região Sudeste, a mais rica do país. O Nordeste foi alvo de apenas 10,0% (Tabela I). Esse contraste não é surpreendente, dada a diferença entre as dimensões de ambas as economias. Porém, insinua uma tendência a contribuir para a estratificação das desigualdades regionais.

Na verdade, a melhor maneira de avaliar o grau de atendimento regional é através da relação desembolso BNDES/PIB. Esse indicador revela situação desfavorável ao Nordeste. Ao longo do período 1996 – 2002 (dados de PIB regional disponíveis apenas até 2002), os desembolsos do Sistema BNDES ao Nordeste representaram 1,7% do PIB regional, enquanto no Sudeste essa proporção atingiu 2,0% (Tabela II). Isto significa que a região mais necessitada foi a relativamente menos beneficiada.

Quanto ao enfoque setorial, a primeira constatação refere-se ao predomínio da indústria e das atividades de serviços, e não poderia ser diferente (Tabela III). Mas o relevante a observar é a participação de cada segmento produtivo que compõe esses grandes conjuntos setoriais. Os números revelam ínfima presença de projetos nas áreas sociais nos desembolsos efetuados entre 1996 e 2005.

TABELA I
COMPOSIÇÃO REGIONAL DOS DESEMBOLSOS DO SISTEMA
%

REGIÃO	1996-2005	1996-2000	2001-2005
Centro Oeste	8,20	7,63	8,50
Norte	3,52	2,92	3,83
Nordeste	9,95	11,46	9,15
Sul	19,59	19,39	19,69
Sudeste	58,75	58,61	58,83

Fonte: BNDES.

TABELA II
RELAÇÃO ENTRE DESEMBOLSO DO SISTEMA BNDES E PIB REGIONAL
%

REGIÃO	1996 - 2005	1996-2000	2001-2002
Centro-oeste	2,13	2,00	2,39
Norte	1,48	1,11	2,28
Nordeste	1,50	1,50	2,18
Sul	2,07	1,87	2,51
Sudeste	2,01	1,72	2,70

Fonte: BNDES e IBGE.

Convencionando-se como projetos diretamente afetos à promoção social aqueles localizados nas áreas de alimento, água, educação, saúde, habitação e confecção, verifica-se que esse agrupamento acolheu 8,2% dos desembolsos. Enquanto isso, 47,3% dos recursos foram canalizados aos setores de equipamentos, metalurgia, transporte, energia e telecomunicações.

Essas cifras não denunciam equívocos no processo decisório do Banco, mas sim refletem as demandas da economia brasileira. Por exemplo, o Banco socorreu a área de energia em momento de grave crise..

TABELA III
DESEMBOLSOS BNDES: PARTICIPAÇÃO DE SETORES
SELECIONADOS
%

SETORES	1996-2005	1996-2000	2001-2005
Agropecuária	10,90	7,60	12,50
Indústria transfor.	44,50	41,10	46,20
- confecção	0,20	0,30	0,10
- p. alimentício	6,30	7,00	6,10
Comércio e serviços	43,50	49,50	40,60
- adm. Pública e Segurid. Social	0,34	0,30	0,35
- alojamento e Alimentação	0,36	0,60	0,25
- captação, trat. e Distrib. de água	0,22	0,31	0,22
- educação	0,52	0,67	0,47
- saúde e serviço social	0,58	0,81	0,47
- eletricidade e gás	15,93	16,67	15,57

Fonte: BNDES.

No que tange ao tamanho das empresas apoiadas, 77,3% dos desembolsos, no período 1996 - 2005, foram absorvidos pelas de grande porte. O valor restante foi distribuído entre micro, pequenas e médias empresas. Repete-se aqui o contexto no qual as cifras correspondem mais a uma postura comportamental do empresariado do que à intenção do Banco.

2.2- Ação futura

A evolução oportuna da vocação desenvolvimentista do Banco traduz-se no avanço rumo aos campos menos explorados. Isto pode significar o uso do BNDES, pelo governo, como instrumento para influir na estrutura da demanda "espontânea" por financiamento a investimento, por parte da economia brasileira. Não agredindo o mercado, mas sim complementando-o, conforme ocorre na União Europeia, nos tigres asiáticos e outros recantos capitalistas.

Condição preliminar a esse aperfeiçoamento é a formulação de políticas ativas de financiamento. Porém, os programas dos bancos de desenvolvimento sofrem de volatilidade pois suas carteiras de projetos não dependem exclusivamente de decisão sua. Influência maior advém dos pleitos encaminhados pelos clientes. A habilidade do banco em cumprir sua política pode ser ampliada através da ação de fomento.

Clientes tradicionalmente apoiados pelo BNDES e já amadurecidos, reúnem condições de captar recursos de origens alternativas, internas e externas. É motivo de orgulho para o Banco o apoio concedido a empresas hoje consolidadas e prósperas e a setores tais como infraestrutura, petroquímica, papel e celulose, bens de capital e muitos outros. Mas agora esses rebentos ganharam maioridade e tornaram-se aptos a cuidar da própria vida.

Chegou o momento de expandir a dedicação a outro universo de setores e empresas, assim como de abordar temas negligenciados. Muitos destes já se encontram presentes na carteira do Banco, mas em proporção insuficiente.

Quais seriam esses setores e temas? O BNDES, em harmonia com a política econômica do governo, tem competência para responder a esta pergunta, não justificando-se entrar aqui em detalhes. No entanto, existem algumas evidências que vale a pena citar:

a) setores diretamente vinculados à redistribuição de renda, tais como educação, saúde, alimentação, saneamento, transporte coletivo e promoção social;

b) reforma do Estado e modernização da administração pública aos níveis federal, estadual e municipal;

c) capacitação tecnológica;

d) segmentos de infraestrutura com pouco acesso a outros guichês de crédito;

e) atenuação de desequilíbrios regionais;

f) aumento do suporte aos empreendimentos privados de menor dimensão;

g) ataque aos focos de pobreza;

h) preservação ambiental.

Obviamente, trata-se de uma graduação de ênfases, não de dedicação exclusiva a esses alvos.

Capítulo especial diz respeito aos micro e pequenos empreendimentos. O desenvolvimento de um país depende da mobilização profunda da sociedade. A iniciativa do empreendedor de menor porte constitui uma das manifestações dessa mobilização. Cabe ao BNDES assumir, nessa área, nível de risco que a banca privada ainda não demonstrou disposição de assumir. No passado, o pioneirismo do Banco consistia em engajar-se em grandes projetos, temidos por outros bancos. Hoje, o pioneirismo mudou de feição.

3- Instrumentos e esquema de financiamento

Redirecionamento como o mencionado exigiria o apelo a fórmulas que hoje desfrutam de baixo prestígio: subsídio e fundo perdido. Para o país sanar debilidades seculares que, convivendo com o seu lado dinâmico, o colocam em posição vexatória em comparações internacionais, só há um caminho: aparelhar o BNDES com meios para ofertar condições especiais a uma proporção delimitada de projetos. Aos que se ruborizaram com tal proposta, seria útil lembrar que, segundo "The Economist", 20% do orçamento dos membros da União Europeia são absorvidos em subsídios à agricultura. Os Estados Unidos subsidiam até mesmo produtos agrícolas com superprodução

A viabilidade das mudanças propostas depende do desenho de um esquema de financiamento do Banco que garanta sua saúde financeira. O critério é gerar remunerações adicionais a fim de compensar as perdas resultantes de apoios incentivados. Para tanto, além das fontes atuais de recursos, a disciplina contábil seria perseguida mediante:

a) rentabilidade das operações estilo mercado financeiro privado;

b) ampliação dos repasses de recursos do Banco Mundial e BID;

c) juros cobrados de contratos com grandes empresas;

d) novas fontes de recursos.

Se o país deseja uma instituição que o habilite a melhor batalhar pelo desenvolvimento, é inconcebível limitar o destino do BNDES à opção entre as correntes ultraliberal e saudosista. O talento do Banco em assumir os riscos apropriados a cada fase da história brasileira seria, na primeira hipótese, esfacelado e, na segunda, amesquinhado.

* * *

MST NO CONTEXTO DAS ELEIÇÕES PRESIDENCIAIS

Valor Econômico – 07/06/2006

Em meados do século XX, a questão agrária empolgava o debate político brasileiro. E era compreensível que assim fosse: abrigando em 1950 e 1960, respectivamente, 63,8% e 54,9% da população, a área rural era palco dos maiores índices nacionais de pobreza e de desperdício dos fatores de produção terra e mão-de-obra.

Se a reforma agrária tivesse ocorrido naquela ocasião, de maneira competente, a história do país teria sido bem diferente e, acredito, para melhor. O próprio processo de industrialização transcorreria de forma menos desgastante e a iniquidade social seria hoje mais branda. Estou convencido, até mesmo, de que os recursos absorvidos pela construção de Brasília teriam gerado maior impacto positivo sobre o desenvolvimento nacional, caso houvessem sido direcionados ao financiamento dessa reforma estrutural e projetos de modernização da atividade agropecuária.

Mas a reforma agrária não aconteceu. Em seu lugar, ocorreu um longo, sofrido e desequilibrado processo evolutivo do cenário rural que culminou, na década de 1990, com uma verdadeira revolução capitalista no campo. Hoje, embora os contrastes sociais não tenham desaparecido, vários segmentos do setor primário exibem elevados níveis de competitividade.

Por outro lado, a população rural representa neste momento apenas em torno de 18% da total e, em números absolutos, é 18,5% inferior à de 1960. A temática da posse da terra deixou de ser o ponto crucial. Os maiores bolsões de pobreza transferiram-se para as cidades, onde se manifestam as tensões sociais mais agudas. Assim, torna-se injustificável a repercussão obtida pelo Movimento dos Sem Terra (MST), visto que o teor de suas reivindicações peca pela ausência de atualidade. Independente dos aspectos policialescos de algumas atitudes do MST, sua substância conceitual é débil.

Encastelado no dogma de que a solução para a pobreza rural encontra-se em dar terra a quem não tem, o MST insiste no slogan "um pé de chão para cada peão". Além de inatingível, esse propósito é inócuo. A vulnerabilidade do peão não decorre da falta de terra própria, mas sim da ausência de uma fonte segura de rendimento que lhe garanta padrão digno de vida. Esta fonte tanto pode ser a sua propriedade, quanto o emprego regulamentado e bem remunerado em estabelecimento de terceiros.

Se todo camponês possuir seu pedaço de terra, quem trabalhará como assalariado nas propriedades maiores? Ou será que alguém está sonhando transformar a paisagem agrária brasileira em um vasto conjunto de minifúndios? O esforço em maximizar o assentamento daquelas famílias que não encontram meios de sustento e desejam seu pé de chão deve ser preservado, mas não como solução universal.

Achar que todo trabalhador do campo deva ser proprietário rural equivale a considerar que cada empregado de área urbana deveria possuir sua empresa. Isto é: uma fábrica para cada operário; um banco para cada bancário; uma loja para cada comerciário. A posse de estabelecimento empresarial, de qualquer natureza, não é a origem da iniquidade social brasileira.

Na verdade, o fundamental seria instituir o "Movimento dos Sem Renda", que reclamasse políticas redistributivistas. Mesmo porque, a maior incidência de desigualdade social ocorre nas cidades, não no campo. Embora declare-se socialista, o MST transmite um discurso capitalista: deseja transformar todo camponês em possuidor privado do fator de produção terra. Se seus líderes fossem realmente socialistas estariam propondo a coletivização do uso do solo rural.

Opor-se ao MST apenas por considerá-lo baderneiro constitui uma forma equivocada de combate-lo. O fundamental é apontar o teor anacrônico de sua finalidade. No entanto, a maioria dos políticos, tanto situacionistas quanto de oposição, limitam suas críticas aos atos delinquentes praticados pelo MST. Às vésperas da campanha sucessória presidencial, qualquer ocasião deve ser aproveitada para provocar este assunto, visto que os candidatos preferem dribla-lo, em decorrência de múltiplas conveniências eleitoreiras. Em face dessa inibição, a tendência é perder a oportunidade de reavaliar a postura da sociedade e do poder público ante o MST.

Nenhum presidenciável demonstra coragem de questionar o ideário do Movimento. No caso do candidato Lula, os fatos demonstram que quando ocorrem diabruras, tais como invasão de fazendas produtivas e edifícios públicos, seu governo limita-se a dar um puxão de orelha nos dirigentes do MST quando, de fato, deveria cortar de vez suas asas.

O perigo dessa omissão consiste em transformar o MST em um foco endêmico de intranquilidade, afetando a modernização da atividade agrícola e o avanço das conquistas do trabalhador rural.

* * *

QUE ESPERAR DEL VENCEDOR

La Tercera – 19/10/2006.   BAE – 30/10/2006.   ABC – 29/10/2006

Cualquiera que sea el resultado de la segunda vuelta presidencial en Brasil, difícilmente nos encontremos con grandes sorpresas en el próximo gobierno, en los campos social y económico. En realidad, pocas son las diferencias entre las propuestas de Lula y Geraldo Alckmin, pues las opciones de políticas públicas disponibles en este momento son limitadas.

Para comprender esta realidad, hay que analizar tres aspectos básicos del contexto brasileño: la pobreza, la estabilidad monetaria y el crecimiento económico. El país ha logrado avances en el combate a la pobreza, como consecuencia del aumento real del salario mínimo, del control de la inflación y de la ampliación de los programas sociales.

Estos hechos son producto de políticas ejecutadas por los gobiernos de Fernando Henrique Cardoso y por Inácio "Lula" da Silva. El próximo presidente estaría cometiendo suicidio político si revirtiera esta tendencia. En realidad, el buen desempeño electoral de Lula, a pesar de los escándalos de corrupción que lo han acosado en los últimos meses y otros tipos de desilusiones, se debe a este factor.

En cuanto a la estabilidad monetaria, ningún gobierno tendrá el ánimo de amenazarla pues las repercusiones serían devastadoras. En este campo, la diferencia entre los candidatos se ubica en aspectos de estrategia. Ambos vinculan la estabilidad al equilibrio fiscal, pero Lula habla de un corte del gasto público superfluo, mientras que Alckmin defiende la reducción de la carga tributaria, con cortes de gasto más profundos que los planteados por el actual mandatario. Las privatizaciones también aparece en el debate sobre equilibrio fiscal, pero tratase de una discusión ficticia pues lo que aún queda por privatizar es insignificante. La venta de la Petrobrás y del Banco de Brasil es políticamente inviable.

Por lo tanto, la disminución de la pobreza y la estabilidad monetaria son, en condiciones normales, temas intocables. La gran diferencia entre los candidatos, y el desafío más dramático que encaran, es el tema del crecimiento económico. Desde hace muchos años Brasil viene presentando tasas mediocres de desarrollo. Lula no logró cumplir con su promesa de acelerar el incremento del PIB pero insiste en que, si fuera electo, la inversión pública será el motor de una nueva era de prosperidad. Alckmin señala a la inversión privada como única alternativa de crecimiento.

En la hipótesis de Lula ser el vencedor, su primera preocupación será reformular la presente base de sustentación política. Con su partido, el PT, asombrado por una crisis interna y sin mayoría en el Congreso, el presidente tendrá que recurrir a alianzas más heterogéneas que las de su mandato anterior.

* * *

COMO SALVAR O RIO?

O Globo – 16/10/2006

Não sei. Não tenho a menor ideia de como salvar o Rio de Janeiro. Mas suponho conhecer alguns caminhos de acesso aos meios de promover tal salvação. Espécie de pré-requisitos à montagem de políticas apropriadas ao seu desenvolvimento econômico e social.

Identificarei aqui três desses caminhos, a serem percorridos simultaneamente. O primeiro, consiste na ampla e profunda mobilização de todos os agentes da sociedade carioca. Embora a população do Rio consuma grande parte de seu tempo lamuriando-se do esvaziamento econômico, da violência e outras mazelas da cidade, raros são os exemplos de ações comunitárias destinadas a enfrentar de fato tais problemas.

A maioria absoluta do povo espera passivamente que a prefeitura, com eventual ajuda estadual e federal, descubra a fórmula redentora. Ou sonha em morar em outro lugar. E as sucessivas administrações municipais, por sua vez, têm-se omitido no esforço de engajar os diversos segmentos da sociedade na luta pela recuperação da qualidade de vida na outrora Cidade Maravilhosa.

Ninguém percebeu o potencial de formulação de ideias e de implementação de programas, latente nas entidades existentes no Rio. Levando em conta que nos encontramos em um verdadeiro estado de emergência, justifica-se a convocação de associações de classe e de bairros, clubes sociais e esportivos, grandes empresas, universidades, estatais aqui sediadas (como BNDES e PETROBRÁS) Rotary, Lions, templos religiosos e tudo mais, no sentido de participarem da batalha pelo resgate do Rio de Janeiro.

Como segundo caminho, aponto a mobilização também ao nível internacional. A tarefa de superar rapidamente as carências da cidade extravasa as disponibilidades financeira e de experiência especializada do país. Recorrer às fontes externas de recursos e de estratégias é uma obrigação do poder municipal. Inúmeras instituições públicas e privadas, sensíveis a esse tipo de apoio, encontram-se disponíveis na Europa, Estados Unidos e Japão, bastando apresentar propostas coerentes. O Rio é amado no mundo inteiro e, portanto, a receptividade a uma mobilização desse gênero seria favorável.

Ambos os caminhos apontados anteriormente somente renderão resultados positivos se um terceiro for percorrido: o da completa reforma do setor público municipal. Se os poderes executivo e legislativo não aprenderem a pensar e atuar de maneira eficaz, de nada adiantarão as mencionadas mobilizações. Nenhuma instituição externa abrirá suas portas sem evidências da probidade e capacidade gerencial pública e, por sua vez, o engajamento da sociedade carioca dependerá de sua confiança nos poderes municipais.

Dos três caminhos apontados, a reforma do setor público é o mais árduo de ser percorrido. Não há como ignorar o fato de que os protagonistas da vida política carioca são avessos a qualquer intento de modernização administrativa e institucional. Cria-se assim um círculo vicioso cujo rompimento desafia a imaginação. A atual estrutura pública municipal reflete os interesses dos que dominam, de maneira formal ou obscura, o sistema político local. Como enfrentá-los? A resposta está nas mãos da população.

Entre os aspectos cruciais que envolvem um processo organizado de recuperação e desenvolvimento do Rio, destaca-se o de sua urgência: quanto mais for adiado, mais difícil será concretizá-lo. Mantendo-se o atual ritmo de esvaziamento da cidade, em breve não sobrarão fatores a serem mobilizados em prol de seu reerguimento.

A cada empresa que emigra provocando decréscimo de imposto arrecadado e de emprego, a cada rua que se degrada, a cada margem de deterioração dos serviços públicos municipais e a cada expansão do domínio das gangs, corresponde uma acentuação da crise e um debilitamento da capacidade de enfrentá-la. Mas nenhum político parece preocupado com essa realidade.

* * *

A QUESTÃO URBANA

O Globo – 10/03/2007

Reforma agrária e pesados investimentos na agricultura eram propostas defendidas, nos anos 50 e 60, por parcela significativa da sociedade brasileira. Apesar de nenhuma dessas propostas ter sido implementada na forma então imaginada, o país conseguiu crescer e sofisticar-se ao longo da segunda metade do século XX. Progressos ocorreram inclusive na própria atividade rural que, aliás, participou do financiamento à industrialização sob várias maneiras, algumas das quais involuntárias e penosas.

Porém, o país não ficou impune às omissões cometidas no âmbito rural. Isto é: parte dos atuais desequilíbrios que atormentam a nação é explicada pelo que deixou de ser realizado no campo durante as mencionadas décadas.

Hoje, enredo semelhante ocorre no âmbito da questão urbana. É perfeitamente possível retomar taxas elevadas de expansão do PIB sem enfrentar a crise vivida pelas nossas principais cidades. Mas a fisionomia futura do país exibirá cicatrizes decorrentes dessa omissão. Engana-se quem acredita que o próprio desenvolvimento nacional se encarregará de curar as mazelas urbanas. Assim como, no passado, enganou-se quem afirmava que a redistribuição de renda seria fruto natural de seu próprio crescimento.

Segurança pública, meio ambiente, eficiência dos serviços básicos municipais, transporte coletivo, precariedade habitacional, degradação dos espaços públicos, especulação imobiliária e qualidade de vida em geral são alguns dos itens onde os indicadores nacionais poderão permanecer insatisfatórios por culpa do contexto no nível municipal, até mesmo se o país atingir elevado status econômico. A experiência internacional demonstra que essa previsão não é absurda: nos EUA, ainda hoje encontram-se cidades vítimas de graves disfunções.

Durante a década de 90, o Brasil tornou-se o quarto país mais urbanizado do planeta. Essa informação não seria preocupante se nossas cidades ostentassem desempenho satisfatório. Mas a realidade é outra: constata-se volumoso déficit de serviços públicos e extremo desbalanceamento, entre os diversos bairros de cada município, na infraestrutura instalada. As áreas metropolitanas sofrem de elevados índices de criminalidade, pobreza e poluição.

Tornar as cidades um local mais aprazível de viver não constitui objetivo utópico. O nível de poupança interna que o país tem condições de mobilizar, mais a oferta externa de recursos, seriam suficientes para financiar montante razoável de investimentos. Agências como BNDES, Caixa Econômica e FINEP têm possibilidades de dedicar fatia maior de suas operações a projetos urbanos. Entre as fontes externas, BID e Banco Mundial são os mais receptivos a planos integrados de desenvolvimento municipal.

O país dispõe de meios para incrementar a qualidade de vida urbana. Mas, infelizmente, não há como menosprezar a probabilidade de nada expressivo acontecer, dado o fato de tratar-se de tarefa superior ao discernimento da maioria absoluta dos políticos brasileiros.

* * *

DESIGUALDADE, POBREZA E ADJACÊNCIAS

IMIL - 19/10/2010.
Versão reeditada de artigo publicado no Valor Econômico, em 23/03/2007.

Dados já amplamente divulgados indicam que, desde 1997 e sobre tudo a partir de 2002, atenuou-se a desigualdade social no Brasil e declinou o número de famílias abaixo da linha de pobreza.

Independente do quão espetaculares ou não sejam os números que dimensionam esse processo, é fundamental analisar os fatores que o induziram, especialmente ao longo do governo PT, auto-vangloriado como campeão da justiça social. Ou seja, caberia indagar: o caminho seguido pelo presidente Lula é o mais adequado para promover desconcentração de renda e diminuição da pobreza? Deve ser mantido nos próximos anos?

Responder a essas perguntas implica, de início, em identificar os fatores responsáveis pela redução da desigualdade verificada nos últimos quatorze anos, entre os quais se destacam:

a) baixos índices de inflação, graças ao Plano Real, permitindo maior preservação do valor dos salários;

b) transferências governamentais, em especial o programa Bolsa

Família, sucessor do Bolsa Educação;

c) incremento real do salário mínimo;

d) barateamento relativo da cesta básica e de outros produtos de consumo popular;

e) diminuição das disparidades salariais entre as regiões metropolitanas e os municípios pequenos do interior,

Alguns desses fatores não são atribuíveis a iniciativas de governo e, portanto, desfrutam de elevada estabilidade pois se originam no mercado. Por isso, devemos louvar os citados barateamento da cesta básica e diminuição das disparidades salariais em termos de localização do trabalhador.

Outro grupo de fatores, como queda da inflação, transferências governamentais e incremento do salário mínimo, é fruto de políticas públicas e, como tal, depende de diretrizes emanadas do Palácio do Planalto.

Herdando um ritmo inflacionário já domesticado e uma ascensão salarial já iniciada, o presidente Lula concentrou-se no fator que mais atribui vulnerabilidade à redução da inequidade e da pobreza: o Bolsa Família, programa meramente assistencial, sujeito a definhar por escassez de recursos, ineficiência gerencial, ou decisão política, além de desestimular os beneficiados a buscar atividade produtiva.

Processos distributivos menos vulneráveis a recaídas são aqueles atados a mudanças na estrutura produtiva do país isto é, resultantes de investimentos públicos e privados propulsores da produção e produtividade dos setores ofertantes de bens e serviços que pesam mais no orçamento das famílias de menor renda, ou lhes são inacessíveis apesar de essenciais: alimentação, saúde, educação, lazer, habitação, transporte público, saneamento, vestuário, segurança pública e capacitação profissional destinada a elevar a produtividade do trabalho.

Em paralelo, outro conjunto de ações ocorreria nas áreas tributária, salarial, creditícia e de emprego, conforme critérios já consagrados pela literatura econômica. Na área salarial, um dos objetivos básicos seria aprimorar a sintonia entre o incremento da produtividade do trabalho e o da remuneração da mão-de-obra.

Haverá aumento real e duradouro na renda das famílias menos favorecidas quando, por exemplo:

a) sentirem os efeitos da criação de novas oportunidades de emprego;

b) receberem atendimento médico amplo, rápido, eficiente e gratuito;

c) desfrutarem de acesso a ensino de alta qualidade;

d) acederem a fontes de microcrédito para desenvolver mini-empreendimentos;

e) conseguirem moradia digna, mediante programas habitacionais sensíveis às suas restrições financeiras;

f) receberem serviços de saneamento;

g) obtiverem transporte público confortável, rápido e barato;

h) beneficiarem-se do barateamento do custo da alimentação;

i) lograrem adquirir vestuário e utensílios domésticos de maior durabilidade a preços vantajosos.

E as fontes de recursos para uma política desse gênero? A resposta encontra-se entre as seguintes alternativas:

a) redesenho do gasto público, permitindo maior volume de investimento estatal relacionado com a equidade;

b) combate radical à corrupção, canalizando o montante poupado para programas distributivos;

c) combate à sonegação fiscal;

d) ampla reforma do Estado;

e) retomada das privatizações, liberando o Estado para tarefas onde seu papel é insubstituível, tais como o de promover equidade social;

f) incentivos a empreendimentos do setor privado vinculados ao esforço de combater a desigualdade social;

g) redirecionamento das operações junto ao Banco Mundial e BID, ampliando apoio aos projetos de teor distributivo.

O caminho aqui defendido estimula a mobilidade social dos mais pobres, em contraste com os programas assistenciais, tipo Bolsa Família, que os mantêm sob dependência infrutífera. Esses programas justificam-se em situações de emergência ou como complemento a políticas eficazes de combate à pobreza. Mas nunca como instrumento de ascensão social, com o status de símbolo da luta pela redistribuição de renda.

* * *

EM BUSCA DE UMA POLÍTICA EXTERNA

Aparte – Abril 2007.
Versão ampliada de artigo publicado no Jornal do Brasil, em 15/04/2007.

Está faltando ímpeto e originalidade à política externa brasileira. O presidente limita-se a ações que, quando muito, resultam em modestos ganhos comerciais e moderados êxitos em foros internacionais. A melhor opção para romper esse marasmo seria o governo eleger um conjunto emblemático de temas, em torno dos quais se debruçaria com tenacidade. A título de sugestão, aponto quatro temas.

O primeiro, refere-se ao meio ambiente. Nessa área, o governo descambou para o pior dos caminhos: minimizar o papel que podemos desempenhar na salvação do planeta, atribuindo aos países desenvolvidos a culpa pelo descalabro ambiental. Não é pelo fato de 80% das emissões de gases ocorrerem no Hemisfério Norte que o Brasil deva abster-se de assumir papel de destaque, por exemplo, no combate ao aquecimento global.

Nosso país possui substância para brilhar como exemplo ao resto do mundo em termos de política ambiental, constrangendo as nações relapsas, tanto as desenvolvidas quanto as demais. As iniciativas externas acessíveis ao governo brasileiro seriam:

a) pressionar os países negligentes no sentido de agirem com urgência;

b) participar ativamente dos acordos internacionais destinados a inverter a tendência catastrófica, assim como contribuir para o fortalecimento desses acordos .

Como segundo tema, proponho a reformulação do Mercosul. A falta de rumo reinante nesse pacto regional advém, principalmente, do fato de haver um claro equívoco na prioridade em vigor: maximizar as transações comerciais entre seus membros.

O propósito correto seria usar o Mercosul como alavanca para expandir as exportações do bloco como um todo ao resto do mundo. Isto é, capacitá-lo a melhor competir nos mercados europeu, norte-americano e asiático (analiso essa estratégia no texto "Mercosul: Expectativa e Realidade", publicado na Revista do BNDES, n° 17, de 2002)

Em face da crise que atinge o Mercosul, o Brasil dispõe da oportunidade para atuar como salvador do processo e guardião contra acontecimentos exóticos, tais como a adesão da Venezuela. Se esse esforço revelar-se infrutífero, caberia ao presidente Lula ter a coragem de jogar tudo para o alto e concentrar-se nas outras alternativas de incrementar nossas exportações aos mercados mais atraentes, independente do humor dos demais sócios.

Um série de focos de tensão no continente americano justificam o terceiro tema: conciliar atritos entre países da área. O mais patético desses atritos é o que perdura entre Cuba e Estados Unidos. Nenhum outro país do mundo reúne melhores condições do que o Brasil para intermediar o fim desse conflito de opereta. Quando isso acontecer, a cooperação interamericana irá adquirir maior nível de funcionalidade e o convívio dos Estados Unidos com a América Latina e Caribe assumirá fisionomia mais descontraída.

Fatos recentes vivenciados pela Bolívia, Equador e, principalmente, Venezuela, inspiram o quarto tema: concepção de estratégia política ante o comportamento dos presidentes desses países. Se isto não acontecer, a América Latina correrá o risco de ficar a reboque de dirigentes nocivos ao seu desenvolvimento econômico e social. E o Brasil caminhará para o isolamento em relação aos seus vizinhos.

Na verdade, a desilusão popular com os políticos tradicionais desses países abriu espaço para lideranças extravagantes que, inclusive, tendem a desenterrar o fracassado modelo estatizante. O perigo representado pela propagação do discurso do presidente Chaves não reside apenas no fato de ser arcaico, mas sim de ser inapropriado aos interesses da região. Por outro lado, seu perfil autoritário justifica, por si só, o posicionamento do Brasil como polo alternativo de inspiração aos países que anseiam desenvolver-se sob clima democrático.

Não falta talento ao Itamaraty para formular e executar política desse gênero. Basta o presidente da República decidir.

* * *

A PROPÓSITO DO PROGRAMA DE ETANOL

Valor Econômico – 23/08/2007.   *La Tercera – 19/11/2007*

Brasil e Estados Unidos apostaram alto no etanol. Cada um à sua maneira. Os americanos, recorrendo ao milho e nós à cana-de-açúcar. Em ambos os países verifica-se quase unanimidade no louvor a essa alternativa à gasolina. No entanto, sem querer bancar o desmancha prazeres, estou convicto de que a política de diminuição da dependência ao petróleo, na área específica de transporte de passageiros vem se processando através de uma visão incompleta e conservadora.

Incompleta porque Brasil e Estados Unidos atuam fundamentalmente no lado da oferta de combustível. O correto seria focalizar também o lado da demanda com intensidade superior à atual. Em outras palavras: ampliar investimentos destinados a alterar o modelo prevalecente de transporte urbano, priorizando o sistema coletivo.

Tais investimentos não necessitariam ser, a curto prazo, de tipo ultradispendioso, como o metrô. Apesar de a opção ferroviária ser a ideal, a reestruturação dos serviços de ônibus já constituiria um avanço. Afinal, cada ônibus substitui uns trinta automóveis, desde que seja confortável, seguro e, óbvio, movido por fonte limpa de energia. Onde e quando for possível implementar projetos de metrô e trem suburbano, melhor ainda.

O traço conservador da política vigente provém do fato de manter intacto o modelo baseado no carro individual. Não proponho uma declaração de guerra à indústria automobilística, mas sim mudanças na maneira de usufruir do automóvel, buscando diminuir o número de viagens casa-trabalho-casa. O que seria viabilizado pela maior disponibilidade de transporte coletivo decente.

Embora o entusiasmo despertado pelo etanol se justifique por vários motivos, o aspecto relacionado com as vantagens ecológicas exige melhor avaliação da comunidade internacional, dada a controvérsia ainda persistente nesse campo. De início, convém lembrar que o etanol não é um combustível limpo, por mais que seu efeito poluente seja inferior ao da gasolina.

De acordo com algumas fontes de informação, o que torna o etanol brasileiro vantajoso é seu balanço ecológico neutro em termos da atmosfera global. Isto é: o carbono absorvido da atmosfera pela planta de cana-de-açúcar compensa o dióxido de carbono liberado durante a queima do etanol nos motores dos veículos.

Porém, outras fontes apresentam versão diferente. Argumentam que o próprio saldo ambiental do cultivo da cana-de-açúcar é insatisfatório, pois gera resíduos tóxicos que poluem rios e degradam o solo, além de induzir a desmatamentos e queimadas.

Sem a pretensão de destrinchar essa controvérsia, ressalto que, mesmo na hipótese de o balanço ecológico do etanol ser equilibrado, os seguintes fatos deveriam ser considerados:

a) a planta que absorve carbono encontra-se nas zonas rurais, distantes dos centros urbanos onde os motores a etanol liberam CO2, isto é, o ar reinante nas cidades pouco se beneficia da limpeza propiciada pela plantação;

b) qualquer cultivo agrícola possui o dom de absorver carbono, não apenas o da cana-de-açúcar;

c) se, junto com o etanol, fosse ampliada a utilização de outras fontes de energia ainda mais limpas, o balanço ambiental seria positivo e não apenas equilibrado. No solo menos ocupado pela cana-de açúcar, outras plantas estariam absorvendo carbono, enquanto os veículos contaminariam menos a atmosfera.

Uma das poucas manifestações promissoras de mudança na demanda de combustível poluente, nos Estados Unidos, é o sucesso comercial dos carros híbridos. Esses veículos funcionam mediante combinação de dois pequenos motores para produzir a força de um grande: um motor elétrico, carregado automaticamente, e o outro, a gasolina. Cada um deles é acionado em ocasiões diferentes, dependendo do modelo.

Toyota e Honda são os que mais avançaram na fabricação de híbridos, induzindo General Motors, Ford e Chrysler a também ingressarem nesse mercado. A difusão internacional desse tipo de veículo, associada a investimentos em transporte coletivo, configuraria um processo revolucionário na demanda por combustível.

Encarando o etanol não apenas sob o ponto de vista de alternativa ao petróleo, mas também como parte de um esforço para acelerar a recuperação ambiental e melhorar a qualidade de vida urbana, percebemos o quanto as políticas executadas pelos governos brasileiro e americano necessitam reformulação urgente.

O presidente Bush adotou a meta de reduzir o uso de gasolina em 20% nos próximos 10 anos através, sobretudo, do etanol, para cuja produção é concedido elevado subsídio. Mas seu alvo principal é a redução da dependência ao petróleo importado, e não a solução dos outros gêneros de estragos resultantes do apego a esse combustível fóssil.

Atenção insuficiente vem sendo dada, no Brasil, a duas questões atadas ao etanol: o impacto sobre a produção de alimentos e o contexto social no cultivo da cana-de-açúcar. O dilema alimento versus biocombustível encontrará resposta tecnológica, mas seria prudente condicionar a expansão do etanol à coexistência pacífica com o mercado de alimentos. Quanto ao aspecto social, dúvida é se o crescimento do setor contribuirá para melhorar as condições de trabalho nos canaviais.

É compreensível a impetuosidade com que Brasil e EUA apegam-se ao etanol, dada a ainda limitada oferta de alternativas ao petróleo. Porém, a escassez de medidas destinadas a expandir o transporte coletivo gera danos que comprometem os benefícios provenientes da busca de alternativas ao petróleo.

* * *

A PROPÓSITO DOS OBJETIVOS DO MST

O Globo – 24/10/2009

Um dos temas que, em meados do século XX, mais empolgavam o debate político, econômico e social brasileiro era o da reforma agrária. E não é surpreendente que assim fosse: abrigando em 1950 e 1960, respectivamente, 63,8% e 54,9% da população, a área rural era palco de dramáticos índices de pobreza e de desperdício dos fatores de produção terra e mão de obra.

Mas, lamentavelmente, a reforma agrária não aconteceu. Em seu lugar ocorreu um longo, sofrido e desequilibrado processo evolutivo do cenário rural que culminou, na década de 90, com uma verdadeira revolução capitalista no campo. Hoje, embora os contrastes sociais não tenham desaparecido, vários segmentos do setor primário exibem elevados níveis de produtividade. Ademais, a população rural representa agora apenas em torno de 18,5% da total.

Assim, a temática da posse da terra deixou de ser um ponto crucial do desenvolvimento do setor agropecuário e de melhoria no padrão de vida nele prevalecente. Levando em conta essa evolução, torna-se injustificável a existência e o comportamento do Movimento dos Sem Terra, visto que o teor declarado, mas talvez não verdadeiro, de suas reivindicações está ultrapassado.

Mesmo sem considerar os aspectos violentos e ilegais das atitudes do MST, seu próprio pretexto de existência é débil e incompatível com a realidade brasileira. Por outro lado, existem evidências de que a maioria de seus participantes nem é de agricultores. Entrincheirado na premissa de que a solução para a pobreza rural encontra-se em dar terra a quem não tem, o MST insiste no slogan "um pé de chão para cada peão". Além de irrealista, esse propósito é descabido.

As agruras do peão não decorrem necessariamente da falta de terra própria, mas sim da falta de uma fonte segura de rendimento que lhe garanta qualidade digna de vida. Essa fonte tanto pode ser a sua propriedade, quanto o trabalho regulamentado e bem remunerado em estabelecimento de terceiros.

O MST descuida da luta pela melhor remuneração ao trabalhador rural, concentrando-se na questão da posse. Se todo camponês possuir seu pedaço de terra, quem trabalhará com o assalariado nas propriedades maiores? Ou será que alguém sonha transformar a paisagem agrária brasileira em um vasto conjunto de minifúndios? O esforço de maximizar o assentamento de agricultores desprovidos dos meios adequados de sustento e que desejam seu pé de chão deve ser mantido, mas não como solução universal.

Opor-se ao MST apenas por considera-lo baderneiro constitui uma forma equivocada de interpretar o fenômeno. O fundamental é apontar o teor anacrônico de sua suposta finalidade. No entanto, a maioria dos políticos e das autoridades em geral limita-se apenas a criticar os atos delinquentes por ele praticados.

Quando ocorrem diabruras exageradas, tais como invasão de fazendas produtivas e edifícios públicos, o presidente Lula limita-se a dar um puxão de orelha nos dirigentes do movimento quando, de fato, deveria cortar de vez suas asas. O perigo dessa omissão consiste em transformar o MST em um foco crescente de intranquilidade, debilitando o ritmo de modernização da atividade agropecuária e o avanço das autênticas conquistas do trabalhador rural.

* * *

AGORA CHEGA

IMIL – Abril 2010

Apesar de ter votado no Serra, acreditei que a eleição de Lula simbolizava uma renovação saudável da paisagem política, inclusive pelo seu anunciado propósito de combater a corrupção. Por outro lado, era óbvia a escassez de espaço para o sucessor de Fernando Henrique, qualquer que fosse ele, alterar substancialmente os rumos do país. Extravagâncias em políticas públicas ameaçariam a governabilidade. E dificilmente o Brasil assimilaria políticas do tipo anunciado em várias campanhas pelo então candidato Lula.

De fato, durante a presidência Lula a estabilidade alcançada via Plano Real não foi arruinada. Em compensação, os integrantes do atual governo adotaram outros comportamentos inquietantes vis à vis o futuro do país, motivados pela disposição de tudo fazer para continuarem no poder. Para frustração geral, o que aconteceu foi a consolidação dos maus costumes na vida pública e a invasão de companheiros do PT aos cargos públicos de natureza técnica.

As mistificações e atitudes preocupantes emanadas do Palácio do Planalto são tantas e tão amplamente divulgadas, que se torna dispensável repeti-las neste artigo. Porém, merece destaque uma das atitudes mais ultrajantes entre as assumidas pelo chefe de Estado: o patrocínio da candidatura de Dilma Rousseff, personagem desprovida de um passado que a qualifique a exercer a presidência.

Em primeiro lugar, essa candidatura surgiu através de uma postura autoritária, inadmissível em uma democracia respeitável. Isto é, o presidente a nomeou candidata desprezando o procedimento correto de deixar a escolha nas mãos do partido, ainda que com sua legítima participação. A maneira pela qual impôs Dilma Rousseff, assemelhou-se à exercida no México durante décadas, quando uma falsa democracia permitia ao presidente da República decidir quem seria o candidato do partido situacionista.

Em segundo lugar, desafiando a ética e as normas eleitorais, o presidente deu partida, há bastante tempo, à campanha de sua candidata. O fato de Dilma Rousseff ser carregada à tiracolo para viagens, inaugurações e eventos de toda espécie, aos quais não cabe a presença de um ministro chefe da casa civil, mas sim de um candidato já lançado, constitui uma afronta à inteligência da população.

Ao final do primeiro mandato do presidente Lula, já me dava por satisfeito com o experimento petista e, então sim, sua reeleição me alarmava. E, agora, a hipótese de Dilma Rousseff vencer me provoca pesadelos.

* * *

A PROPÓSITO DO BNDES

Valor Econômico – 20/07/2011

Neste momento em que a linha de atuação do BNDES encontra-se na berlinda, creio ser oportuno apresentar uma versão atualizada e reformulada de artigo meu publicado no VALOR, em 20.04.06. Durante cinco décadas, contadas a partir de sua criação, o desempenho do Banco raramente foi contestado.

No entanto, nos últimos dez anos as manifestações críticas tornaram-se frequentes. A mais recente resultou da operação com o grupo Pão de Açúcar. Por outro lado, várias são as opiniões sobre o caminho futuro do BNDES, sendo que duas delas merecem ser comentadas, dado o seu grau de antagonismo.

A primeira, classificável como ultraliberal, considera superada a etapa na qual o Banco exerceu, de forma quase exclusiva, o papel de agência de desenvolvimento e promotor de grandes projetos. Dada a atual existência de um sofisticado setor financeiro, essa corrente de pensamento advoga que tal papel deveria ser compartilhado, em maior proporção, com a banca privada. Uma ala desse grupo propõe até a privatização ou extinção do BNDES, sepultando assim qualquer resquício de financiamento direcionado e sob condições privilegiadas.

Opondo-se a essa visão, a segunda corrente, aqui apelidada de "saudosista", defende o retorno ao antigo perfil de atuação do Banco, o qual vem sendo flexibilizado desde o início da década de 90. É comum ouvi-la enaltecer:

a) a intocabilidade do quase monopólio do BNDES no financiamento a projetos de grande porte;

b) a preservação das linhas de crédito acentuadamente privilegiadas;

c) as operação destinadas a reabilitar empresas hospitalizadas ou a "salvar" grupos nacionais de associarem-se a estrangeiros.

Ademais, repudia o engajamento do Banco no processo de desestatização.

Discordo da primeira corrente, pelo simples fato de nosso país ainda não poder abrir mão de financiamentos compatíveis com um esforço intenso e organizado de crescimento econômico e redistribuição de renda. Debilitar esse traço da personalidade do BNDES equivale a distanciar-nos de avançados níveis de desenvolvimento. Na verdade, uma das vantagens do Brasil sobre outras nações emergentes é dispor de um BNDES, fato reconhecido internacionalmente.

Também descarto a maioria dos argumentos invocados pelos saudosistas, pois demonstram falta de imaginação e viés conservador ao exaltarem a restauração de um papel que o Banco cumpriu quando a realidade brasileira era outra. A amplitude de alternativas inovadoras de o BNDES preservar sua personalidade diferenciada faz jus a uma abordagem mais criativa a respeito de seu destino.

Convicto da persistência, ainda por muitos anos, de vasto espaço a ser preenchido por uma agência de fomento ao desenvolvimento, acredito em uma terceira via, que chamaria de "evolucionista". Fundamenta-se na preservação do BNDES como ofertante de crédito direcionado e instrumento de políticas públicas. Isto, porém, nos moldes de uma economia em constante evolução e demandante de veloz aumento de competitividade. Como espinha dorsal dessa postura, figura a prioridade em atacar carências nacionais de maior impacto sobre o desenvolvimento, embora menos providas de fontes de financiamento.

Sob o ângulo empresarial, certos clientes tradicionalmente apoiados pelo Banco já reúnem condições de captar recursos de outras origens, internas e externas. É motivo de orgulho para o BNDES o apoio concedido a empresas hoje consolidadas e de grande porte, assim como aos setores de infraestrutura, siderurgia, petroquímica, papel e celulose, mineração, bens de capital e muitos outros. Mas agora, alguns desses rebentos ganharam maioridade, o que os torna aptos a cuidar da própria vida.

Observando os financiamentos em função do porte das empresas apoiadas, constata-se a persistente presença daquelas de maior dimensão, muitas das quais assíduas frequentadoras dos guichês do BNDES e, também, gigantescas estatais como a Petrobrás. Todas com acesso a outras agências de financiamento, nacionais e internacionais. Esse visual acentuou-se em 2001 – 10: a participação das micros, pequenas e médias empresas no total dos desembolsos era de 26,4%, no quinquênio 2001 – 05, declinando para 23,0%, em 2006 – 10.

Sob os ângulos econômico e social, o BNDES possui competência suficiente para definir as prioridades, não se justificando entrar aqui em detalhes. No entanto, vale a pena mencionar algumas evidências inadiáveis:

a) setores diretamente vinculados à redistribuição social de renda, tais como educação, saúde, alimentação, saneamento, transporte coletivo e promoção social;

b) inovação e capacitação tecnológica;

c) empreendedorismo privado em áreas relevantes;

d) segmentos de infraestrutura com pouco acesso a outros ofertantes de crédito;

e) preservação ambiental.

Quanto à ótica regional, o BNDES demonstrou, no período 2003 – 2010, sensibilidade ante a clássica preocupação brasileira com respeito ao Norte e Nordeste (N-N). O melhor método para avaliar o grau de atendimento regional é através da relação desembolso BNDES/PIB, por região. A evolução desse indicador revela-se favorável ao conjunto N-N:

a) enquanto no período 2003-05 os desembolsos do Banco representaram 4,12% do PIB local, no período 2006-08 (dados de PIB regional disponíveis apenas até 2008), essa relação subiu para 7,38%;

b) ainda assim, no período em foco o peso do BNDES nas economias do Sul e Sudeste (S -S) é superior, movendo-se de 6,92% para 10,10% do PIB regional;

c) entre 2003-05 e 2006-08, o aumentou dos desembolsos para S -S foi menor do que no conjunto N-N: 146,0% e 179,1%, respectivamente. A tendência favorável a N-N repetiu-se entre 2007-08 e 2009-10, quando os desembolsos do cresceram de 191,4% no N-N e de 85,6% no S-S.

Inspirada pelo velha sabedoria de que certas crises geram novas oportunidades criativas, a sociedade brasileira deveria aproveitar o affair Pão de Açúcar para redefinir a forma de preservar a vocação desenvolvimentista do BNDES e, ao mesmo tempo, remodelar alguns traços de seu perfil de atuação.

* * *

E O MITO LULA AINDA SOBREVIVE!

IMIL – Setembro 2012

Embora nunca tenha votado no Luís Ignácio Lula da Silva, encarei com otimismo sua vitória nas eleições presidenciais de 2002. Conforme mencionei em artigo publicado no Jornal do Brasil, em 28/10/02 (e também no "La Tercera", do Chile, e no "Buenos Aires Económico"): "Votei em José Serra, mas isso não significa que endosse as versões alarmistas ante a vitória de Lula".

Meu otimismo provinha da crença de que o PT reunia personagens idealistas e honestos, cuja passagem pelo poder seria uma salutar oportunidade de alternância e contribuiria para a moralização dos costumes políticos. Porém, em pouco tempo descobri a dimensão de meu equívoco. Hoje, após tanta degradação nos ambientes públicos, me pergunto como é possível a sobrevivência do mito Lula, inclusive internacionalmente. Jamais houve no país um contraste tão gigantesco entre o comportamento de um partido politico quando se encontrava na oposição e, depois, quando conquistou o poder.

O PT oposicionista vangloriava-se de sua pureza moral e ideológica, demonstrando repugnância a qualquer vínculo com outros partidos. Luiza Erundina chegou até a ser expulsa do PT pelo fato de haver aceito um ministério no governo "impuro" de Itamar Franco. No entanto, para ao chegar à presidência, Lula engendrou as mais estapafúrdias alianças partidárias.

Sua pregressa forma sistemática e destrutiva de exercer oposição levou-o a execrar o Plano Real e torcer para o "quanto pior melhor". Críticas ferozes ao presidente Fernando Henrique repudiavam a totalidade de suas iniciativas. Qualquer ato da administração FHC era identificada como sintoma de corrupção e favorecimento aos ricos. Mas eis que, ao sentar na cadeira presidencial, Lula passou a lamuriar-se como vítima de uma oposição rancorosa e injusta.

A plataforma de governo que propagou nas campanhas eleitorais foi imediatamente renegada quando instalou-se no Palácio do Planalto. Aliás, essa foi sua única atitude acertada, pois se desmontasse a política econômica herdada teria levado o país ao caos. Mas até mesmo esse ato de sabedoria não favorece sua imagem pois: (a) ou ele acreditava no que prometia aos eleitores e, portanto, estava delirantemente despreparado para exercer a presidência; (b) ou sabia que falava bobagem durante a campanha e, portanto, mentia.

Por outro lado, apesar de sua mensagem imbuída de ideais democráticos durante a ditadura, ao alçar à presidência da República seus amigos estrangeiros diletos foram dois dos atuais maiores símbolos mundiais de desprezo pela democracia, Mahmoud Ahmadinejad e Hugo Chaves.

Analisando os escândalos ocorridos durante sua presidência, qualquer pessoa provida de um mínimo de lógica só pode chegar à seguinte conclusão: ou Lula era o chefe da quadrilha e está mentindo, ou ele não sabia de nada e, portanto, foi um chefe de Estado incompetente. Não existem outras hipóteses alternativas.

* * *

NADA A DIZER AO MUNDO

O Globo – 30/10/2013

Desde quando o PT assumiu o poder verificou-se uma perda de rumo na política externa brasileira. Enquanto Lula ocupava o Palácio do Planalto, esse desnorteamento era camuflado pelo estrelismo do presidente, que protagonizava atitudes de impacto internacional, embora desprovidas de conteúdo.

Agora, com uma presidente insossa em Brasília, tornou-se indisfarçável o fato de o principal país da América Latina não ter nada o que dizer para o mundo. Por outro lado, as manifestações de rua ocorridas nas cidades brasileiras tiveram também o efeito de abalar o mito Lula/PT no nível mundial, ofuscando uma das fontes do sex-appeal político de nosso país.

Para reconquistar substância, a política externa brasileira teria que definir um conjunto emblemático de temas, em torno dos quais concentraria sua atuação. A título provocativo, menciono alguns exemplos.

O primeiro seria a conciliação de atritos entre países do continente americano. Tanto unilateralmente quanto através da OEA, o Brasil promoveria um clima de harmonia na área. Na verdade, o mais patético dos atritos é o que perdura entre Cuba e Estados Unidos. Nenhum outro país reúne melhores condições do que o Brasil para intermediar o fim desse conflito de opereta. E quando isso acontecer, a cooperação interamericana irá adquirir nova dimensão.

Existe um tema no cenário global que se encontra órfão: defesa do meio ambiente. Nenhum país assumiu liderança na batalha em prol desse incômodo assunto. E o governo brasileiro descambou para o pior dos caminhos: minimizou o papel que podemos desempenhar na salvação do planeta, dado o grau de culpa das nações desenvolvidas. Não é pelo fato de 80% das emissões de gases ocorrerem no Hemisfério Norte que o Brasil deva abster-se de assumir papel de destaque no combate à degradação ambiental, até mesmo por motivo de legítima defesa pois, afinal, habitamos o mesmo planeta.

Como terceiro tema, proponho a reformulação do Mercosul. Além dos fatores políticos negativos, a falta de perspectivas reinante nesse pacto advém do fato de haver um claro equívoco na prioridade em vigor: maximizar as transações comerciais entre seus membros. O propósito correto seria usar o Mercosul como alavanca à expansão das exportações, desse bloco regional como um todo, ao resto do mundo.

* * *

PERCEPÇÃO MELANCÓLICA

O Globo – 09/03/2014

Neste ano eleitoral nunca é demais refletir sobre a realidade brasileira, a fim de atualizar nossa percepção sobre o país, melhor acompanhar a campanha política e aprimorar o discernimento na hora de votar.

Neste presente momento, minha percepção é a de que o Brasil sofre de endêmica incompetência em aproveitar as oportunidades oferecidas pela história e por seu potencial. Apesar dos progressos substanciais, permanece sob um padrão de qualidade de vida inferior ao que, cinquenta anos atrás, antecipávamos atingir no início do século XXI. Pertenço a uma geração que, na juventude, acreditava piamente na inclusão do Brasil, até o final do século XX, entre os países mais desenvolvidos do planeta. No entanto, o máximo que logramos foi a inclusão no agora desmistificado grupo dos BRICS.

Os dez anos de PT em nada contribuíram para gerar uma promissora alteração de percurso. Ao longo do último decênio nos afastamos ainda mais do status de nação envaidecida de seus costumes políticos, empenhada em executar reformas modernizantes, confiante na condução de seu destino e desempenhando um papel admirável no cenário internacional. Hoje, é deplorável o estado de ânimo da população ante as instituições nacionais e nossa política externa é opaca.

Até mesmo os avanços verificados no combate à pobreza ainda dependem excessivamente de programas assistenciais tipo Bolsa Família, padecendo da escassez de investimentos em educação, saúde, alimentação, habitação popular, transporte coletivo, eficiência dos serviços públicos e demais segmentos essenciais aos grupos de menor renda. Esse gênero de investimento é imprescindível à sustentabilidade do incremento da equidade social.

Por outro lado, é frustrante constatar a inexistência de agremiações políticas aptas a proporcionar uma refrescante alternância de poder. O PSDB, em teoria classificado como maior partido de oposição, omitiu-se de forma espantosa em atuar como tal e em apresentar um projeto nacional convincente. Como consequência, abriu espaço para a direita empedernida, pseudoliberal e munida de argumentos simplórios, arvorar-se como o mais legítimo oponente ao governo. Esse papel estaria em melhores mãos se fosse assumido por sociais democratas, pela direita sensata e pela esquerda lúcida.

Desde a ascensão do PT ao poder até meados de 2013, os observadores internacionais exaltavam o sucesso brasileiro e enalteciam a liderança do ex-presidente Lula. Fundamentados na leitura fútil de indicadores conjunturais e em motivações especulativas, esses louvores contribuíram para insuflar o ridículo discurso gênero "nunca antes na história deste país".

A conjugação entre o raquitismo da oposição partidária e a impunidade generalizada, propicia ao PT o uso abusivo da máquina do Estado para continuar no poder, ao ponto de tornar-se mais apropriado falar em "regime petista" do que em governo do PT.

* * *

PERDAS INERENTES À SUPERAÇÃO DA CRISE

Instituto Millenium - 09/04/2016

Submersa em uma crise existencial, a sociedade brasileira encontra-se acossada por ansiedades de complexa terapia. Chegou-se a um patamar de constrangimentos econômicos, sociais, políticos e institucionais do qual será impossível escapar sem gerar, a curto prazo, perdas de várias naturezas em camadas da sociedade. A grande questão agora é definir como as perdas serão distribuídas entre os integrantes dessas camadas, em função de seus diferentes níveis de renda.

No Brasil e outras partes do mundo, o ônus de um esforço de superação de crise ou implementação de reforma estrutural costuma concentrar-se sobre os segmentos menos privilegiados da população. Não é fácil repartir sob um critério de justiça social as consequências penosas resultantes, por exemplo, do disciplinamento das contas fiscais, do combate à inflação, do incremento da competitividade do sistema produtivo e da racionalização da máquina governamental.

Não possuo a receita ideal para conceber tal critério mas, no caso brasileiro, ouso apontar alguns parâmetros que deveriam ser levados em conta. Apesar da inevitabilidade de medidas impopulares, algumas das quais induzem a perda de empregos e danificam regras contratuais e previdenciárias em vigor (tais como a elevação da idade mínima de aposentadoria), existe a possibilidade de compensar esses danos através de uma autêntica política de amenização dos contrastes sociais.

Tal política deslocaria o Bolsa Família como pretenso instrumento básico de combate à desigualdade, passando a atribuindo-lhe um papel complementar mesmo sem diminuir sua dimensão. A nova ênfase caberia a investimentos que beneficiassem proporcionalmente mais as famílias de menor renda, tais como em educação, saúde, transporte coletivo urbano, habitação e saneamento.

Cabe então perguntar: como financiar esses investimentos? Bom, essa é uma questão a ser equacionada no âmbito da área fiscal. Expandir a capacidade de investir do setor público e, ao mesmo tempo, diminuir o déficit orçamentário implica em:

a) combater a sonegação tributária;

b) suprimir gastos públicos estéreis ou supérfluos;

c) atacar a corrupção, o que diminuiria os gastos governamentais;

d) simplificar e redesenhar o sistema tributário;

e) reduzir subsídios e incentivos fiscais;

f) prosseguir com o processo de privatização;

g) desburocratizar o relacionamento entre os setores privado e público, fomentando assim a atividade empresarial e, em consequência, a arrecadação tributária.

Essas atitudes evitariam as tentativas de aumentar a receita através do simplório expediente de inventar impostos. O enfrentamento do assustador panorama fiscal constitui a principal fonte de impactos desfavoráveis a serem sofridos pela população. E é nesse campo onde cabe aos segmentos sociais de renda elevada assumir o ônus maior. Se conseguirmos direcionar as perdas de forma a melhorar a capacidade de adquirir bens e serviços das classes média para baixo, o teor recessivo das medidas de ajuste e reforma será suavizado e, até mesmo, eliminado ao longo do tempo.

* * *

É TEMPO DE REFORMA POLÍTICA

O GLOBO - 11/05/2016   *LA NACION – 12/05/2016*

Estamos diante da melhor oportunidade, desde que a atual Constituição foi promulgada, de o país implantar uma vasta reforma política. O desprestígio dos poderes Legislativo e Executivo, a deficiência das regras eleitorais e o fracasso das agremiações partidárias conduziram a um contexto nacional no qual seria imperdoável a omissão em construir um eficaz quadro político-institucional. A grande dúvida é quem está capacitado a conceber tal reforma.

Não é fácil identificar partidos que poderiam fornecer nomes idôneos e qualificados para redesenhar a Constituição. O PT fracassou como governo e danificou profundamente a trajetória do Brasil em direção ao desenvolvimento econômico e social, além de simbolizar de maneira irreversível o comportamento corrupto.

Desfigurado vis-à-vis os anseios que motivaram sua criação, o PSDB assumiu perfil ideológico volátil, tornando difícil classificá-lo como socialdemocrata, ou centro-esquerda, ou centro-direita, ou conservador, ou qualquer outro rótulo. Ademais, fracassou como oposição e inibiu-se na defesa das conquistas alcançadas no governo Fernando Henrique.

Graças à sua imensa bancada parlamentar, o PMDB restringiu-se a exercer o papel inodoro de aliado compulsório de qualquer governo, desfrutando assim de confortável alojamento na administração pública. Beneficia-se do status quo a tal ponto, que sente alergia a qualquer alteração no sistema eleitoral. Os demais partidos carecem de expressão quantitativa ou qualitativa.

Enquanto a inanição operacional perpetua-se em todas as agremiações partidárias, uma longa lista de imprescindíveis reformas econômicas e sociais são relegadas ao esquecimento. A estrutura de poder prevalecente vem tornando inatingível o avanço modernizante necessário à conquista pelo país de um destino promissor. Pois bem: a presente fragilidade dessa estrutura facilita o rompimento dos obstáculos à reforma política. A pressão da opinião pública e os estragos provocados pela crise vivida pelo país criaram um cenário propício a iniciativas reformistas, apesar da inapetência dos partidos.

Dada a amplitude de mudanças que poderiam ser adotadas, atrevo-me apenas a citar algumas poucas:

a) Introduzir um tipo de eleição distrital nos âmbitos onde hoje é proporcional;

b) fim da reeleição para os cargos executivos e estabelecimento do mandato presidencial de cinco anos;

c) alterar as normas para criação de partidos visando a diminuir as chances de proliferação daqueles inexpressivos em termos ideológicos e de representatividade;

d) simplificar o emaranhado burocrático hostil aos investimentos privados.

O atual perfil político-institucional desencoraja ações destinadas a aumentar a competitividade do sistema produtivo, amenizar de maneira autêntica as desigualdades sociais, equilibrar as contas fiscais, racionalizar o sistema tributário, incrementar a eficiência do setor público, modernizar a infraestrutura, preservar o meio ambiente, melhorar a qualidade de vida e, em suma, recolocar o país no caminho do desenvolvimento.

* * *

LULA E MANDELA

Instituto Millenium – 20/04/2018

Al Capone, o mais famoso gangster americano, tomava tantas precauções para extinguir vestígios de seus atos criminosos que acabou sendo julgado e preso apenas pelo fato de sonegar o imposto de renda.

Luiz Lula da Silva, chefe do grupo que assaltou os recursos do Estado brasileiro quando no poder, também foi condenado pela Justiça apesar do seu cuidado em evitar vestígios de seus atos.

Outros políticos menos precavidos, tais como José Dirceu, Sérgio Cabral, Eduardo Cunha, Paulo Maluf, Antônio Palocci, Jorge Picciani e Antony Garotinho foram mais facilmente encarcerados. E as traquinagens cometidas por membros de vários partidos e por empresários, inclusive íntimos aliados do presidente Temer, continuam sendo investigadas. O anseio nacional é que os condenados pela justiça sejam penalizados.

Em decorrência dos escândalos ocorridos durante sua Presidência e a de Dilma Rousseff, qualquer pessoa provida de um mínimo de lógica só pode chegar à seguinte conclusão: ou Lula é membro da quadrilha e está mentindo ao declarar-se inocente, ou ele realmente não sabia de nada e, portanto, foi um chefe de Estado e líder partidário incompetente. Não existem outras hipóteses alternativas.

Porém, é inegável que a dimensão da liderança exercida por Lula confere ao seu caso um caráter peculiar, referente ao comportamento de um personagem relevante da vida pública em um momento crucial de sua carreira. Isto porque o futuro comportamento do ex-presidente terá consequências sobre o cenário político brasileiro. Sob esse ângulo, é ilustrativo observar a trajetória do líder sul-africano Nelson Mandela após sua prisão em 1962, a despeito das diferenças entre o caráter desses dois personagens e entre os contextos vivenciados pelos dois países.

Figura proeminente da luta contra o Apartheid, Mandela foi capturado pelo regime racista de seu país, permanecendo em silêncio durante os 27 anos em que esteve enjaulado. Temerosos de possíveis atitudes incendiárias do venerado líder dos negros sul africanos, os governantes não admitiam soltá-lo. Na verdade, era compreensível que ele nutrisse sentimentos de ódio e vingança contra os brancos opressores da população negra.

Para surpresa geral, em 1989 Mandela aceitou tranquilamente negociar sua libertação, pregou a pacificação do país e elegeu-se presidente somente para um mandato. Graças à dignidade de sua postura, o processo de transição sul africano transcorreu de maneira não violenta. Em termos internacionais, Mandela tornou-se símbolo da tolerância política e racial, do desprendimento pelo poder pessoal e da reconstrução democrática de uma nação conturbada.

Apesar do contraste radical entre os motivos do aprisionamento desses dois líderes, seria louvável se Lula, a partir de agora, se inspirasse no exemplo de Mandela. Afinal, esta é sua primeira oportunidade, desde quando lançou-se na luta sindical, de desfrutar de um ambiente sossegado propenso à reflexão e à análise retrospectiva de sua carreira. Ele poderia até iniciar o hábito da leitura, principalmente de história, economia, sociologia, doutrinas políticas e biografia de estadistas.

Se optar por esse caminho, praticar autocrítica e abandonar o discurso de vítima inocente de conspiração golpista, até haveria a possibilidade de Lula desempenhar um papel útil na democracia brasileira.

* * *

BRASIL AUSENTE

Instituto Millenium – 30/04/2018

Jamais em sua história o Brasil ocupou posição estrelar no cenário internacional. Porém, desde quando o PT assumiu o poder nossa política externa perdeu de vez o rumo. A ausência de conteúdo marcou as atitudes dos presidentes Lula e Dilma nessa área e, por outro lado, o governo Temer mantem-se omisso. Assim, a já modesta projeção mundial retrocedeu ao nível da irrelevância. Essa realidade é frustrante pois nosso país dispõe de potencial para assumir papel significativo na batalha pela melhoria da segurança e qualidade de vida globais.

Atualmente, a capacidade de liderança dos Estados Unidos encontra-se danificada pela presidência Trump, o interesse da China pelo resto do mundo concentra-se nas oportunidades de negócios, a influência da Europa definhou e a Rússia de Putin constitui alvo de suspeitas. Esse panorama abre espaço para nações de modesto poderio militar, mas expressivas em termos geográficos, populacionais e de PIB, se engajarem em causas benéficas à humanidade.

Desafios de várias naturezas demandam, no presente momento, abordagem internacional coordenada. Entre eles evidenciam-se: degradação ambiental, pobreza, terrorismo, focos de beligerância especialmente no Oriente Médio e África, intolerância racial e religiosa, autoritarismo, tragédia dos refugiados e violência pública em várias partes do planeta. Em vista da impotência da ONU em convergir negociações em busca de respostas a tais desafios, esse papel cabe a países com vocação de exercê-lo. E por que não o Brasil?

Até mesmo no âmbito latino-americano, a diplomacia brasileira mostra-ses inoperante, limitando-se a uma rotina sem resultados substanciais. As últimas iniciativas impactantes ocorreram nas remotas décadas de 50, com o lançamento da Operação Pan-Americana pelo presidente Kubitschek, e de 80 e 90 nos assuntos do Mercosul. A partir de 2013 os sinais mais efusivos de solidariedade regional direcionaram-se apenas aos mandatários bolivarianos e peronistas. E não faltam justificativas à nossa maior dedicação ao destino da América Latina.

Na própria área restrita do Cone Sul, o Brasil nada tem feito para romper o marasmo há vários anos predominante no Mercosul. Desde sua criação, o Acordo limitou-se a ampliar acentuadamente o intercâmbio entre seus países membros, sem lograr o incremento relevante do coeficiente exportação total/PIB. O grande impacto almejado com a criação do Mercosul era o aumento das perspectivas de desenvolvimento econômico dos países membros; mas isso não ocorreu. Assim, seria ultra oportuno se a política externa brasileira promovesse mudanças de estratégia do Mercosul, no sentido de ser enfatizada a expansão da capacidade do bloco como um todo de competir no mercado internacional.

Nosso país possui atributos para contribuir, sem ser alvo de animosidades, com a concretização de objetivos valiosos para a comunidade internacional. É verdade que antes precisaria arrumar internamente a casa, mas parto da premissa otimista de que em breve isso acontecerá. Uma vez restaurada a dignidade dos costumes políticos domésticos, bem administrados os constrangimentos à estabilidade e prosperidade da economia e prestigiado como merece o Itamaraty, o Brasil estará aparelhado a voltar-se politicamente ao exterior com ímpeto e eficácia, inclusive consolidando sua intimidade com a América Latina.

*   *   *

CRESCIMENTO ECONÔMICO COM EQUIDADE SOCIAL

Valor Econômico - 30/08/2018

Desde épocas remotas a economia brasileira vem valendo-se, em determinados períodos, de um pequeno número de fontes propulsoras. No início, as exportações de produtos agrícolas, tais como cana de açúcar e café, promoveram a formação de riqueza que irrigou vários segmentos da sociedade. Ao esgotar-se esse modelo, o papel de alavanca do PIB foi assumido pela industrialização via substituição de importações, sobre tudo nos períodos 1957–1962 e 1968–1976, quando verificaram-se as maiores taxas de crescimento do país: médias anuais de 8,8% e 10,1%, respectivamente.

Outros episódios de prosperidade ocorreram em 1984–1986, com o Plano Cruzado, e 1993–1995, com o Plano Real. O último alento de vigor, 2004–2008, resultou de um contexto externo favorável, aliado à estabilidade monetária reinante desde a adoção do Real.

Portanto, os ciclos de eloquente ampliação do PIB partiram de três origens: setor exportador, substituição de importações industriais, ou planos de combate à inflação. Tendo em vista que substituir importações deixou de ser caminho frutífero, que é improvável a médio prazo a ocorrência de euforia exportadora e que planos anti-inflacionários radicais tornaram-se desnecessários, precisamos descobrir nova fonte de dinamismo.

Superar as dificuldades fiscais, reformar o Estado, manter equilíbrio monetário, combater a corrupção e desfrutar de tranquilidade política são fatores indispensáveis ao incentivo a investimentos, mas não garantem a conquista de expressivo desenvolvimento econômico e social. Em realidade, a inauguração de uma era de positiva remodelagem da fisionomia nacional exigiria a conquista de taxas de incremento do PIB em torno de 6,0% .

No momento atual, a única nova fonte de dinamismo suficiente para alcançar meta tão ambiciosa localiza-se em algo inédito em nossa história: a adoção de eficaz processo de combate à extrema desigualdade social de renda. Tal processo resultaria em um salto na demanda por bens e serviços, pelas classes menos privilegiadas, com magnitude suficiente para impulsionar a economia como um todo. Essa afirmação não consiste apenas em uma hipótese, mas sim fundamenta-se na elevada propensão marginal a consumir das classes de menor renda.

Há quem afirme que para diminuir os contrastes sociais é preciso antes haver expansão econômica. Porém, é exatamente o contrário: o crescimento intenso e duradouro do PIB só terá início se a inequidade começar a ser amenizada. A atividade produtiva do setor privado, a vitalidade social e a competitividade internacional do país florescerão quando for ampliado o poder de compra das camadas de menor renda, majoritárias entre a população.

Mas em que consiste uma eficaz política de enfrentamento à excessiva concentração de renda? Vários são os instrumentos adequados a esse fim, embora nem todos facilmente acessíveis ao Brasil neste momento. O mais tradicional é o instrumento tributário, mediante o incremento da progressividade dos impostos diretos, em especial o incidente sobre a renda. Ainda há espaço para aliviar as classes menos afortunadas e onerar em maior grau as privilegiadas. Por outro lado, cabe reduzir a intensidade regressiva dos impostos indiretos.

Justifica-se também avaliar os critérios adotados na concessão de subsídios e isenções fiscais aos níveis federal, estadual e municipal. Muitas das empresas contempladas não dependem desses favores para concretizar seus investimentos ou operar suas atividades, enquanto faltam recursos públicos para gastos que beneficiariam as classes de menor renda. Em vários municípios constata-se precariedade de recursos para educação, saúde e saneamento, em decorrência do raquítico esquema de arrecadação de impostos, principalmente o predial alusivo a imóveis de alto valor pertencentes ao top da pirâmide social.

Investimentos destinados a elevar o acesso dos pobres à educação, saúde, treinamento profissional, transporte coletivo, habitação e saneamento constituem poderoso instrumento para ampliar a capacidade de gerar renda desse segmento populacional e, portanto, sua mobilidade social. Evidentemente, tais investimentos dependem da disponibilidade de recursos públicos, o que realça a urgência em superar a presente fragilidade fiscal, inclusive via reforma da previdência.

O manuseio do salário como instrumento redistributivo de renda reveste-se de complexidade, pois costuma ser acusado de provocar inflação e desemprego. No entanto, não há como □orna-lo, inclusive para superar a costumeira defasagem entre os incrementos de produtividade da mão de obra e da remuneração do trabalho. Como a atual taxa de desemprego não favorece esforços para aumentar o valor real dos baixos salários, esse instrumento irá adquirir maior relevância à medida que a economia voltar a crescer.

Programas de transferência de recursos às classes atingidas pela pobreza, tipo Bolsa Família, podem exercer papel complementar na redução da inequidade, mas nunca como instrumento básico. No entanto, eles somente geram resultados compensadores quando vinculados a requerimentos a serem satisfeitos pelos atendidos, tais como frequência escolar, cuidados com a saúde, treinamento profissional e comprovação de busca de trabalho.

Desafortunadamente, o deplorável quadro político prevalecente inviabiliza intentos de suavizar as disparidades de renda. Assim sendo, não há como evitar a conclusão de que tão cedo o Brasil não desfrutará de um nível de prosperidade empolgante. O máximo que podemos almejar é a convivência com anêmicas taxas de incremento do PIB e débeis avanços na qualidade de vida das classes média e baixa. Enquanto isso, só nos resta a alternativa de aprimorar o regime democrático, de forma a □orna-lo apto a efetivar reformas destinadas a alçar o Brasil ao status de nação desenvolvida.

* * *

O FALSO DILEMA

Instituto Millenium – 03/10/2018

Discordo da versão predominante internacionalmente de que a atual disputa eleitoral no Brasil consiste em direita versus esquerda. Se um dos dois candidatos melhor posicionados neste momento pertencesse a uma direita conservadora respeitável e democrática, enquanto seu opositor fosse membro de uma esquerda consciente, moderna e íntegra, então sim se trataria de uma autêntica disputa ideológica. E grande parte dos brasileiros estaria bastante mais tranquila do que se encontra neste momento.

Porém, a verdade é que de um lado existe um direitoide primário, insensato, sem preparo para comandar o país e impregnado de pontos de vista caducos . O candidato do lado oposto representa um partido pretensamente classificado de esquerda mas desprovido de qualquer conteúdo ideológico, saqueador do Estado brasileiro e portador de discurso e comportamento meramente populistas.

Esse panorama conduz ao pessimismo quanto ao futuro do país, pois ambas as opções representam retrocesso nas condições de vida da população. A eventual vitória de Bolsonaro resultaria em uma ameaça aos valores do pensamento conservador liberal e responsável, enquanto que a vitória de Haddad significaria a consagração da descompostura política e da impunidade generalizada.

Lamento transmitir esse enfoque desanimador, mas cansei de aturar análises baseadas em um falso dilema: o de que no segundo turno os eleitores brasileiros se encontrarão perante uma batalha entre autênticos pensamentos de direita e de esquerda. Nosso verdadeiro dilema provêm do fato de que, no segundo turno, as alternativas disponíveis provavelmente se limitarão a caricaturas toscas dessas duas correntes ideológicas e desprovidas de substância confiável.

* * *

DESENVOLVIMENTO ECONÔMICO E EXPORTAÇÃO INDUSTRIAL

Instituto Millenium – 13/03/2019

Perduram no Brasil grupos de opinião para os quais o débil crescimento da economia deve-se à insuficiente exportação de produtos industrializados o que, por sua vez, resulta da baixa competitividade do setor. Embora seja inquestionável que elevada competitividade propicia benefícios cruciais ao país, convém examinar até que ponto a expansão do montante de manufaturados direcionados ao exterior impacta o desenvolvimento econômico e social brasileiro.

Para avaliar o impulso que as exportações do setor secundário, excluindo agroindústria, podem proporcionar à economia deve-se levar em conta que essas vendas:

a) ocupam em torno de 18,0% do total exportado;

b) representam aproximadamente apenas 11,4% do produto industrial;

c) beiram o inexpressivo peso de 2,4% do PIB. Tais cifras insinuam uma perspectiva não eufórica quanto ao mencionado impulso.

Por outro lado, o ímpeto da China, Coreia do Sul, Japão e Vietnã como ofertantes de produtos industriais no mercado globalizado, assim como a estonteante inovação tecnológica incorporada ao setor secundário e gerada sobretudo nos Estados Unidos, Europa Ocidental e China, são acontecimentos que cerceiam a probabilidade de figurarmos com destaque entre os supridores internacionais de manufaturados.

No entanto, esse cerceamento não justifica sentimentos pessimistas quanto ao futuro do país. O Brasil desfruta dos requisitos para alcançar elevado status econômico e social mesmo sem luzir como proeminente ofertante mundial de produtos industrializados e, até mesmo, sem ostentar elevado grau de abertura externa da economia.

Observando países economicamente exitosos, constata-se a inexistência de receita ideal homogênea quanto à relevância das vendas ao exterior de manufaturados e à abertura externa da economia.

Várias nações de invejável padrão de vida registram baixo grau de abertura, em termos de exportação total sobre PIB. Por exemplo: em

2017, nos Estados Unidos atingiu a 13,2% e na Austrália 14,3%, percentuais modestos e similares ao do Brasil. Com referência ao peso dos bens industrializados no total exportado, Estados Unidos e Austrália apresentam os contrastantes índices de 55,0% e 13,8%, respectivamente. Na Coreia do Sul 43,2% do PIB é canalizado ao resto do mundo e o setor secundário absorve 84,0% dessas transações, enquanto que no Canadá esses indicadores situam-se em torno de 32,0% e 48,0%, respectivamente. Portanto, não há um padrão ótimo a ser almejado.

Responsável por mais de 20% do PIB, o setor industrial é fundamental ao desenvolvimento brasileiro, mas sua principal fonte de prosperidade localiza-se na demanda exercida no interior de nossas fronteiras. Justifica-se batalhar pelo incremento da competitividade setorial pelo fato de beneficiar com maior intensidade o consumidor doméstico, que obterá acesso a produtos fabricados no país sob preços vantajosos em termos internacionais. Por outro lado, o incremento da competitividade sempre favorece a conquista de novas fatias do mercado externo, desde que o produto exportado receba adequado tratamento tributário.

Historicamente, o sucesso dos Estados Unidos como potência industrial é explicado pela elevada capacidade de consumo de sua população, proveniente de um razoável esquema de distribuição social de renda, sem considerar os escravos. Quando esse esquema começou a deteriorar-se, no final do século XX, a economia americana já havia atingido o pícaro e manteve seu vigor. Ainda assim, o tema do agravamento da concentração de renda vem preocupando expressiva parcela da sociedade americana.

Com mais de 200 milhões de habitantes, o Brasil dispõe de um potencial de demanda interna suficiente para consolidar robusto empresariado industrial, a despeito dos condicionamentos oriundos da globalização. Para esse cenário tornar-se realidade o melhor caminho consiste na implementação de democrática política de atenuação da inequidade social, a partir da qual imenso contingente da população ingressaria no mercado consumidor de maneira sustentável. Tal ingresso ampliaria a escala de produção das unidades fabris, reforçando o aprimoramento da competitividade.

Ao longo das décadas de 1950 a 1970 foi relativamente fácil impulsionar o PIB mediante substituição das importações de produtos industrializados. O mercado consumidor para as fábricas em implantação já existia, sendo antes suprido pelas importações e, ademais, o protecionismo obrigava a população a digerir os elevados preços dos bens doravante elaborados no país. Porém agora, mais do que nunca, os desempenhos da indústria e do PIB dependem da expansão do poder de compra do consumidor interno.

Enfatizar o mercado interno não implica em desleixar o externo. Oportunidades reais de exportação repousam em segmentos como agroindústria, agricultura, pecuária, minérios, petróleo, turismo, criatividade tecnológica vinculada a habilidades peculiares ao país, químicos, celulose além de o máximo possível de outros bens industrializados. Convém lembrar que o fluxo exportado sofre com a precariedade do setor de infraestrutura, cuja superação carece de satisfatório esquema de financiamento. A disposição do BNDES em priorizar infraestrutura talvez não baste para bancar os investimentos requeridos.

O destino da estratégia aqui sugerida encontra-se atado à implementação de reformas estruturais há vários anos apregoadas e sempre adiadas. Aliás, esse vínculo também afeta a própria continuidade do atual sofrível padrão de desempenho do cotidiano nacional, que pode piorar. Se não forem eliminadas as mazelas impregnadas na Previdência Social, na estrutura tributária, na administração pública e no sistema político partidário, qualquer tentativa de conduzir o país a dias melhores será bloqueada.

* * *

PRESIDÊNCIAS ALARMANTES

Instituto Millenium – 26/06/2019

Paira sobre o planeta uma onda de retrocesso que ameaça diluir os avanços alcançados pela humanidade, ao longo de vários anos, nas áreas social, econômica e política.

Esse fenômeno acentuou-se desde 2017 quando em diversos países começaram a ascender ao poder figuras pertencentes a um tipo caricato de direita. Contrastando com a tradicional direita conservadora, liberal e democrática, chefes de Estado ou de governo como Donald Trump, Jair Bolsonaro, Giuseppe Conte, Recep Erdogan e alguns dos eleitos na Europa Oriental comportam-se de maneira incompatível com as anseios por uma sociedade moderna.

Evidentemente, cenários lamentáveis também ocorrem em países sob o comando socialista, ou pseudo socialista, tais como Venezuela, Cuba,

Nicarágua, Coreia do Norte e China. Porém, o alvo deste artigo é o contexto em vigor no Brasil e nos Estados Unidos, gerado pela recente chegada ao poder executivo de uma direita estouvada.

Os presidentes brasileiro e americano exibem semelhanças tais como:

a) agem movidos principalmente por instintos e preconceitos pessoais;

b) ofendem seus opositores ao invés de polemizarem mediante argumentos conceituais;

c) são intolerantes com quem não se alinha integralmente às suas convicções;

d) disparam declarações precipitadas e inconvenientes;

e) mostram-se insensíveis à crescente iniquidade social registrada em seus países;

 f) demonstram displicência ante a deterioração ambiental;

g) abordam de maneira insatisfatória a questão dos direitos humanos;

h) possuem visão estreita sobre segurança pública;

i) depreciam o significado de tratados e organismos internacionais de qualquer natureza.

No caso do Brasil, é decepcionante o fato de que, após os deploráveis anos de Lula/Dilma no Palácio do Planalto, não tenhamos encontrado alternativas de lideranças eficazes. A repetição de presidências mal focadas, verificada de 2002 até hoje, vem danificando o futuro do país, desnorteando a formulação de políticas recuperadoras do nosso desenvolvimento econômico e social. O clima de rispidez e intriga reinante na corte presidencial desestimula a colaboração de inúmeros competentes brasileiros. E, para piorar, nem mesmo na trincheira da oposição percebe-se alguma atividade coordenada e frutífera.

Nos Estados Unidos, os problemas essenciais não estão sendo enfrentados pelo o atual ocupante da Casa Branca, gerando uma perspectiva desfavorável ao desempenho econômico e social americano. A única forma de reverter esse quadro consiste na vitória do Partido Democrata nas eleições de 2020, de preferência se seu candidato integrar a ala reformista do partido. Aspirantes como Elizabeth Warren e Bernie Sanders dispõem de maior ímpeto para impulsar mudanças necessárias à prosperidade do país.

2 – AMÉRICA LATINA

NÃO CHORES POR TI, ARGENTINA

O Globo – 03/04/1998

Graças ao Plano de Convertibilidade implantado em 1991, a Argentina ingressou no mais fascinante processo de política econômica ocorrido na América Latina durante a década de 90. Partindo de um cenário dominado pela hiperinflação, estagnação, envelhecimento da estrutura produtiva e carência de autoestima nacional, o país aventurou-se em um plano de estabilização monetária que despertou esperanças, dúvidas e curiosidade.

Resumindo o plano de forma ultra simplificada, diria que sua característica é a fixação, pelo Congresso, do valor do dólar como sendo igual a um peso argentino. A essência dessa paridade repousa na garantia oferecida pelo Governo deque a qualquer momento todo cidadão pode trocar seus pesos por dólares, incutindo assim confiança na moeda nacional. Portanto, para o modelo funcionar adequadamente o país necessita dispor de um volume de reservas Internacionais proporcional ao meio circulante. Não é simples?

Pode-se contabilizar entre os êxitos do plano:

a) a inflação passou de 2.314%, em1990, para 171,1%, em 1991; 3,9%, em 1994; e 0,3%, em 1997;

b) a economia readquiriu dinamismo, alcançando elevadas taxas de crescimento;

c) a abertura econômica estimulou a modernização da estrutura produtiva;

d) o comércio exterior (exportação + importação) aumentou em 245,8% entre 1990 e1997;

e) o setor público federal passou por um ajuste, incluindo privatização, desregulamentação e reformas tributária, administrativa e da previdência.

Mas nem tudo é um mar de rosas e algumas névoas obscurecem a trajetória do modelo argentino. Por exemplo, apesar do crescimento econômico, o desemprego passou de 6,5%, em 1991, para13,7%, em 1997, tendo já atingido valor recorde de 18,6%, em 1995. O incremento de produtividade nos setores industrial e de serviços, o fechamento de empresas que não aguentaram a corrida pela competitividade e a redução de pessoal na administração pública provocaram diminuição relativa da necessidade de mão-de-obra. A esse respeito, cabe indagar até quando a sociedade vai tolerar elevadas taxas de desocupação sem reivindicar mudanças profundas na estratégia econômica.

Diretamente vinculado ao desemprego, manifesta-se um processo de concentração de renda e aumento da pobreza. Dados para a Região Metropolitana de Buenos Aires revelam que em 1991 os 20% mais pobres da população obtinham 7,4% da renda regional total, caindo esta participação para 6,7% em 1997. Os 20% mais ricos detinham 43,9% da renda em 1991 e 44,2% em 1997. Por outro lado, o número de pessoas classificadas como pobres diminuiu durante os primeiros anos do plano mas subiu de 16,9%, em outubro de 1993, para 26,4%, em maio de 1997.

Outra fonte de inquietação é o déficit das contas públicas. No caso da Argentina, não há como ser tolerante com o tema, pois o equilíbrio fiscal é um dos princípios básicos do plano. O Governo vem tentando reduzir gastos e aumentar receita, mas até agora os resultados foram insuficientes. Tudo indica que as maiores chances residem em elevar a arrecadação, seja mediante outra reforma tributária, seja via combate à sonegação. Mesmo porque, a pressão tributária (relação entre valor dos impostos arrecadados e PIB) na Argentina é inferior à de países com perfil econômico similar ao seu, tais como Brasil e Chile, o que indica a existência de um espaço a ser explorado na área fiscal.

O esforço por maior arrecadação de impostos requer que se decifre o seguinte enigma: qual é o nível de pressão tributária passível de ser atingido sem comprometimento da competitividade dos produtos argentinos? Este é um aspecto relevante em termos do plano, dado que, sob um cenário de taxa de câmbio fixa e defasada, o Governo vem diminuindo a incidência Impositiva sobre empresas como forma de reduzir custo de produção e promover a capacidade de competir.

O balanço de pagamentos também representa fator de risco ao plano, dada à equivalência entre moeda nacional em circulação e reservas internacionais. Exibir contas externas que preservem as reservas constitui condição decisiva. Essa condição vem sendo atendida em decorrência do superávit na conta de capital, que compensa o saldo negativo em conta corrente. Trata-se, portanto, de um equilíbrio delicado, altamente dependente do fluxo de capitais externos e ameaçado pelos déficits na balança comercial, cujo valor em 1997 chegou a US$ 5,8 bilhões, fruto do incremento de 6% nas exportações e 27% nas importações.

Mas a questão mais intrigante é como e quando a paridade entre o peso e o dólar será rompida. Embora nos últimos dois anos a defasagem cambial não tenha se agravado, perdura a sobrevalorização da moeda nacional gerada nos primeiros anos do congelamento da taxa de câmbio. O Governo nega a possibilidade de desvalorizar o peso e a oposição não inclui essa medida em seu programa. Porém, para um observador estrangeiro torna-se difícil imaginar a eternização de uma taxa de câmbio defasada, assim como prever a forma de efetuar o descongelamento sem causar pânico.

* * *

CUBA: ALGO COMEÇA A MUDAR

Jornal do Brasil – 16/11/1999

Defina há 40 anos, sob o clima da guerra fria, a política dos Estados Unidos com respeito a Cuba é de uma incoerência assombrosa. O aspecto mais anacrônico dessa política é o bloqueio econômico e diplomático imposto pouco depois de Fidel Castro tomar o poder, em 1959. Intensificado em 1992 e 1996, esse ato figura entre as mais severas sanções unilaterais praticadas pelos americanos. Nada justifica e eternização de Fidel no poder sem o voto popular. Porém, existe um grande equívoco no método adotado pelos EUA para tentar influir no destino do pequeno vizinho.

Mais opressivo do que o próprio regime de Fidel, o embargo vem contribuindo para perpetuar o sistema de governo que os EUA querem mudar. Se Cuba fosse acessível aos empresários americanos e parte da comunidade pan-americana, sua abertura política seria mais fácil.

O principal argumento usado por Washington para explicar sua atitude é que a Ilha está subjugada a um regime comunista, autoritário e infrator dos direitos humanos. Nesse caso, como justificar o namoro com a China? Esse é um dos aspectos mais intrigantes da questão: em julho, a Congresso americano aprovou proposta do executivo para continuar mantendo laços comerciais privilegiadas com a China, rejeitando pedidos de membros dos partidos Democrata e Republicano para punir Pequim economicamente por violações dos direitos humanos e pelo recente escândalo referente à provável rede de espionagem chinesa.

Em 1994, Clinton suspendeu o embargo comercial ao Vietnam e no ano seguinte foram restabelecidas as relações diplomáticas. A Câmara de

Deputados aprovou em 3 de agosto último, a prorrogação dos vínculos comerciais com o Vietnam, além de os dois países estarem negociando um acordo econômico mais amplo, a ser submetido ao Congresso ainda em 1999. Se Washington dialoga com um país comunista contra o qual se envolveu em dolorosa guerra, por que não com Cuba?

Outra evidência desse contraste de comportamento: em abril a Casa Branca anunciou o fim de proibições à venda de alimentos e remédios a países alvos de sanções, como Líbia e Irã cujos governos são considerados inimigos satânicos dos EUA e acusados de financeira o terrorismo internacional. Cuba não foi incluída entre os contemplados.

Apesar do absurdo de tal situação, os governos latino-americanos, inclusive o Brasil exibem uma omissão olímpica, abstendo-se de intermediar um solução para o conflito e calando ante a exclusão de Cuba da OEA e das fontes multilaterais de financiamento do desenvolvimento. O máximo que ousam é manter tíbias relações diplomáticas e comerciais com a Ilha e, nas reuniões da OEA, sussurrar resmungos contra o bloqueio. Enquanto a América Latina silencia, parcelas esclarecidas da sociedade americana movimentam-se pela reconciliação. Embora poucas, já há manifestações de empresários, políticos e intelectuais.

Mas alguns sinais sugerem início de mudança. Organizadores americanos de feiras tentavam, há três anos, montar em Cuba uma exibição de produtos de saúde mas Washington impedia. Em maio o pleito foi aprovado e 5 mil fornecedores dos Estados Unidos foram convidados a participar do evento, programado para janeiro próximo. Sobre esses produtos pesa um embargo de grau um pouco inferior.

Há pouco, centenas de empresários americanos e líderes civis visitaram a Ilha, com representantes da Câmara de Comércio do EUA e da Federação de Produtores Rurais. O presidente da Federação Rural acha que as vendas agrícolas irão a 500 milhões de dólares anuais logo que embargo for suspenso, e a longo prazo superarão os 2 bilhões. Os setores farmacêutico, hoteleiro e de diversões também desejam atuar.

A cidade de Baltimore estabeleceu um ponte aérea de intercâmbio, levando a Havana, este ano, dezenas de funcionários municipais e pessoas ligadas a assistência médica, esporte, religião, educação e arte. Tramitam no Congresso, ainda com poucas chances de aprovação, dois projetos de lei propondo suspender as sanções a alimentos e remédios. No início de 1999 o governo no facilitou a concessão de licença para americanos visitarem Cuba e houve forte aumento no número de solicitantes. E o Departamento de Estado facilitou as visitas de cubanos aos EUA.

Apesar desses acontecimentos, continua remota a viabilidade de um reatamento completo. Entre os que ainda precisam ser convencidos encontra-se o poderoso presidente da Comissão de Relações Exteriores do Senado, Jesse Helms, autor de intransigentes medidas contra Cuba (mas aprovou a suspensão de restrições a Irã e Líbia). Atitudes assim condenam o povo cubano a um padrão de vida muito inferior ao que poderia desfrutar se o país participasse da comunidade hemisférica, além de retardar o processo de democratização.

* * *

A PROPÓSITO DO MERCOSUL

O Globo – 08/06/2001.   *ABC – 22/07/2001.*
BAE – 15 e 21/06/2001.   *La Tercera – 24/05/2002*

Em decorrência da forma como foi implantado, o Mercosul inevitavelmente tornaria-se alvo dos questionamentos que sofre no momento. Isto porque a ênfase do processo de integração recaiu sobre o incremento das relações comerciais entre os próprios países membros, quando, na realidade, o objetivo deveria ter sido o de capacitar esse bloco de Nações a melhor competir nos mercados europeu, norte-americano e asiático.

Como nunca houve uma clara percepção desse objetivo, chegou-se agora a um esmorecimento do processo e, inclusive, a um clima propício a conflitos internos. Maximizar o intercâmbio comercial entre os vizinhos é bom, mas não o suficiente para gerar uma dimensão mais ambiciosa de benefícios para a região.

O Mercosul seria mais sustentável e imune a controvérsias se atuasse como instrumento para elevar o grau de abertura externa desse conjunto de países, sob o ângulo da relação exportação/PIB. A maior vantagem da existência do Mercosul seria a indução à melhoria radical da competitividade de todos os participantes, viabilizando assim um expressivo avanço das exportações extra-zona que, por sua vez, contribuiria para os países sócios alcançarem um nível de investimento superior ao efetivamente registrado na década de 90.

Ademais, sob a perspectiva do desenvolvimento regional, essa ampliação do investimento deveria beneficiar proporcionalmente mais o Paraguai, "primo pobre" da família, e o Uruguai, portador de uma estagnação quase histórica.

Entre os biênios 1989-90 e 1998-99, houve um forte aumento nas exportações de cada integrante do Mercosul para os demais parceiros: Argentina 406%, Brasil 479%, Paraguai 9% e Uruguai 127%. Contudo, apesar de relevantes, as taxas de crescimento das exportações totais de cada país são bastante inferiores: Argentina 127,0%, Brasil 50,7%, Paraguai -10,8% e Uruguai 51,1%.

Isto significa que o salto no valor das vendas na esfera do Mercosul foi superior ao do colocado no resto do mundo, fato perfeitamente natural. O lamentável é a elevada magnitude dessa superioridade, que redundou no fiasco em expandir o grau de abertura externa desses países, conforme evidencia a medíocre performance da relação exportação/PIB, entre 1990 e 1999: passou de 9,8% a 8,5%, na Argentina; de 6,4% a 8,3%, no Brasil; de 39,8% a 29,0%, no Paraguai; e de 11,0% a 11,2%, no Uruguai. Convém aclarar que os dados sobre Paraguai são distorcidos pela alta incidência de atividades informais.

Qual seria a alternativa para evitar os inconvenientes apontados anteriormente? Em primeiro lugar, os acordos necessitariam definir uma política industrial integrada, pela qual os investimentos conduzissem a unidades fabris de grande escala e, portanto, maior competitividade. Isto se daria através de:

a) distribuição entre os quatro países das unidades produtoras de componentes industriais, as quais supririam as empresas montadoras dos bens finais.

b) estímulo à elaboração de um determinado bem no país que desfrutasse de maior vocação, desencentivando os demais a produzi-lo.

Além de fomentar a produtividade, diretrizes desse gênero ampliariam as oportunidades de investimento nos países menores, Paraguai e Uruguai, que receberiam indústrias de componentes e teriam suas vocações mais bem aproveitadas. A implementação desse tipo de política não é simples pois depende de decisões empresariais, mas a experiência europeia demonstra que é possível.

Em segundo lugar, a estratégia alternativa de implantação do Mercosul contemplaria a efetivação de reformas do Estado nos países sócios, com a finalidade de diminuir suas diferenças institucionais, facilitando a execução de políticas integradas como a mencionada no parágrafo anterior. A profunda discrepância na disponibilidade de instrumentos de políticas públicas impede a participação equitativa de cada país no processo de integração regional.

Nesse aspecto, o Brasil encontra-se em posição privilegiada, dispondo do marco institucional mais sofisticado da área. Por exemplo, nenhum dos seus parceiros possui um organismo com a capacidade do BNDES de apoiar investimentos. Portanto, sabendo que não encontrará no Paraguai, Uruguai e Argentina algo comparável ao BNDES, o investidor relutará em aderir ao empenho de melhor distribuir os investimentos entre os quatro países.

Este artigo não deve ser interpretado como contestador do Mercosul. Pelo contrário, o acordo é a melhor opção para esse grupo inserir-se de maneira mais competitiva no comércio mundial. Porém, isso somente será factível se ocorrerem mudanças de rumo que incluam uma nova política regional de investimento.

* * *

EQUIDADE SOCIAL E RISCO PAÍS

O Globo – 19/10/2001.   *ABC – 21/09/2001*
BAE – 19/09/2001.   *La Tercera – 09/07/2002 (versão reeditada)*

É compreensível a ênfase que os governos de grande parte dos países da América Latina, como Argentina e Brasil, dedicam aos impopulares ajustes fiscais e à estabilidade monetária, pois:

a) sem o combate ao déficit público a economia seria sufocada pela volta da inflação e por níveis astronômicos de endividamento;

b) o desequilíbrio nas contas governamentais reduz a capacidade de executar política de desenvolvimento econômico e social;

c) a persistência do déficit assusta os investidores externos e internos;

d) o esforço saneador deveria ter começado há muito tempo atrás.

No entanto, após haver dedicado prioridade quase absoluta ao equilíbrio fiscal e monetário, com resultados nem sempre reconfortantes, chegou o momento de ampliar a ênfase na atenuação dos desequilíbrios sociais.

No caso do Brasil, após tantos anos de vigência do Real, continuar adiando o destaque à redistribuição de renda levanta suspeitas quanto à solidez do presente quadro de estabilidade e à consistência da política fiscal: será que não resistiriam a iniciativas destinadas a diminuir o contraste entre os padrões de vida da população? Também seria legítimo indagar se a acentuação da inequidade social é consequência inevitável de austeridade fiscal e monetária.

Embora a batalha por finanças públicas equilibradas devesse onerar mais os estratos superiores de renda, a incidência sobre os inferiores vem sendo mais intensa, através de: contenção salarial, desemprego, cortes nos programas sociais e tributos elevados sobre a remuneração ao trabalho. Enquanto isso, as classes de renda superior dedicam-se com afinco à sonegação tributária. Dessa forma, o saneamento fiscal torna-se socialmente injusto e mais propenso a ser recessivo.

Nas décadas de 50, 60 e 70 era moda afirmar que primeiro os países Latino-americanos necessitavam aumentar o PIB, para depois pensar em redistribuir renda. Agora o discurso consiste em "primeiro superar o déficit público e sepultar a inflação, para depois então pensar em desconcentrar renda". A ninguém ocorre encarar a equidade como aliado do equilíbrio fiscal e monetário.

O contraste social profundo representa uma fonte de instabilidade tão ou mais significativa quanto a inflação, ameaçando os interesses dos investidores tanto quanto o *default* da dívida pública ou uma crise do sistema financeiro. A diferença é que os dois últimos eventos criam um pânico agudo, enquanto a inequidade atua de forma endêmica, conspirando contra o futuro de uma nação. Portanto, também constitui fator impactante do chamado risco país.

Negligenciar esse tema equivale a um tipo de conduta que a história não costuma perdoar. Poucas são as lideranças políticas e empresariais conscientes de que as classes desfavorecidas podem assumir alguma modalidade de revolta, não para implantar o socialismo, mas sim para participar adequadamente do capitalismo.

* * *

UM PARCEIRO VOLÚVEL

Jornal do Brasil – 01/04/2002.   ABC - .../05/2002.   BAE - .../04/2003

Gostemos ou não, as chances de a América Latina retomar elevadas taxas de crescimento econômico encontram-se em grande parte vinculadas a duas variáveis externas: o capital estrangeiro e a demanda por nossas exportações. Em outras palavras, a probabilidade de elevar o padrão de vida do povo latino-americano depende do quanto logremos ser atraentes ao investidor e ao comprador residentes nos Estados Unidos, na Europa e na Ásia.

Isso não significa que a elevada receptividade aos nossos encantos seja uma garantia de desenvolvimento intenso, mas sim que o desinteresse dos *gringos* representa a certeza de maus tempos.

Vejamos o caso do investimento externo direto (IED), definido como o capital estrangeiro direcionado às atividades produtivas e não às aplicações financeiras. De acordo com dados da CEPAL, o volume mundial de IED se expandiu de maneira espetacular durante a década de 90, chegando em 2000 a cerca de US$1,1 trilhão, valor 14% superior ao de 1999. Porém, desde a segunda metade dos anos 90 esses recursos se dirigiram preferencialmente às nações desenvolvidas, as quais em 2000 receberam 82% do IED, Estados Unidos e Alemanha as mais contempladas.

No caso dos países em desenvolvimento, em 2000 foram captados US$190 bilhões, montante quase igual ao do ano anterior. Entre 1995 e 2000, houve significativo encolhimento em sua participação no fluxo mundial. Durante a década de 90, o montante destinado aos latino-americanos exibiu um aumento relevante, embora esse fato não tenha evitado a queda na fatia da região dentro do total internacional, que passou de 11%, no período 1995-99, para 6%, em 2000. Isto é, a América Latina beneficiou-se de maneira insatisfatória do dinamismo mundial verificado nesse gênero de transação .

Com respeito aos membros do Mercosul, é remarcável o fato de que a média anual de IED mais do que dobrou entre os períodos 1984-1989 e 1997-2000. Argentina e Brasil estão entre os quatro países em desenvolvimento, de todo o planeta, que mais receberam IED durante 1994-99. Esse desempenho decorre da atração exercida pelo Mercosul como área de respeitável mercado consumidor.

O agravamento da crise na Argentina provocou drástica queda em sua classificação como alvo do IED e, em 2000, quase 60% do canalizado para a América Latina concentraram-se no Brasil e no México. Por cinco anos consecutivos o Brasil mantém a posição de destino preferido do investidor estrangeiro na região.

Observando as cifras referentes à América Latina nos anos 90, chegamos a conclusões contraditórias. De um lado, é evidente o papel fundamental do IED no financiamento de balanças de pagamentos da região, na viabilização dos programas de privatização, no avanço tecnológico e em algum incremento na capacidade de produção, assim como no melhor acesso ao comércio internacional, principalmente no caso da América Central, do Caribe e do México. Mas, por outro lado, o saldo em termos de desenvolvimento nem sempre foi brilhante. No âmbito do Mercosul, por exemplo:

a) o avanço das exportações foi modesto, pois a motivação prioritária do investidor estrangeiro vem sendo o mercado delimitado pelo acordo de integração;

b) o IED repercutiu pouco no aumento da capacidade instalada de produção, visto que se entusiasmou mais pelas operações de privatização e de compra de empresas privadas já existentes.

Desde o início de 2000 percebe-se uma clara mudança no humor dos investidores estrangeiros em relação à América Latina, registrando-se uma tendência de declínio no IED que, na melhor das hipóteses, durará até 2002. Esse cenário reflete o aumento da aversão ao risco por parte do investidor, em face de acontecimentos como:

a) as crises na Argentina e na Turquia;

b) o débil crescimento exibido pela América Latina nos últimos anos, assim como suas dificuldades fiscais e cambiais;

c) a desaceleração na atividade econômica dos desenvolvidos;

d) e, mais recentemente, os ataques terroristas aos Estados Unidos.

Cortejado em todos os rincões, o investidor estrangeiro é um parceiro de comportamento volúvel que, ao menor sinal de perigo, foge da raia em busca de terras mais aprazíveis. Apesar da probabilidade de, a partir de 2003, o IED voltar a níveis satisfatórios em solo latino-americano, hoje o panorama é de incerteza.

Não há como negar a transcendência do IED durante a década passada, assim como a realidade de que sem ele nossa situação estaria pior. Mas isso não basta como contribuição ao alcance das taxas de crescimento de que necessitamos. A América Latina tem a seu favor o fato de ainda dispor de amplas oportunidades de investimento, com taxas de retorno que costumam ser superiores às dos países ricos. Mas precisará mobilizar o máximo do seu potencial de sedução para ampliar sua parcela no IED que circula pelo mundo.

* * *

BID: CONSIDERAÇÕES SOBRE MUDANÇAS DE RUMO

Valor Econômico – 09/10/2006.   ABC – 29/10/2006

Desde que foram criados, o Banco Mundial (BM) e o Banco Interamericano de Desenvolvimento (BID) vêm batalhando com afinco pelo desenvolvimento da América Latina e Caribe (ALC). Mas isso não significa que estejam imunes a radicais mudanças de rumo. E este é o momento oportuno ao redirecionamento dessas instituições, tendo em vista seus próprios êxitos passados e a evolução histórica da ALC.

Uma das indagações a serem respondidas durante eventual delineamento de uma nova política é: BM e BID contribuíram para diminuir a diferença entre o nível de vida dos países mais bem posicionados (tais como Brasil, Argentina e México) e o dos mais débeis (tais como Haiti, Honduras e Bolívia)? Em outras palavras: BM e BID proporcionaram oportunidades transcendentais ao desenvolvimento dos menos favorecidos?

A resposta completa a essa indagação requer amplo esforço de pesquisa, incompatível com o espaço de um artigo como este. Porém, alguns indicadores indiretos permitem deduções representativas do que ocorreu ao longo das duas últimas décadas. Por outro lado, a atual realidade latino-americana, por si só, também oferece ingredientes suficientes para sugerir novos caminhos a ambos os bancos. Neste artigo abordo apenas o caso do BID, deixando o Banco Mundial para um próximo.

Como método de análise, convencionei dividir os países da região em dois grupos: o grupo A inclui Argentina, Brasil, Chile, Colômbia, México e Venezuela, cujas economias exibem maiores níveis de evolução. Do grupo B constam os demais países da ALC que, em média, possuem estrutura produtiva de menor dimensão e/ou complexidade.

Observando o período 1986 - 2005, percebe-se que, em termos de desembolsos, o BID dedicou-se proporcionalmente mais ao grupo B. Isto é, apesar do PIB desse conjunto de países ter representado apenas 12,3% do gerado pela ALC como um todo, os recursos a ele canalizados absorveram 36,0% do total efetuado pelo banco. Em princípio, trata-se de uma política louvável. Mas os resultados dessa dedicação foram decepcionantes.

Seria de esperar-se que tal favorecimento induzisse a um crescimento mais intenso dos países menos privilegiados. Em outras palavras, que houvesse uma redução na distância entre os níveis de renda de ambos os grupos. Os números, no entanto, indicam um panorama diferente. Comparando os quinquênios 1986-1990 e 2001-2005, constata-se que a participação do grupo B no PIB global da ALC aumentou em apenas dois pontos percentuais. O grupo A manteve sua presença em torno de 88,4%.

O fato de a maioria dos países menos favorecidos permanecer sem perspectivas de avanços expressivos revela a necessidade de o BID ousar em seus propósitos. E tal ousadia consistiria em:

a) expandir o peso de seu apoio em relação ao PIB do grupo B;

b) alterar as modalidades operacionais desse apoio;

c) redesenhar a escala de prioridades, enfatizando áreas de maior impacto sobre o desenvolvimento econômico e social.

Em termos econômicos, existe espaço para expandir o apoio financeiro ao grupo B, visto que as operações do BID representam hoje somente em torno de 0,75% do PIB dos membros desse grupo. Para não violar os limites nacionais de absorção de recursos externos, a composição das modalidades de apoio seria modificada, visando contornar a baixa capacidade desses países em aportar contrapartida aos financiamentos e amortizar a dívida. Conclusão: o único meio de contribuir para a melhoria do destino do grupo B é aumentando a oferta de recursos não reembolsáveis.

Sim, refiro-me à pura e simples doação de dinheiro, vinculada a programas e projetos específicos e conjugada a um rigoroso sistema de acompanhamento de gastos. Para não abalar as finanças do BID, essa atitude requer adaptações em suas fontes de recursos e, talvez, nos juros cobrados ao grupo A. Ademais, essa política teria sua eficácia fortalecida caso fosse integrada à de outras agências internacionais atuantes na área, principalmente Banco Mundial e União Européia.

No tocante à definição de novas prioridades para o grupo B, o foco inicial seria a reforma do Estado e atendimento às manifestações agudas de pobreza. Reformar o Estado constitui pré-requisito imprescindível ao incremento do talento para conceber e gerenciar políticas públicas, programas e projetos. Sem a modernização do aparato estatal, é inútil ampliar o apoio externo.

Quanto às demais prioridades, a receita é conhecida: educação, saúde, infraestrutura, pequenos e médios empreendimentos privados, integração comercial internacional, projetos privados de grande porte voltados à exportação, meio ambiente e treinamento intensivo de mão de obra. Tratar-se-ia apenas de reescalonar ênfases.

Evidentemente, diminuiria o atendimento ao grupo A, mas em proporção indolor. O peso dos desembolsos do banco, em 2001-2005, alcançou apenas uns 0,26% do PIB desse conjunto. Um pequeno decréscimo relativo no apoio do BID poderia ser fartamente compensado pelos recursos provenientes do combate à corrupção e à irresponsabilidade fiscal, assim como pela melhor captação de poupança interna. Por outro lado, o grupo A desfruta de maior acesso ao mercado financeiro internacional.

Para ampliar a dedicação de sua equipe às nações menos favorecidas, o BID atuaria no grupo A através de agentes financeiros públicos e privados, o que permitiria reduzir a ocupação de seus técnicos com os países deste grupo. No Brasil, por exemplo, grande proporção dos empréstimos já é implementada por intermédio do BNDES.

Não existe uma garantia de que o resultado de tais mudanças será compensador, nem tampouco de quando será perceptível. Mas, em vista da história recente da América Latina e Caribe, haverá outra alternativa mais atraente?

*   *   *

CHORAMOS POR TI, ARGENTINA

Valor Econômico – 09/10/2008

Em 03/04/98 publiquei no O Globo o artigo "Não chores por ti, Argentina". Esse título refletia meu otimismo ante as chances de nosso vizinho superar a crise econômica na qual se debatia em decorrência da exaustão do Plano de Conversibilidade, implantado em 1991.

Em meus cinco anos como economista para a Argentina, no BID, travei conhecimento íntimo com o país e confiava em sua capacidade de acertar seu passo. Posteriormente, ao final de 2001, acreditei que a própria crise eclodida com a derrocada da Conversibilidade engendraria o caminho da recuperação. E, a princípio, parecia que os acontecimentos evoluíam nesse sentido, visto que a taxa de crescimento do PIB disparou em 2003.

Eis, contudo, que a Argentina encontra-se novamente emaranhada em impasses e deslizes de políticas públicas, ante os quais não há como manter o otimismo. Já me conformei com a perspectiva de que tão cedo o país não logrará inverter o declínio histórico iniciado em meados do século passado, entrecortado por parcos intervalos de elevado crescimento.

As crises que vêm ocorrendo há várias décadas não consistem em ciclos que normalmente afligem qualquer país. Tratam-se, na verdade, de demonstrações de uma vocação crônica para o auto flagelo, manifestada após o fim dos velhos tempos de glória, quando a Argentina figurava entre as nações mais ricas do planeta.

Os dois episódios mais recentes de crescimento revelaram-se de curto fôlego. Em 1991 – 1998, resultou do alívio experimentado pelos argentinos com o fim da hiperinflação, proporcionado pela Conversibilidade. Sentindo-se mais confiante com a estabilidade monetária, a população ampliou radicalmente seu consumo, permitindo o uso da capacidade ociosa presente no sistema produtivo. Em seguida, vieram os dramáticos anos de 1999, 2000, 2001 e 2002, quando o PIB sofreu variações de -3,4%, -0,8%, -4,4% e -10,9%, respectivamente.

Em 2003, iniciou-se novo surto de crescimento tão logo a população curou-se da ressaca provocada pelo desmoronamento do Plano de Conversibilidade. O aumento anual do PIB em 2003 – 2007 situou-se entre 8,7% e 9,2%. Dessa vez, as elevadas taxas de expansão foram alavancadas pelas exportações e, novamente, pelo consumo doméstico. Mas em 2008 uma onda de pessimismo passou a assombrar a sociedade argentina e os observadores internacionais.

A análise rigorosa do que vem acontecendo é prejudicada pelas suspeitas que hoje rondam o INDEC (Instituto Nacional de Estatísticas e Censo). Em seu informe "Panorama Econômico Mundial", o FMI menciona que a inflação oficial baixou em 2007, mas adverte que a maioria dos analistas do setor privado estima taxa muito superior. O Banco Mundial omitiu a Argentina em alguns itens de sua última avaliação sobre a América Latina, por preferir não usar os dados do INDEC. A falta de credibilidade das informações afeta também as decisões do empresariado nacional e estrangeiro.

Apesar da anarquia estatística, existe consenso entre os analistas a respeito de um conjunto de evidências óbvias:

a) desaceleração da economia;

b) aumento da inflação;

a) declínio no padrão de vida das classes média e baixa;

b) deterioração das contas públicas;

c) preocupante dívida pública, hoje representando 55% do PIB;

d) persistente falta de confiança dos investidores privados nacionais e externos;

e) vulnerabilidade do setor financeiro, inclusive como resultado da relutância dos depositantes em manter elevados saldos bancários, devido ao temor de novo bloqueio de contas;

f) prática destorcida de subsídios e controle de preços;

g) discurso estatizante do casal Kirchner.

Outra fonte de inquietação é o prolongado atrito entre o governo e o setor agropecuário, motivado pela pretensão da Casa Branca de aumentar os impostos sobre exportações de cereais, pelas restrições às vendas ao exterior de carne e pelo controle de preços internos de alguns alimentos. Em um país onde os produtos de origem rural ocupam a maior parte das exportações, não é nada confortável a persistência de um confronto dessa natureza.

Para complicar ainda mais a situação, o campo padece da pior seca dos últimos vinte anos e algumas zonas apresentam os registros de chuva mais baixos em 45 anos, segundo o Serviço Nacional de Meteorologia. Diminuição de safra, declínio na área semeada e perda de cabeças de gado vêm gerando prejuízos aos produtores e implicam em efeitos que se estenderão aos próximos anos. Informe da Bolsa de Cereais de Buenos Aires, divulgado em agosto de 2008, indica que a atual superfície cultivada de trigo é a mais baixa dos últimos 34 anos. Essa diminuição resulta, em grande parte, da seca e das intervenções do governo no mercado de cereais.

Também preocupam as dúvidas que pairam sobre as possibilidades de captação de recursos para atender às necessidades de financiamento do governo. Escaldadas com o *défaut* de 2001 e céticas ante os rumos da economia argentina, as fontes internas e externas de recursos mostram-se hesitantes. A alternativa de recorrer às reservas do Banco Central, avaliadas em US$50 bilhões (cifra de 31/03/08), acentuaria ainda mais as incertezas sobre o futuro do país, a não ser que fosse acompanhada de iniciativas eficazes que reconquistassem a confiança do mercado.

O cenário argentino torna-se mais sombrio ainda ao constatar-se a inabilidade da classe política em formular e executar medidas indispensáveis ao alcance de duradouro desenvolvimento econômico e social. Submetida a uma mentalidade político – partidária burlesca e a governantes incapazes de transpor a fronteira da mediocridade e da corrupção, a Argentina corre o risco de ingressar em processo irreversível de subdesenvolvimento.

* * *

BLOQUEIO ABSURDO

O Globo – 09/03/2011

Nos primeiros dias deste ano o governo americano anunciou medidas destinadas a facilitar viagens e remessas de dinheiro a Cuba. Trata-se de um passo ao mesmo tempo tímido e ousado em direção à normalização das relações com a ilha. Tímido porque limitou-se a mudanças de reduzida magnitude. Ousado porque desafia poderoso lobby contrário a qualquer abrandamento na postura vis-à-vis Cuba de Fidel Castro.

Definida há 50 anos, sob o clima da guerra fria, a política dos Estados Unidos com respeito a Cuba é de uma incoerência assombrosa. O aspecto mais inócuo dessa política é o bloqueio econômico e diplomático imposto há várias décadas. Nada justifica a ditadura Castro, mas o método adotado por Washington provou ser equivocado, contribuindo para perpetuar o governo que os EUA sonham derrubar.

Se Cuba estivesse aberta aos empresários americanos e mais bem integrada à comunidade panamericana, seria mais fácil induzir a abertura política e o sepultamento da esclerosada caricatura de comunismo. O argumento usado por Washington para explicar sua atitude é o fato de a ilha encontrar-se subjugada a um regime autoritário, comunista e infrator dos direitos humanos. Ora, mas então como justificar a lua de mel com a China e o Vietnã!? Esse é o aspecto mais intrigante da questão: o contraste entre a postura dos EUA ante Cuba e ante outros países também não classificáveis como democracias liberal – capitalistas.

Se Washington dialoga com o Vietnã, país comunista e autoritário contra o qual envolveu-se em dolorosa guerra, por que não com Cuba? Se o presidente da China, onde os direitos políticos e humanos são desprezados, foi recebido calorosamente nos EUA, em janeiro 2011, por que o isolamento de Cuba?

Apesar do absurdo de tal situação, os países latino-americanos exibem uma olímpica omissão, abstendo-se de intermediar uma solução ao conflito. Esse seria um excelente objetivo para o Itamaraty. Enquanto a América Latina silencia (e Hugo Chávez atiça o confronto), parcelas esclarecidas da sociedade norte-americana mobiliza-se pela reconciliação. O presidente Clinton amenizou obstáculos a viagens de americanos a Cuba e de cubanos aos EUA.

Esses sinais de abertura foram eliminados pelo governo Bush. Será que Obama terá coragem de avançar na normalização das relações entre os dois países?

* * *

OS DIFERENTES DESTINOS DA DEMOCRATIZAÇÃO

IMIL – Setembro 2012

Durante grande parte do século XX a América Latina manteve-se subjugada a dirigentes ditatoriais. Os processos de democratização começaram a concretizar-se principalmente a partir da década de 80, mudando o visual político da região. Entusiásticas esperanças afloraram, prevendo-se crescente aperfeiçoamento e consolidação institucionais. Hoje, observando a realidade latino-americana, concluímos que em vários casos tais esperanças não se justificaram. Tentando agrupar os países conforme o tipo de trajetória que percorreram após o fim das respectivas ditaduras, consegui identificar quatro conjuntos.

O primeiro é composto pelos hoje governados por presidentes escolhidos pela via eleitoral, mas que arremataram poderes não condizentes com o sistema democrático. Caracterizam-se por constranger seus opositores, sonhar em perpetuar-se no poder e manipular de forma abusiva os instrumentos constitucionais, inclusive modificando-os quando lhes convém. Quais fatores viabilizaram a produção desse gênero de liderança?

Não restam dúvidas de que o fator mais importante foi o deplorável desempenho do precedente *establishment* no comando dos respectivos países após a democratização. A desilusão provocada pela incapacidade da classe política tradicional de promover desenvolvimento econômico e equidade social e de demonstrar probidade no exercício do poder, provocou o declínio da fidelidade do povo à liberdade conquistada.

Como consequência desse desencantamento, deu-se o surgimento do espaço propenso à ascensão de lideranças populistas, despreocupadas com a integridade democrática e com a eficácia das políticas públicas. Hugo Chávez foi pioneiro na percepção desse espaço, servindo de inspiração à Bolívia, Equador e Nicarágua.
O segundo conjunto de países é formado por aqueles onde o processo de democratização não amadureceu. Isto é, onde a debilidade das instituições e das organizações político-partidárias resulta em Estados desprovidos de instrumentos apropriados ao exercício do poder. Os exemplos mais marcantes são o Paraguai e alguns integrantes da América Central e Caribe.

Argentina e Brasil justificam a identificação do terceiro conjunto. Ambos possuem amadurecidas estruturas institucionais e seus regimes políticos não se assemelham ao do primeiro conjunto. No entanto, o comportamento de alguns de seus presidentes, e políticos em geral, conflita com a ética democrática. Tanto na Casa Rosada, quando ocupada por peronistas, quanto no Palácio do Planalto durante o período Lula, a fronteira da legalidade sofre e sofreu arranhões, sob o respaldado da maioria disponível no congresso. Nos dois casos a máquina estatal é compulsivamente manobrada em prol dos interesses situacionistas, e o grau de conivência com a corrupção é elevado.

No quarto conjunto incluem-se os países onde a redemocratização atingiu bons índices de êxito. Chile e Uruguai lideram esse grupo, do qual também fazem parte Peru e Colômbia em diferentes níveis de adesão.

Evidentemente, essa tentativa de classificação é simplificadora, mas pode servir como roteiro para acompanhar a trajetória política das nações em foco. Em nenhum dos quatro conjuntos seria correto enquadrar Cuba e México, cujas peculiaridades demandam analises específicas.

* * *

REPENSANDO O MERCOSUL

Valor Econômico - 10/06/2016

Consta que o atual governo possui visão crítica a respeito do desempenho do Mercosul. Desconheço o teor de suas discordâncias mas gostaria de reafirmar as restrições que há muitos anos venho manifestando ante a trajetória desse acordo de integração o qual, alias, vem perdendo fôlego.

O Mercosul só é compensatório se atuar como instrumento do desenvolvimento econômico da Argentina, Brasil, Paraguai e Uruguai. Nesse sentido, a forma apropriada de avaliar o desempenho do acordo consiste em medir o quanto contribui para impulsionar as taxas de crescimento do PIB dos países membros.

Firmado em 1991, o Tratado de Assunção forjou o Mercosul à imagem de uma zona de livre comércio e união aduaneira, destinada a culminar como mercado comum que favorecesse a inserção competitiva na economia global. Porém, ao efetuarmos um balanço do que ocorreu ao longo dos anos, percebe-se que o realizado concentrou-se apenas no objetivo de instituir livre comércio e união aduaneira. A motivação preponderante limitou-se ao incremento do comércio entre os parceiros. Argentina, Brasil, Paraguai e Uruguai não conduziram o Mercosul como mecanismo para elevar a competitividade do bloco vis à vis o resto do mundo e expandir suas exportações totais, sobre tudo aos Estados Unidos, Europa e Ásia.

Durante os anos 90 houve aumento espetacular no intercâmbio entre os países membros do Mercosul (PMM), principalmente Argentina e Brasil, alcançando-se patamar consolidado nos anos seguintes. Contudo, esse dinamismo não resultou em aumento relevante no coeficiente exportação total/PIB do bloco. Isto é, a inserção competitiva na economia global, sobre tudo mediante exportação de manufaturas, foi decepcionante. Em face do modesto incremento da capacidade de competir no mercado internacional, chegou-se a um ponto de estagnação no Mercosul resultante do esgotamento do espaço para expandir as transações entre os PMM. A relevância que atribuo ao aumento do coeficiente de exportação não significa menosprezo ao mercado doméstico. Evidentemente, a ampliação do consumo interno constitui premissa básica ao desenvolvimento econômico provido de maior consistência e equidade social.

O impacto do Mercosul como promotor de prosperidade somente será consumado se ocorrerem mudanças nas áreas de política industrial, reforma do Estado e infraestrutura. Resgatar o conceito de política industrial do exílio ao qual foi banido há mais de uma década, rejuvenescendo-o sob a ótica do Mercosul, implica em implantar unidades fabris de elevada competitividade em todos os PMM. Tal enfoque requer uma estratégia regional de localização de investimentos visando a instalação, nos quatro países, de estabelecimentos industriais dotados de escala compatível com elevada produtividade. Por exemplo: um eventual conjunto de produtores de freios, localizados no Paraguai, abasteceria as montadoras de automóveis existentes na área do Mercosul e também exportaria para outras partes do mundo. Dessa forma as montadoras reduziriam a produção interna de componentes, verificando-se aumento de produtividade em toda a cadeia do segmento industrial.

Caberia atribuir nova dimensão ao esforço de promover a reforma do Estado nos PMM, com a finalidade de aprimorar a eficiência do setor público e diminuir as diferenças entre os países nesse aspecto. As debilidades institucionais e as discrepâncias no interior do bloco, com respeito à disponibilidade de instrumentos de políticas públicas, tendem a bloquear a participação equitativa de cada país no processo de integração regional e, por outro lado, conspiram contra vários propósitos do Tratado de Assunção, tais como:

a) coordenação das políticas macroeconômicas e setoriais;

b) harmonização legislativa em áreas pertinentes.

Sem reforma do Estado as iniciativas destinadas a implementar esses propósitos perdem impulso, pois cada país dispõe de uma vitalidade distinta para perseguir metas.

Na área de infraestrutura, a execução efetiva de programas integrados de investimento pelos PMM tocaram apenas superficialmente a vasta agenda de necessidades existente. Em realidade, o insuficiente número de projetos disponíveis e os problemas fiscais dos países dificultam a efetivação dos empreendimentos no setor. Os benefícios desse tipo de iniciativa sobre a integração do sistema produtivo e o nível de competitividade dos PMM são óbvios

Existem diferenças de ênfases entre os conjuntos Argentina-Brasil e Paraguai-Uruguai em termos do tipo de mudanças no comércio exterior a ser proporcionado pelo Mercosul. No primeiro conjunto de países, o essencial seria incrementar a relação exportação/PIB. Com respeito ao Paraguai e Uruguai, que exibem um grau de abertura externa superior à dos outros dois sócios, o essencial seria utilizar o Mercosul como alavanca para engendrar uma pauta de exportação o mais contrastante possível com a tradicionalmente verificada, de forma a provocar transformações no sistema produtivo, com reconversão setorial.

Em vista do cenário exposto, conclui-se que a única chance de o Mercosul funcionar como agente do desenvolvimento repousa na sua capacidade de proporcionar um choque de abertura externa, comandado pelo crescimento e diversificação das exportação.

Aprofundar os laços comerciais entre os PMM não é suficiente, por si só, para ampliar as possibilidades de desenvolvimento econômico e social da região via comércio exterior. Maximizar o intercâmbio entre vizinhos é bom e necessário, mas não deflagra um fluxo ambicioso de benefícios. Se o Mercosul houvesse induzido avanços mais expressivos da competitividade e das exportações totais, o nível de investimentos nos países do bloco teria sido superior ao registrado desde a década de 90.

3 – ESTADOS UNIDOS

LIBERAIS, SOCIAL-DEMOCRATAS E OUTROS

O GLOBO – 02/07/1995

Com a vitória do Partido Republicano nas últimas eleições para o congresso dos Estados Unidos, intensificou-se o clima ultraconservador no Capitólio. Este clima manifesta-se pelo ímpeto com que a nova maioria republicana dedica-se a implantar reformas destinadas a diminuir a presença do governo na sociedade e a caminhar em direção a um capitalismo obsessivo.

Este cenário representa o clímax de uma era iniciada por Ronald Reagan, onde o tema do encolhimento do governo passou a assumir aspecto dogmático. Isto é lamentável, pois a redefinição do estado constitui, na verdade, um dos belos e sofisticados empreendimentos deste final de século e início de novo milênio. Porém, da maneira como está sendo conduzida mais parece fruto de um preconceito obscurantista, gerando consequências nocivas tais como a concentração de renda.

Exatamente nos dois países desenvolvidos onde políticas ultraliberais foram mais ardorosamente seguidas, os Estados Unidos na era Reagan e a Inglaterra de Margaret Thatcher, as desigualdades sociais atingiram o maior grau desde 1930, fato que não ocorreu nos demais países industrializados, principalmente da Europa continental.

Segundo o "The Economist", a pobreza nos Estados Unidos aumentou em termos absolutos nas últimas duas décadas; os 10% mais pobres americanos sofreram uma redução de 11% em sua renda real entre 1973 e 1992, enquanto os 10% mais ricos desfrutaram de um aumento de 18% na renda real. Já na Inglaterra, a renda real dos 10% mais pobres aumentou, mas em ritmo bem inferior ao dos 10% mais ricos: 10% e 55% respectivamente.

Como causas dessa ampliação da desigualdade são apontados a redução de impostos cobrados dos ricos e os cortes nos gastos sociais direcionados aos pobres, verificados na década de 80, quando os governos desses países perderam entusiasmo pelas políticas redistributivistas.

Se a maioria ultraconservadora do Congresso americano conseguir impor seu programa, o futuro do país mais poderoso do mundo estará sujeito a incertezas de proporções incalculáveis, nos campos social, econômico e político. Segmentos relevantes da opinião pública americana, inclusive no Partido Democrata, tem consciência deste perigo, embora se sintam acuados e ainda não partiram para a ofensiva.

Os fatos mencionados anteriormente servem de ensinamento para nosso país. Se em nações como Estados Unidos e Inglaterra o liberalismo exacerbado teve tais efeitos sociais, imaginem o que aconteceria no Brasil! Não há dúvidas de que precisamos de um setor público diferente do atual, afastado das atividades onde o privado é inigualável. Superamos a fase na qual monopólios do petróleo, telecomunicações etc., eram encarados como símbolo de soberania e desenvolvimento.

Nossas possibilidades de crescimento serão ampliadas se o excesso de dirigismo ceder maior lugar às leis de mercado. Mas, se além de crescimento econômico desejamos também melhor distribuição de seus frutos, algo mais terá que ocorrer. É exatamente nesse "algo mais" que se localiza a diferença entre o chamado neoliberalismo e a social-democracia.

 Os neoliberais, encantados com a capacidade do mercado em maximizar a produção, ignoram sua fragilidade em promover melhor redistribuição. Os social-democratas, embora convictos em relação às qualidades do mercado, defendem ações de governo destinadas a atenuar as desigualdades sociais. Os social- democratas compreendem que a melhor maneira de redistribuir renda é livrar a economia das amarras estatizantes para, com isto, maximizar a produção nacional e, assim, ter mais o que distribuir.

Por outro lado, a esquerda retrógrada, submersa em conceitos anacrônicos ou vinculados mais ao corporativismo do que às causas populares, falam em redistribuição mas se apegam às amarras que impedem a renda de alcançar maior nível de crescimento.

O grande desafio do estado contemporâneo, em uma economia capitalista, é buscar formas de atuação redistributivista que não representem repetição de velhas receitas paternalistas. Talvez a solução seja algo fundamentado na política de investimento e no incremento da capacidade das camadas mais pobres de competir no sistema produtivo. Além, é claro, do gasto assistencial com as vítimas da miséria absoluta.

* * *

CONFLITO EM TEMPOS DE BONANÇA

O Globo – 22/07/1999

Entre 1989 e 1998 um dos principais debates políticos, nos Estados Unidos, girava em torno de como acabar com déficit público. Hoje, o assunto mais discutido é como acabar com o superávit. Através de uma estratégia engenhosa, e ajudado ela prosperidade econômica, o presidente Clinton eliminou o gigantesco desequilíbrio orçamentário, criando as condições para um superávit previsto em US$ 2,9 trilhões durante os próximos dez anos.

Esse êxito deflagrou a polêmica sobre qual deve ser a atitude da nação em face do excedente fiscal. Os partidos Democrata e Republicano concordam que, desse excedente, oUS$1,9 trilhão gerado pela Previdência Social deve ser destinado à manutenção de sua solvência no próximo século. A luta situa-se em como agir ante o remanescente US$ 1 trilhão. As duas principais opiniões são:

a) devolver o superávit ao contribuinte, mediante profunda redução de impostos;

b) efetuar moderada diminuição de impostos e utilizar o saldo positivo em programas governamentais específicos. Em defesa da primeira posição estão as tropas republicanas, enquanto Clinton e os democratas batalham pela segunda.

A proposta republicana é de uma renúncia fiscal nos próximos dez anos equivalente a US$ 864 bilhões, enquanto Clinton advoga o montante de US$ 250 bilhões. A briga está esquentando pois o Congresso começou em julho a analisar quanto do superávit projetado poderá ser devolvido aos contribuintes, durante a próxima   década. Pelos planos de Clinton, os recursos que ficariam disponíveis após moderado enxugamento tributário seriam direcionados ao incremento da eficiência na prestação de serviços públicos e às áreas de defesa, desenvolvimento tecnológico, meio ambiente e criação de emprego, assim como para o fomento de setores defasados em relação ao vigor médio da economia.

Mas acontece que o segmento mais abastado da sociedade começou a lançar olhares lascivos sobre o superávit, antevendo-o como objeto passível de satisfazer seu desejo de pagar menos impostos. Movidos por esse segmento e pelo princípio de que cada cidadão individualmente sabe usar o dinheiro melhor do que o Governo, os republicanos defendem a tese de que, se a arrecadação supera os gastos públicos, quem paga imposto tem o direito de ser reembolsado e fazer o que quiser com o dinheiro. Afinal, a essência ideológica do partido é "quanto menos Governo melhor".

Um dos cardeais da ala mais direitista do Partido Republicano, senador Trent Lott, declarou: "Clinton quer ampliar o programa de assistência médica; mas quem vai pagar a conta?" Essa preocupação é típica de quem tem verdadeira alergia à ideia de os mais ricos financiarem gastos dirigidos aos de menor renda. Para os americanos que pensam como Lott, os pobres são pobres porque não querem ou não sabem trabalhar e, portanto, os "vencedores na vida" não têm nenhum compromisso com eles.

De acordo com a Casa Branca, a proposta dos republicanos é altamente arriscada, e produziria um déficit que forçaria aperto drástico no gasto até o final da próxima década. Outro aspecto realçado pela equipe presidencial é o de que o corte de impostos sugerido pela oposição negligencia a alternativa de ampliar a canalização de recursos para amortizar a enorme dívida pública e, dessa forma, diminuir o valor dos juros pagos pelo governo federal.

Qualquer avaliação isenta de partidarismo indica a gravidade das consequências de uma insana queda de pressão tributária. Foram necessários 15 anos de aumento da carga impositiva e encolhimento de gastos para superar os déficits criados pelas reduções de impostos promovidas, em 1981, pelo presidente Reagan. Tudo isso pode desmoronar por afoitamento político.

Analistas vêm alertando para o fato de que até 2040 o número de americanos com idade igual ou acima de 65 será superior ao dobro do atual. Em consequência, a relação entre os trabalhadores pagantes e os beneficiários, no âmbito da Previdência Social e da estrutura de assistência médica, sofrerá uma queda superior a 30%, enquanto o custo do sistema, como proporção do PIB, crescerá em mais de 70%. Assim, o superávit orçamentário deve ser visto como a oportunidade de preparar o país para o desafio fiscal proveniente da evolução demográfica.

A precipitação dos republicanos revela-se mais evidente quando se leva em conta o fato de que o festejado superávit de US$ 2,9 trilhões ainda é apenas uma projeção, cujo cumprimento pode ser afetado por inúmeros fatores, tais como um menor crescimento econômico, gastos imprevistos de emergência (desastres naturais, guerras etc.) e até imperfeições nos exercícios de projeção.

Em artigo publicado no "The, Washington Post" de 12 de julho, os respeitados ex-senadores Sam Nunn, democrata, e Warren Rudman, republicano, dizem: "A essência da disciplina fiscal não é simplesmente equilibrar as contas. É também decidir sobre o que é importante o suficiente para justificar os impostos necessários ao seu financiamento, assim como assegurar-se de que essa decisão melhore o nível de vida de nossos filhos e netos."

Não restam dúvidas de que este será um dos grandes temas da campanha eleitoral de 2000, funcionando como delimitador da fronteira ideológica entre os dois principais candidatos à Presidência.

* * *

A PROPÓSITO DAS ELEIÇÕES AMERICANAS

Jornal do Brasil - 29/04/2004.   BAE – 12/05/2004.   La Tercera – 25/05/2004.

Assim como os loucos, cada povo tem sua mania. A dos americanos é reverenciar Ronald Reagan como um dos maiores presidentes dos Estados Unidos. Pois bem, em um país onde isto ocorre, não é de estranhar que George Bush tenha chance de ser reeleito.

Da mesma forma como os estragos provocados por Reagan continuam desapercebidos por grande parte da população, também um amplo contingente de americanos permanece confiante em Bush. Para um estrangeiro que observa o atual cenário econômico, social e político dos EUA, é difícil entender a não existência de um clamor popular por mudanças no comando do país.

Na área econômica, após os anos de euforia da era Clinton, constata-se um desempenho modesto, com índices desconfortáveis de desemprego. Apesar de repetidamente anunciada, a retomada de altas taxas de crescimento permanece ausente. Não chega a ser um episódio recessivo, dado que a demanda por bens de consumo mantém-se em nível satisfatório e a atividade de certos setores, como o de construção, encontra-se aquecida. No entanto, há um sutil sabor de incerteza nesse menu de aspectos positivos, proveniente de vários fatores, tais como:

1) O ritmo de atividade econômica encontra-se demasiadamente dependente do baixo nível da taxa de juros; se a conjuntura impuser sua elevação, poderá ocorrer uma resposta recessiva;

2) predomina a crença de que o desemprego não declinaria espetacularmente, na hipótese de crescimento econômico intenso. Como a política econômica vigente em nada contribui para amenizar essa percepção, vem aumentando a ansiedade entre os grupos sociais mais expostos à perda de emprego;

3) os volumoso déficit e dívida públicos não geram pressões sufocantes como nos países menos desenvolvidos. Porém, é visível a inquietação, em parte do *establishment*, quanto às consequências futuras desses focos de desequilíbrio.

Quanto ao cenário social, o fato marcante é o aumento no número de pessoas abaixo da linha de pobreza, conjugado ao processo de concentração de renda. Embora não seja fenômeno novo, agravou-se nos últimos três anos. A diminuição de impostos contemplou mais os contribuintes ricos e, por outro lado, houve cortes nos gastos públicos em programas sociais. Ademais, a desregulamentação i favoreceu grandes grupos empresariais.

No campo político, criou-se nos últimos três anos um ambiente que chega a lembrar a era do macarthismo. Evidentemente, não se trata da agressiva histeria ocorrida nos anos 50, mas sim de uma mensagem incentivada pela Casa Branca, baseada na seguinte premissa: discordar do governo é um ato impatriótico. E o mais espantoso é que o Partido Democrata deixou-se influenciar por esse conceito primário, refreando seu discurso oposicionista.

Se os democratas superarem essa inibição, a campanha eleitoral deverá ser uma das mais combativas e desaforadas da história americana. Sobressaltados com a projeção alcançada pelo provável candidato democrata, senador John Kerry, os republicanos mostram-se dispostos a jogar pesado para manter o poder.

Sinal evidente dessa disposição é a inédita antecedência com que Bush iniciou sua campanha. Tradicionalmente, um presidente candidato procura preservar-se da baixaria típica das disputas eleitorais, intensificando sua ida às ruas apenas nas fases finais do embate. Mas Bush já subiu aos palanques, antes mesmo da candidatura Kerry ser homologada pelos democratas.

Essa atitude explica-se inclusive pela tática do Partido Republicano de levar seu oponente à exaustão financeira. Isto é, como a chapa Bush-Cheney arrecadou montante recorde de recursos, dispõe de maior fôlego para aguentar uma longa batalha eleitoral.

Como condicionante *hors concours* da campanha, figura a guerra no Iraque. Esse é o ingrediente mais imprevisível do contexto eleitoral. Depende de como irá evoluir o humor do povo americano ante a morte de seus jovens em terras longínquas. Dado o rumo dos acontecimentos até agora, é surpreendente como as famílias dos combatentes não estejam promovendo passeatas de protesto em frente à Casa Branca. O impacto eleitoral do conflito depende do desenrolar do enredo protagonizado pelos EUA no Iraque. Convém não descartar a hipótese de despontar um panorama favoravel à candidatura Bush.

* * *

NOVOS POBRES DOS EUA

Jornal do Brasil – 11/11/2004

Sem sombra de dúvida, a mais genial das frases de Marx é: "Não frequento clubes que me aceitam como sócio". Essa singela e brilhante afirmação reflete não apenas a postura do seu autor, mas também a de alguns países. Por exemplo: à semelhança de Groucho Marx, os Estados Unidos sé frequentam o clube das nações abastadas, embora possuam vários atributos típicos dos sócios de agremiações mais humildes, tais como gigantesco déficit fiscal e na balança comercial, sistema eleitoral arcaico, aumento da pobreza e da concentração social da renda. Examinemos esse último atributo.

Além de exibir uma das piores estruturas de distribuição de renda entre os países desenvolvidos, os EUA vêm sofrendo, nos últimos quatros anos, de um agravamento nessa desigualdade. Mesmo considerando um período mais longo, percebe-se tendência regressiva, entrecortada por fases de evolução progressiva. Dados divulgados em agosto pelo Census Bureau demonstram que o conjunto dos 20% mais ricos da população recebeu, em 2003, fatia superior a 50% da renda total, enquanto em 1985 recebia 45%.

Nos últimos cem anos da história americana, nunca foi tão baixa a proporção da renda nacional direcionada aos 20% mais pobres, assim como nunca foi tão elevado o quinhão obtido pelos 20% no topo da pirâmide. Em 2003, pelo terceiro ano consecutivo subiu o número de americanos vivando em estado de pobreza, totalizando o equivalente a 12,5% da população, enquanto em 2000 esse percentual era de 11,3%.

Evidentemente, se o Brasil apresentasse hoje cifras semelhantes às dos EUA em 2003, estaríamos dançando de alegria. Mas, no caso do país mais opulento do mundo e de excepcional mobilidade social, é chocante constatar a acentuação da desigualdade. Uma das explicações para esse processo provém do aumento da taxa de desemprego, deflagrado pela desaceleração da economia a partir de fins de 2000.

Mas o declínio do nível de atividade não é o único responsável pela perda de postos de trabalho. Apesar da razoável reanimação da atividade econômica desde meados de 2003, não houve recuperação do nível de emprego, assim como não foi estancado o fluxo de pessoas jogadas para abaixo da linha de pobreza. Isto porque outros fatores também interferem no mercado de trabalho, tais como: estonteante avanço tecnológico e o incremento da competição global.

No caso do avanço tecnológico, a informática vem assumindo funções de complexidade crescente, permitindo liberação de mão de obra mesmo em períodos de prosperidade. No caso da competição global, além da clássica concorrência das importações, constata-se a substituição de mão de obra interna pela residente em países com menores níveis salariais. Este fenômeno ocorre tanto no setor industrial quanto no de serviços.

Outra explicação para o aumento da pobreza é a política econômica de certos presidentes. Exemplo típico é o governo Bush, empenhado em reduzir a carga tributário sobre os mais ricos e em cortar gastos sociais destinados aos pobres.

Dado o gigantesco vigor da economia, esse panorama mantem-se imperceptível a olho nu, não assume magnitude dramática aguda e nem centraliza o debate político. O elevado padrão de vida de parcela substancial da população ainda garante o predomínio do sentimento de grandeza nacional. Mas, na hipótese de persistir a deterioração dos indicadores de equidade social, brevemente esse tema arrebatará a atenção da sociedade americana.

*   *   *

O ÂNGULO HISTÓRICO DA CRISE

Aparte – Novembro 2008

Com a derrocada do comunismo na Europa Oriental, o lado capitalista do mundo arvorou-se de um triunfalismo que conduziu a formas radicais de liberalização (no teor conservador do termo) da economia, principalmente nos Estados Unidos. O fracasso dos regimes baseados nas ideias de Marx era, afinal, a melhor prova da excelência do capitalismo.

Já antes, no início dos anos 80, partindo da premissa de que o Estado é o problema e o mercado sempre engendra as melhores opções para a sociedade, enalteceram-se as modalidades mais extremadas de desregulamentação e de liberdade de movimento para os agentes econômicos privados. E desde então esse caminho parecia estar garantindo a prosperidade global perpétua. Houve até mesmo quem considerasse as políticas keynesianas definitivamente sepultadas.

Mas eis que agora chegou a vez da derrocada dessa concepção ultra conservadora de capitalismo. A crise deflagrada nos Estados Unidos revelou as debilidades, falsidades e heresias da vedete da ideologia intrínseca à extrema desregulamentação da economia: o setor financeiro.

Evidentemente, não se trata do desmoronamento do capitalismo, mas sim da desmoralização de uma corrente de pensamento que atribuía ao mercado a capacidade de cumprir certas funções a ele inacessíveis. Embora não tenha sido provocada pela escassez de regras disciplinadoras, a crise dramatizou a necessidade da existência de um bom estoque de ferramentas de controle e direcionamento do setor financeiro.

Com os acontecimentos recentes, o pêndulo da história vai deslocar-se para uma posição mais central, ainda incompatível com os princípios marxistas, mas também distante de um capitalismo frenético. Esse reposicionamento não constitui uma ameaça à lógica dos processos de privatização e de abertura comercial ocorridos em vários países, nem contesta outros avanços modernizantes na engenharia da economia de mercado. Mas produzirá um cenário onde o maior grau de regulamentação deixará de ser pecado e um setor nevrálgico como o financeiro terá que tolerar acompanhamento estatal superior ao prevalecente antes do vendaval.

Os Estados Unidos despertaram para uma nova realidade, a partir da qual o relacionamento entre o Estado e a economia jamais será como antes. E o planeta como um todo sentirá os efeitos desse reposicionamento. Daqui para frente, por um longo período de tempo, quem batalhar pela máxima desregulamentação será encarado como personagem exótico, da mesma forma como o é Hugo Chavez em decorrência de seu projeto de implantar o socialismo do século XXI.

* * *

APÓS O VENDAVAL

Valor Econômico – 20/08/2009

Quando a crise for superada, que diretrizes de politicas públicas seria plausível supor que os Estados Unidos adotarão? Vamos especular um pouco a esse respeito, sem nenhum compromisso com a viabilidade das alternativas aqui expostas.

Como primeira hipótese de diretriz, considere-se a ampliação da presença do setor industrial na economia. Algo do gênero "substituição de importações" de produtos industrializados, que não resultaria de uma onda protecionista, mas sim do aumento de competitividade. Evidentemente, com mão de obra chinesa tão barata, não convém classificar essa alternativa como de fácil implementação. Porém, seria compreensível se os EUA adotassem o mencionado caminho.

Tal processo de aumento de competitividade consistiria em impulsionar avanço tecnológico e gerencial suficiente para viabilizar maior presença nos mercados nacional e internacional. Exemplo típico de carência desse avanço: a indústria automobilística americana não se afundou em consequência de seus produtos serem mais caros do que os japoneses, coreanos e alemães. Os problemas da GM, Ford e Chrysler resultam do fato de produzirem carros que a maioria dos americanos não está interessada em comprar e nem o resto do mundo em importar. Defasadas em termos de tecnologia, gerenciamento e estratégia comercial, essas montadoras oferecem veículos de reduzida capacidade de enfrentar a concorrência.

O redesenho do setor industrial dos EUA seria compatível com um propósito várias vezes manifestado e jamais executado pelos sucessivos governos: diminuição substancial dos subsídios ao setor agrícola e aos segmentos da indústria que só sobrevivem graças a esse apoio estatal. Em outras palavras, a ampliação do espaço e da produtividade do setor industrial criaria ambiente propício ao corte de incentivos à produção de bens agrícolas e manufaturados desprovidos de condições de elevar sua competitividade. Um bom exemplo de incentivo injustificável, envolvendo agricultura e indústria, é o concedido ao etanol derivado do milho, que os americanos insistem em produzir sob a proteção de subsídios.

Dificilmente uma segunda hipótese, ações na área energética, deixará de figurar como prioritária. Uma das ideias fixas de Washington, há vários anos, é a diminuição da dependência aos supridores externos de petróleo. Nesse sentido, volumosos investimentos são realizados com objetivo de expandir a produção interna desse combustível e ampliar a participação de outras alternativas energéticas, tais como etanol e as fontes solar e eólica. Mas esses investimentos visam apenas a modificação do perfil da oferta de energia, o que representa uma forma incompleta de abordar a questão.

O decréscimo da dependência ao petróleo seria acelerada se os investimentos também contemplassem mudanças no lado da demanda de energia. Por exemplo: os EUA são um dos países desenvolvidos com pior filosofia de transporte, onde o automóvel predomina em detrimento do transporte coletivo. O modo ferroviário decaiu de forma acentuada, tanto na movimentação de carga quanto de passageiros. Ademais, a maioria das cidades não dispõe da oferta de ônibus e metrô suficiente para estimular o menor uso do automóvel. Resultado: o gasto de energia por passageiro é gigantescamente maior do que poderia ser, caso houvesse adequada rede de transporte coletivo. Portanto, sejamos otimistas e admitir que haverá um redesenho da demanda por energia.

Como terceira hipótese, é previsível que os EUA se dedicarão a equacionar seu desequilíbrio orçamentário. Com déficit e dívida públicos previstos para 2009 em 11,8% e 79,9% do PIB, respectivamente, esse é um objetivo de árduo alcance, mesmo havendo recuperação da economia. O ajuste fiscal pode também ser o estopim para reformas na máquina governamental, incrementando sua eficiência e diminuindo a dificuldade de financiamento que atinge alguns serviços públicos, tais como a previdência social.

Levando em conta o contexto político americano, não demorará muito para os núcleos de oposição reclamarem da recente estatização da economia, usada como instrumento para evitar a implosão de empresas nas áreas financeira e industrial. Tendo em vista as eleições parlamentares e de governadores estaduais, em novembro de 2010, o Partido Republicano insistirá com estardalhaço na necessidade de devolver ao setor privado a parcela do sistema produtivo abocanhada pelo Estado. Por outro lado, o desequilíbrio nas contas públicas induzirá ao consenso em prol da reprivatização. Assim, entre as iniciativas previsíveis para após, ou ao longo da superação da crise, inclui-se a retirada do Estado do capital das empresas socorridas.

A quarta hipótese fundamenta-se nos indícios de que, com a crise, a sociedade americana tornou-se mais sensível ao tema da distribuição social de renda. O presidente Obama vem enfatizando, desde a campanha eleitoral, a necessidade de amenizar-se a inequidade social. Um processo dessa natureza reduziria a vulnerabilidade da economia a crises do tipo da atual, pois as classes de menor renda dependeriam menos do crédito para consumir.

Assim como a depressão dos anos 30 proporcionou ao presidente Franklin Roosevelt a oportunidade de implementar medidas redistributivistas, Obama encontra-se diante de um cenário que torna mais factível melhorar a paisagem social do país, apesar da alergia que parte do establishment americano tem a tais intenções. Por esse motivo,

Essas quatro hipóteses mencionadas pressupõem uma presença do Estado no destino do país bem maior do que a cultura americana está habituada a tolerar. Por esse motivo, suas respectivas exequibilidades são heterogêneos e, em alguns casos, remotas.

* * *

UMA OUTRA LEITURA DA CRISE

Valor Econômico – 21/10/2009

Desde a eclosão da crise no setor financeiro dos Estados Unidos, muito já foi escrito a respeito de seus mecanismos e causas, assim como sobre seu contágio ao resto do mundo. Também abundam as análises do clima recessivo que paira sobre o planeta. No entanto, ainda existem inúmeros aspectos não adequadamente abordados pela literatura especializada internacional. Neste artigo procuro explorar um desses aspectos, que considero fundamental.

Trata-se de um ingrediente de natureza estrutural e histórica que influencia a forma assumida pelo atual momento de desassossego. Ciclos econômicos sempre existiram, cada um com características e origens diferentes. Seria incorreto atribui-los a um conjunto simplório de causas. Mas um determinado componente da realidade americana forjou cenário propício ao gênero de transtorno que ora presenciamos. Refiro-me ao processo de concentração social de renda.

Vejamos algumas manifestações da crescente desigualdade verificada nos EUA e seus vínculos com a tormenta que o aflige e a outros países.

No período 2004 – 2008 (2008: 1^0, 2^0 e 3^0 trimestres) a remuneração ao trabalho representou 45,8% do PIB, o mais baixo nível registrado desde 1929. Durante o longo intervalo compreendido entre 1929 e 1980, o espaço médio ocupado pelo salário no PIB foi de 51,5%, atingindo os montantes máximos de 53,7%, 53,6% e 53,5% em 1944, 1945 e 1970, respectivamente. O declínio sistemático da massa salarial na renda interna começou em 1981 e desde então jamais superou os 50%, cifra frequentemente suplantada entre 1929 e 1980. Isto, apesar de a proporção de empregados vis à vis a população total, entre 1980 e 2008, ter passado de 43,8% para 47,9% (fonte: Department of Commerce, Bureau of Economics Analysis).

Em paralelo a essa tendência desfavorável ao conjunto "remuneração do trabalho", constatam-se nos últimos dez anos drástico alargamento das diferenças entre os níveis salariais extremos. Isto é, os empregados localizados no topo da pirâmide vêm recebendo intensos aumentos em suas remunerações, ao contrário dos demais. Portanto, os valores referentes às camadas inferiores de assalariados sofreram, na realidade, compressão muito superior à sugerida pelas médias mencionadas no parágrafo anterior. Ademais, o salário mínimo real em vigência é o mais baixo dos últimos 50 anos.

Em conexão com esses e outros fatores, a sociedade americana vem padecendo de ampliação dos contrastes nos níveis de renda, conforme atestam estatísticas fartamente divulgadas. Segundo o estudo "United States GPN Report 2007", elaborado pela Global Policy Network (www.gpn.org), é flagrante a disparidade no crescimento da renda média real por classe social, entre 1979 e 2004:

a) No caso dos 20% mais pobres subiu em apenas 2,0%, enquanto no quintil mais alto avançou em 63,0%.

b) Nos quintis intermediários (segundo, terceiro e quarto) os incrementos de renda foram de 11,0%, 14,7% e 23,2%, respectivamente.

c) o 1% mais rico da população usufruiu o aumento de 152,9%. Todas as evidências indicam que de 2005 a 2008 essa desigualdade acentuou-se.

Em vista desse panorama, pela primeira vez na história americana a força motriz da expansão do consumo das classes média e baixa deixou de ser o aumento de suas rendas. O endividamento familiar assumiu então a condição de principal mecanismo para aquisição de bens e serviços e funcionamento do sistema produtivo. Ao longo das últimas quase três décadas, essas camadas sociais, embora submetidas a vicissitudes em suas rendas, encontravam-se expostas às atraentes vitrines de consumo e sucumbiram à tentação do endividamento exagerado. E a orgia da desregulamentação viabilizou financiamento a quem não tinha condições de assumi-lo.

De fato, dados do "Federal Reserve" e do "Pew Research Center" (Washington), revelam que o nível de endividamento das famílias americanas nunca atingiu patamares tão elevados quanto os atuais. Em 2007 representou 133,5% da renda média familiar, enquanto em 1983 pesava em 46%. No final do terceiro trimestre de 2008 houve ligeira retração, para 130,3%, explicada pela queda na oferta de crédito e temor das famílias em ampliar compras, devido à recessão.

Comparando o total da dívida familiar com o PIB, percebe-se sua crescente dimensão como condicionante da atividade econômica: no quinquênio 1983 – 1987, tal endividamento representava, em média, 53,5% do PIB, pulando para 94,4% em 2003 – 2007. Para evidenciar ainda mais o ímpeto dessa mudança, vale destacar que a cifra para 2007 chegou a 102,9%, enquanto que em nenhum dos anos das décadas de 60 e 70 superou os 50%.

Ora, uma economia de tal forma movida pelo endividamento familiar não escapa impune quando algo desfavorável ocorre entre os mutuários ou no seio das agências financeiras.

É verdade que desigualdade social e endividamento familiar não podem ser encarados como causas inevitáveis de cataclismos financeiros e recessivos. Um país cuja a renda é mal distribuída possui chances de crescer. Mas, no caso americano, esses fatores criaram um cenário propício a que eventos pontuais despertassem os demônios da crise, sobre tudo levando em conta que já em fins de 2007 surgiram sinais de esfriamento da economia.

É possível até afirmar que o aumento da desigualdade e do endividamento não redundaria obrigatoriamente em um desastre da dimensão atual, se:

a) a desregulamentação não houvesse conduzido as agências financeiras a um comportamento delinquente;

b) esse comportamento delinquente não tivesse induzido certas famílias a atitudes irresponsáveis, em termos de endividamento;

c) a economia não começasse a engasgar no último trimestre de 2007, quando o PIB encolheu 0,2%, tornando inúmeros mutuários inadimplentes devido à redução em suas rendas.

Mas, quando a casa está pegando fogo, a análise dessas hipóteses torna-se irrelevante. O prioritário agora é apagar o incêndio e executar as reformas necessárias à inversão da tendência à inequidade social, propiciando assim o redirecionamento da economia americana com base em alicerces mais sólidos.

* * *

ÓDIO E FRUSTRAÇÃO

O Globo, 14/09/2010

Em novembro próximo haverá, nos Estados Unidos, eleições para renovação total da Câmara de Deputados, parcial do Senado e a maioria dos governos estaduais. Em face do presente cenário político-econômico do país, essa ida às urnas assume significado de extraordinário teste à maturidade política dos americanos.

O que está em jogo é a avaliação dos vinte e dois primeiros meses da presidência Obama. Mas tudo indica que essa avaliação será balizada, em grande medida, por critérios equivocados ou intencionalmente distorcidos. Tanto no lado dos eleitores do Partido Democrata, hoje no governo, quanto do Partido Republicano, na oposição, e também dos eleitores independentes, percebem-se reações ou ingênuas ou rancorosas ao que vem ocorrendo desde a posse de Obama

Na trincheira do Partido Republicano, armas pesadas são usadas com o alvo de enfraquecer o presidente e desalojá-lo da Casa Branca nas eleições de 2012. Os ataques não se limitam às políticas e propostas do presidente, mas também atingem pessoalmente a ele e seus aliados, inclusive tachando-os de socializantes.

Até a década de 90, o Partido Republicano era um respeitável porta-voz do pensamento conservador americano, onde predominavam líderes que atuavam de maneira ética, segundo os padrões da política. Porém, desde o final do governo Clinton e, sobre tudo, durante a era George Bush, suas rédeas foram assumidas por figuras da direita exaltada e de escassos pudores éticos, que radicalizaram o discurso do partido.

Movidos por interesses de várias naturezas e pelo ódio aos que não endossam o ideário ultra conservador, essa parcela de republicanos apela para argumentos falsos e toscos, tais como o de que o governo democrata não tem capacidade de superar os estragos provocados pelos oito anos da desastrosa administração dos próprios republicanos, via Bush.

No lado dos eleitores democratas e dos independentes que votaram Obama, surgiu uma facção frustrada pelo fato de a economia não ter decolado, do desemprego manter-se elevado, das reformas prometidas não haverem ainda sido plenamente executadas, de os EUA continuarem envolvidos com Afeganistão, de o impasse com o Irã permanecer insolúvel, do déficit público não diminuir, etc.

Mesmo sem julgar os méritos e deméritos de Barak Obama, é preocupante constatar como, em menos de dois anos no poder, ele já se encontre vulnerável ao sentimento de decepção de uma parcela de seus eleitores. Como se o tempo até agora transcorrido fosse suficiente para recompor os destroços produzidos pela recessão e destrinchar os complexos conflitos internacionais!

O correto, a essa altura, seria avaliar as políticas de médio e longo prazo em implementação pelo governo, ponderar como se encontraria o país se tivesse sido adotado o caminho defendido pelos republicanos e, se for o caso, concluir que Obama está errado e votar na oposição. Mas se os resultados da eleição de novembro forem desfavoráveis ao Partido Democrata apenas como consequência do gênero de descontentamento aqui mencionado, os americanos estarão assinando sua certidão de imaturidade política.

* * *

UM CASO DE RECUPERAÇÃO INDÚSTRIAL

IMIL – Janeiro 2011

Está acontecendo nos Estados Unidos o que parecia impossível: o reerguimento de sua indústria automobilística! Considerado há dois anos atrás à beira da extinção, esse setor vinha padecendo, nas duas últimas décadas, de um processo de perda vertiginosa de participação nos mercados interno e externo, com as consequentes ociosidade da capacidade instalada e cambaleante saúde financeira.

Essa perda de mercado resultou de vários fatores que conspiraram contra a competitividade de seus produtos, entre os quais destacam-se: estagnação gerencial, atraso tecnológico, motores com elevado consumo de combustível, veículos de qualidade insatisfatória e modelos de mau gosto. A recente crise econômica internacional precipitou a deterioração financeira dessas empresas, culminando em 2009 com as concordatas, patrocinadas pelos governo, da General Motors e Chrysler e com o início de profunda reestruturação da Ford.

O amparo financeiro estatal ao setor não foi concedido de mão beijada. Rígidas metas de reorganização gerencial e tecnológica foram estabelecidas. Por exemplo:

a) definiram-se mudanças orgânicas nos veículos, principalmente quanto ao consumo de combustível e padrão de qualidade;

b) exigiram-se medidas visando redução dos custos de produção, inclusive a transferência a fundações, administradas pelos trabalhadores, dos gastos com assistência médica e aposentadoria dos empregados. Esses gastos adicionavam, em média, US$1.500 ao preço de cada veículo;

c) os sindicatos concordaram em fazer concessões salariais e na quantidade de vagas de trabalho.

O governo também está incentivando o setor através de recursos para desenvolvimento tecnológico. O Ministério de Energia efetuou aportes às empresas no total de $ 2,4 bilhões, a serem direcionados à pesquisa e avanços no processo produtivo.

Relevante parcela da opinião pública americana opôs-se a essa ajuda, considerando-a conflitante com a pureza do capitalismo. Para essa corrente de pensamento, o correto seria deixar as empresas resolverem seus problemas por conta própria e, se for o caso, falirem, como punição pela incompetência. Porém, como os Estados Unidos enfrentavam angustiante contexto macroeconômico e as agruras não se limitavam ao setor automobilístico, a Casa Branca percebeu que a quebra das três empresas dramatizaria ainda mais a dimensão da crise recessiva.

Enfim, para a surpresa geral, no segundo semestre de 2010 as montadoras americanas já exibiam sinais concretos de recuperação, que vêm se consolidando. Abandonando seu apego a motores devoradores de gasolina, optando por carros mais leves, aprimorando a qualidade e o estilo de seus veículos e incrementando a produtividade industrial, Detroit vem recuperando mercado e obtendo resultados lucrativos. Existe a expectativa de GM e Ford anunciarem admiráveis desempenhos financeiros para 2010, enquanto a Chrysler, agora associada à Fiat, ruma em direção a resultados desse gênero.

Segundo matéria do New York Times (07.01.11), as companhias automobilísticas americanas estão acelerando a transição para fontes alternativas e verdes de energia, tendo como ponto de referência o preço projetado do petróleo a US$120 barril. A indústria japonesa mantêm liderança na poupança de combustível, mas Detroit vem diminuindo esse gap. Por exemplo: a fábrica Ford de Wayne, Michigan, produzia enormes camionetas famintas de petróleo. Hoje, após US$550 milhões de investimentos, essa fábrica é o símbolo de uma nova era: produzirá o Focus em versões progressivamente combustível-eficientes, inclusive a elétrica total. A GM começou a distribuir o Chevrolet Volt, híbrido-elétrico, além de outros modelos poupadores de sub-produtos do petróleo, inclusive o icônico Cadillac.

Apesar de persistirem incógnitas sobre a viabilidade de algumas fontes energéticas alternativas, as maiores empresas automobilísticas do mundo estão engajadas no seu desenvolvimento. Mesmo que os consumidores ainda não estejam prontos para comprar carros híbridos e elétricos em grandes números, os fabricantes, inclusive os americanos, sabem que a busca por melhor eficiência nesse campo é irreversível.

Embora o setor automobilístico americano ainda ofereça mais modelos pesados do que seus rivais estrangeiros, a produção desses veículos encolheu de forma expressiva. GM, Ford e Chrysler fecharam várias fábricas dos chamados pickup, SUV e vans, nos Estados Unidos e Canadá, incrementando a ênfase em veículos menores. Se a atual velocidade de transformação das montadores americanas for mantida, elas recuperarão a fatia de mercado doméstico que desfrutavam até a década de 80.

* * *

ESPERANDO OBAMA

O Globo – 07/06/11

Quando Barak Obama instalou-se na Casa Branca, a expectativa de seus admiradores e de seus opositores era a de que, para o bem ou para o mal, mudanças veementes iriam ocorrer nos EUA. Hoje, o sentimento entre seus eleitores é de moderação no entusiasmo, enquanto que a oposição sente-se menos atemorizada ante a eminência de reviravoltas no status quo. E a vitória do Partido Republicano nas eleições parlamentares de 2010 aumentou a probabilidade de a veemência das mudanças sobreviver apenas no discurso.

Isso porque, na maioria dos assuntos, Obama vem revelando um pendor exagerado pela busca de consenso. Como é óbvio, esse consenso custa o preço do esmaecimento das propostas da campanha eleitoral. Por exemplo: uma de suas principais promessas era não renovar a diminuição provisória de impostos sobre os mais ricos, implantada por Bush. No entanto, para obter o apoio do Partido Republicano e da ala conservadora do Democrata a um projeto de lei, acabou renovando por mais dois anos essa injustificável regalia.

Esse tipo de comportamento reflete a renúncia ao uso de seu principal capital político: o apoio popular que o conduziu ao poder. O estilo Obama de governar contrasta com a postura combativa de Franklin Roosevelt que, em 1933, assumiu a presidência em meio a uma crise econômica pior do que a de 2008 e lançou propostas quase revolucionárias. Desafiando a ira dos conservadores, Roosevelt desprezou a busca pelo consenso e enfiou goela abaixo do establishment seus ousados programas. E isso só foi possível porque ele mobilizou a opinião pública.

Por outro lado, Obama não conseguiu conferir ressonância aos êxitos alcançados, tais como: estabilização do sistema financeiro, gradual recuperação da economia, reforma do sistema previdenciário, dinamização da indústria automobilística, prioridade à preservação ambiental, aumento dos investimentos em infraestrutura, ênfase aos setores de educação e desenvolvimento tecnológico e novo tratado, com a Rússia, de controle de armas nucleares. A eliminação de Bin Laden aumentou o prestígio de Obama, mas ainda é cedo para saber se favorecerá, de forma duradoura, a imagem de seu governo.

Como resultado da atitude introspectiva do presidente, a direita radical vem assanhadamente ocupando espaço no noticiário e os eleitores independentes, que votaram no Partido Democrata nas eleições de 2008, o abandonaram nas de 2010. Enquanto isso, os seguidores fieis do presidente estão esperando, com ansiedade, o retorno daquele Obama dos tempos da campanha eleitoral, que arrebatou entusiasmo nos Estados Unidos e em outras partes do planeta.

* * *

E OBAMA NÃO VEIO

O Globo - 27/09/2011

No dia 7 de junho o O Globo publicou meu artigo "Esperando Obama", cuja conclusão era: "os seguidores fiéis do presidente estão esperando, com ansiedade, o retorno daquele Obama dos tempos da campanha eleitoral presidencial, que arrebatou entusiasmo nos Estados Unidos e em outras partes do planeta". Pois bem, hoje podemos afirmar que até agora esse Obama não veio.

É surpreendente constatar como ele não aproveitou os dois primeiros anos de seu mandato, quando desfrutava de maioria no Congresso, para avançar substancialmente na implementação de suas promessas de campanha. Agora, com a oposição dominando a Câmara de Deputados e o Partido Democrata com frágil maioria no Senado, tornou-se dócil refém da ala mais conservadora do Partido Republicano. Ademais, sua obsessão em obter consenso em todas as decisões é incompatível com o contexto extraordinário onde se encontra os Estados Unidos, que reclama medidas para reativar a economia.

O principal motivo de indignação entre os americanos não direitistas é o fato de Obama não ter se empenhado em revogar a diminuição do imposto de renda sobre os mais ricos, implementada pelo governo Bush. Estima-se que a receita perdida com esse presentinho aos 2% mais ricos seria suficiente para amenizar os cortes, efetuados pelo Congresso, sobre os gastos em programas que beneficiam as classes de menor renda, assim como em infraestrutura e atividades culturais.

O argumento utilizado pelos defensores da redução de imposto é a de que ela permite às camadas privilegiadas realizarem maior volume de investimentos e, assim, criar novos empregos que beneficiam os pobres. Ora, tanto a teoria quanto a realidade evidenciam a falsidade dessa lógica. O empresário não deixará de investir pelo fato de pagar alguns poucos pontos percentuais a mais de imposto. Seu incentivo básico a investir provém das boas perspectivas de mercado. Por outro lado, esse argumento pode ser contraposto a um outro: se não houver cortes orçamentários que diminuam a renda real dos mais pobres, eles terão condições de consumir, ampliando as perspectivas de lucro dos investidores.

Nenhum membro do Partido Democrata nega a necessidade de reduzir o déficit público. Porém, mediante o corte seletivo de gastos, associado ao resgate do montante de receita tributária perdido em consequência do agrado concedido pelos republicanos às camadas de maior renda.

Resta a derradeira esperança de que Obama exorcize as derrotas sofridas no congresso, dispondo-se a convocar os americanos a apoiar a viabilização de suas propostas reformistas, até agora congeladas. Se essa esperança não concretizar-se ainda este ano, confesso, com lágrimas nos olhos, preferir que o Partido Democrata escolha outro candidato para concorrer à presidência em 2012.

* * *

A CULPA É DE OBAMA

O Globo – 24/09/2012

Hoje, a popularidade do presidente Obama é drasticamente inferior à que desfrutava ao instalar-se na Casa Branca. Até mesmo sua reeleição em novembro não está assegurada. E a culpa é dele.

Durante seu mandato, ele não transmitiu adequadamente ao povo o fato de não existir fórmula mágica para, em apenas quatro anos, superar a maior crise econômica desde a grande depressão de 1930. Portanto, predominou a equivocada expectativa popular de que logo seriam alcançados elevados níveis de crescimento do PIB e do emprego. O que ainda não foi logrado.

Obama também falhou na divulgação das iniciativas destinadas a reverter a tendência à deterioração da economia. Graças a elas já surgiram sinais de recuperação, ainda modestos, e muitos postos de trabalho foram preservados.

É incompreensível sua timidez em alardear as precárias condições sociais que encontrou ao chegar à presidência, quando, após oito anos de governo Bush, a desigualdade de renda atingiu o pior índice da história dos Estados Unidos.

Foi ineficiente o esclarecimento da opinião pública a respeito da reforma da previdência social, que permitiu a integração, no sistema, de milhões de pessoas de baixa renda até então excluídas, além de ampliar os benefícios oferecidos pelas seguradoras privadas.

É indesculpável a omissão em exibir com maior ênfase o cumprimento da promessa eleitoral de acelerar a retirada das tropas americanas do Iraque, encerrando uma guerra iniciada com base em justificativas falsas.

Tem sido insuficiente o seu empenho e do Partido Democrata como um todo, em demonstrar aos americanos o quanto é nocivo o atual estilo de fazer oposição do Partido Republicano, pelo qual o objetivo principal não é combater o que discorda, mas sim impedir o governo de funcionar.

Em vista dos fatos mencionados, conclui-se que falta ao Obama aquele arrojo transbordante necessário a um presidente que se propõe a realizar reformas em um momento econômico e político difícil.

* * *

EM BUSCA DE UMA DIREITA LÚCIDA

Aparte – Março 2013

Houve época em que, nos Estados Unidos, a direita política produzia lideranças respeitáveis nas fileiras do Partido Republicano. Mesmo quem discordava de figuras como, por exemplo, Robert Taft, Thomas Dewey, Henry Cabot Lodge, Dwight Eisenhower, Nelson Rockfeller, Earl Warren, Barry Goldwater, Bob Dole, Ronald Reagan e George Bush pai, reconhecia nelas qualidades inquestionáveis.

No entanto, esse partido encontra-se há vários anos dominado pelos segmentos mais retrógados da sociedade americana, que repetem chavões incompatíveis com o progresso do conhecimento humano e com a modernização do capitalismo.

Um desses chavões centraliza hoje abrasiva polêmica no país; diz o seguinte: quanto menor a incidência do imposto de renda sobre os mais ricos, maior será o volume de investimentos por eles realizados, impulsionando assim o crescimento econômico e o emprego. Em outras palavras: se os ricos pagarem muito imposto de renda não terão recursos nem motivação para investir.

Acontece que nem a teoria econômica e nem a realidade história respaldam semelhante raciocínio. Evidentemente, excluo dessa minha afirmativa a incidência tributária exorbitante que induz a emigração de capital e debilitamento do setor privado. Também excluo o caso de parafernálias impositivas, como no Brasil, onde um intrincado conjunto de taxas, contribuições, etc. atrapalha a atividade produtiva e estimula a sonegação. Sem falar no duvidoso destino dos recursos arrecadados.

Nos EUA, o exemplo recente da inocuidade de uma supergenerosa redução impositiva sobre rendas elevadas é a instituída pelo presidente George Bush, pois não produziu nenhum efeito expansivo sobre o crescimento e o emprego. Pelo contrário, essa redução não evitou o débil desempenho da economia e tampouco poupou o país da forte recessão explicitada a partir de 2008.

Em 1992, o imposto pago pelos 400 contribuintes de mais elevada renda representava 26,4% do PIB americano. Em 2009 (dados mais recentes disponíveis) a proporção era de 19,9%. E em 1992 a situação econômica dos EUA era bem melhor do que a de 2009. Na verdade, o principal incentivo do empresário a investir provém das boas perspectivas de rentabilidade proporcionadas por condições favoráveis de mercado. Se as previsões de lucro são medíocres, não é o fato de estar pagando menos imposto de renda que animará o rico a investir.

Significativo número de bilionários americanos concorda com essa visão. O exemplo mais expressivo é o de Warren Buffet, dono de uma das maiores fortunas dos EUA. Há uns anos atrás, ele manifestou revolta com o fato de sua secretária pagar relativamente mais imposto de renda do que ele.

Em artigo publicado no Washington Post de 27 de novembro, Buffet diz que, em sua atividade como gerenciador de recursos de investidores, jamais presenciou algum deles mencionar o imposto de renda como motivo para perder um bom negócio. Segundo ele, "devemos esquecer o argumento de que os ricos vão entulhar seus colchões de dinheiro se a taxação sobre a renda e sobre os ganhos de capital aumentar (em índices razoáveis). Os ultra-ricos, inclusive eu, irão sempre buscar oportunidades de investimentos".

Focalizado no equilíbrio fiscal e na equidade social, o presidente Obama já travou, com o Partido Republicano, a primeira grande batalha após sua reeleição: a aprovação, pelo Congresso, do fim do alívio no imposto sobre os estratos mais elevados de renda, concedido no governo Bush. O resultado dessa batalha, concluída em 31 de dezembro, situou-se aquém da expectativa da Casa Branca, que era revogar a diminuição de imposto para rendas familiares anuais acima de 250 mil dólares. Esse patamar foi elevado para 450 mil dólares.

A polêmica continuará acesa, dada a perspectiva de futuras votações no Congresso, pois tanto os democratas quanto os republicanos encontram-se insatisfeitos com o resultado desse primeiro round. Tal clima de frustação foi produzido pelo comportamento insensato da ala radical do Partido Republicano.

É sempre útil, tanto nos EUA como em qualquer democracia, a

existência de um partido conservador lúcido e aberto ao diálogo. O Partido Republicano voltará a desempenhar esse papel quando se dispuser a renovar sua liderança.

*   *   *

PROBLEMA OU OPORTUNIDADE?

O Globo – 16/03/2013

Não são apenas os países sem acesso ao Clube dos Ricos que padecem de raquitismo em sua infraestrutura. Os Estados Unidos também se situam vergonhosamente: ocupam o décimo-terceiro lugar no ranking mundial. Dados provenientes de várias fontes evidenciam essa realidade. Por exemplo:

a) o "Building America's Future", instituição mantida pelos dois partidos políticos do país, alertou que os Estados Unidos encontram-se atados a uma infraestrutura envelhecida concebida em épocas remotas;

b) o "World Economic Forum" classificou o sistema ferroviário americano em décimo-oitavo lugar na escala internacional; o transporte aéreo em trigésimo lugar, atrás do Panamá e Malásia;

c) o W. E. Forum Informou também que os principais portos da costa do Pacífico estão congestionados, e apenas dois da costa atlântica podem acolher a nova geração de meganavios.

É visível a precariedade da infraestrutura urbana, em especial no segmento de transporte coletivo provocando desperdício de combustível e um aluvião de carros nas ruas. Em várias cidades importantes, inclusive na área metropolitana da própria capital do país, parte da rede elétrica encontra-se precariamente pendurada em postes, submetendo a população a frequentes cortes de energia devido a nevadas, ventos e tempestades.

Superar esse cenário exigirá criatividade pois a situação fiscal encolhe a oferta de recursos públicos. A "American Society of Civil Engineers" indicou que serão necessários investimentos de 1,1 trilhões de dólares em infraestrutura, até 2020, a fim de evitar severo retrocesso econômico. Trata-se, portanto, de conceber esquemas de financiamento público/privado aptos a assumirem tal vulto de gastos. Enquanto tais esquemas não forem definidos, a competitividade dos EUA continuará danificada.

Uma vez resolvida a questão do financiamento, a atual defasagem em infraestrutura oferecerá espaço a uma onda de investimentos, com amplo impacto positivo sobre o crescimento econômico americano.

* * *

AGENTES DO RETROCESSO

O Globo - 16/06/2015

Pairam sobre os habitantes deste planeta perigos oriundos de uma infinidade de fontes. Comentarei apenas duas, caracterizadas por provirem dos próprios seres humanos: a direita primata e a esquerda adulterada. Esses dois entes ameaçam a prosperidade econômica, a evolução social, a segurança individual e o acesso aos máximos níveis de bem estar viáveis em cada país.

Seria impossível apontar todos os exemplos do comportamento rudimentar de um pequeno mas ruidoso segmento da direita política. Destacarei o caso dos Estados Unidos tendo em vista a repercussão internacional de tudo o que lá ocorre. Houve época em que respeitáveis figuras do pensamento conservador de direita atuavam no cenário político local, sobre tudo no Partido Republicano. Atualmente, a parcela mais visível da direita americana exibe aspecto lamentável e propaga objetivos conflitantes com uma sociedade feliz.

Desprovida de sabedoria teórica e prática que confira substância ao seu discurso, declara-se, por exemplo: descrente da ação do homem sobre a degradação ambiental; contrária a medidas atenuantes da desigualdade social; favorável à redução de investimentos públicos em educação, saúde e infraestrutura; partidária da total desregulamentação da economia; admiradora da opção militar em detrimento da diplomática na abordagem de desentendimentos internacionais; inimiga dos sindicatos de trabalhadores mas solidária com as organizações patronais; e defensora do porte descontrolado de armas. Como resultado desse panorama, os aspirantes à candidatura pelo Partido Republicano à presidência dos Estados Unidos, na eleições de 2016, formam um elenco que beira o ridículo.

Com referência à presente direita brasileira, que costuma apresentar-se com o rótulo de "Liberal", declaro apenas o seguinte: me provoca saudades dos tempos de conservadores como Milton Campos, Afonso Arinos, Mário Henrique Simonsen, Roberto Campos e até Carlos Lacerda.

Chamo de esquerda adulterada aquela constituída por lideranças usurpadoras das bandeiras do socialismo e dos progressistas democráticos. Os exemplos notórios são os dirigentes da Venezuela, Coréia do Norte, Bolívia, Equador e, em estilo diferente, do Brasil. Embora o socialismo puro e as variantes em torno do comunismo totalitário tenham fracassado, as mencionadas lideranças usam de maneira tosca esses mitos ideológicos como munição para manterem-se no comando.

Na Venezuela, em nome de um tal de socialismo do século XXI, barbaridades são cometidas contra os interesses nacionais. Alardeando um antiamericanismo arcaico, o governo atribui à conspiração imperialista yankee todas as agruras provenientes de seus próprios desacertos. Os presidentes da Bolívia e do Equador reduziram suas plataformas políticas à simples permanência em seus postos. A Coréia do Norte, onde o medíocre nível de vida contrasta drasticamente com o sul-coreano, chegou ao cúmulo de instituir a monarquia em solo dito comunista.

No Brasil, o PT, auto-definido como de esquerda, revelou-se no poder o antídoto a qualquer reforma institucional modernizante e condutora de autêntica equidade social, além de simbolizar inépcia e corrupção.

* * *

VANTAGENS DA DERROTA

O Globo – 26/08/16

Pela primeira vez na história dos Estados Unidos, a derrota em uma eleição presidencial é a alternativa mais saudável para o Partido Republicano (GOP). Por incrível que pareça, ser oposição ao eventual governo Hillary Clinton proporcionaria maiores benefícios ao GOP do que posar de situacionista em uma presidência Trump. Mesmo porque, os republicanos se sentiriam como "estranhos no ninho" na Casa Branca, caso seu candidato lá se instale, dada a sua indisciplina e infidelidade em relação ao partido.

Se Trump perder, o GOP enfrentará a árdua tarefa de recuperar o prestígio junto ao eleitorado conservador sensato. Na hipótese dele ser eleito, a recuperação será ainda mais complicada pois o partido terá que engolir, sem estrebuchar, políticas estranhas ao seu programa tradicional. Por outro lado, no caso de Hillary vencer, os republicanos exercerão feroz oposição, inconformados em padecer 16 anos consecutivos fora do poder, jejum inferior apenas ao suportado durante a era Franklin Roosevelt – Harry Truman, de 1932 a 1952. Portanto, jogarão pesado para a presidente não ser reeleita em 2020.

Uma das maiores preocupações dos republicanos que se sentem constrangidos ante a candidatura do partido é o estrago que ela pode provocar sobre as eleições para o Congresso. Se forem confirmados os indícios de que inúmeros eleitores cativos do GOP não comparecerão às urnas, a possibilidade de os democratas reconquistarem a maioria, pelo menos o senado, torna-se viável.

Entre as conclusões resultantes da campanha eleitoral em curso, uma das mais instigantes é a de que a rigidez do sistema bipartidário em vigor nos Estados Unidos começou a emitir sinais de senilidade. Tendo em vista o atual dilema amargado pelo GOP e, no campo do Partido Democrata, a vibrante disputa de conceitos verificada entre Hillary Clinton e Bernie Sanders, torna-se evidente a existência de espaço para mais agremiações no cenário político americano. Tanto à esquerda quanto à direita, os dois partidos preponderantes deixaram de ser suficientes para expressar a diversidade ideológica que vem florescendo de maneira espontânea no país.

Com o processo de concentração social de renda verificado nos Estados Unidos e, na área internacional, com o desmantelamento da União Soviética, dissolução da cortina de ferro e implantação do capitalismo na China e no Vietnã, nações oficialmente comunistas, a chamada ala liberal do pensamento americano perdeu inibição de usar o termo Socialismo Democrático que, na verdade, vem a ser o resgate do ideário inaugurado na década de 30 pelo presidente Franklin Roosevelt. Isto é, não tem nada a ver com estatização ou comunismo.

Em decorrência da escolha de Hillary como candidata democrata, os porta-vozes desse pensamento à esquerda, tais como os senadores Bernie Sanders e Elizabeth Warren, foram privados de estrutura partidária adequada para propagar suas ídeias. O mesmo fenômeno ocorre nas hostes de direita, onde o controle do GOP é disputado entre moderados receptivos ao diálogo e radicais intransigentes.

* * *

O LEGADO DE OBAMA

O Globo - 06/12/16

Confesso que em 2011 e 2012 publiquei artigos, nesta página, manifestando desapontamento com a atuação do presidente Barak Obama. A origem desse desencanto provinha da minha expectativa de que seu governo consistiria de sucessivos atos arrojados, dado o discurso reformista adotado durante a campanha eleitoral de 2008. Imaginei também que o presidente enfrentaria incisivamente a oposição do Partido Republicano que, no Congresso, transfigurou-se em obstrução sistemática.

Agora, ao final de seu mandato, reconheço que fui demasiado rigoroso em minha avaliação, influenciado pela atitude comedida por ele adotada e sua sobriedade na divulgação dos êxitos alcançados. Percebo que Obama entrará para a história não apenas como o primeiro presidente negro dos Estados Unidos, mas também como exemplo a ser seguido pelos futuros ocupantes da Casa Branca.

Primeiro, porque exerceu o poder de maneira elegante e confiável. Após os dezesseis anos da escassa credibilidade de George Bush e do controvertido comportamento pessoal de Bill Clinton, o desempenho de Barak Obama revigorou a dignidade da presidência.

Em segundo lugar, porque o saldo econômico e social de seu governo é positivo. Ao assumir o comando, os Estados Unidos encontravam-se sob a maior recessão desde a década de 1930: o PIB retrocedeu em 2,8% em 2009, o desemprego oscilava em torno de 10,0% e o déficit público equivalia a 13,2% do PIB. O setor privado e o cenário internacional padeciam de tal intranquilidade que ninguém ousava prever quando começaria a recuperação da atividade econômica.

Mediante políticas coerentes, o presidente americano encurtou o prazo de reativação da economia, embora ainda em ritmo moderado. A dosagem aplicada de estímulos ao aumento da produção e de prudência fiscal reverteu o quadro recessivo: a economia atingiu o crescimento de 2,6%, em 2015, e de 2,9% no terceiro trimestre de 2016 em comparação com igual período de 2015. O desemprego e o déficit público declinaram, em 2016, para 4,9% e 2,9% do PIB, respectivamente.

No campo social, a reforma do sistema público de seguro saúde proporcionou o acesso de cerca de vinte milhões de cidadãos de baixa renda aos benefícios do sistema. Por outro lado, Obama eliminou o abatimento no imposto de renda dos ricos, instituído por George Bush, assim como incentivou governos estaduais a elevarem os salários mínimos locais.

Por fim, em terceiro lugar, a política externa praticada merece ser classificada como correta. Em um contexto onde a Rússia se deleita em confrontar os Estados Unidos, vários focos de violência radical se disseminam em países do Oriente Médio e África, o espaço mundial para negociações encolheu e as vitórias espetaculares em política internacional tornaram-se raras, os norte-americanos conseguiram reduzir a presença militar no exterior e melhorar o relacionamento com alguns dos países tidos como adversários irreconciliáveis, tais como Cuba e Irã.

Hoje percebe-se que o estilo do presidente Obama de não alardear êxitos induziu grande parte da população a subestimá-lo. Porém, desde o início deste ano sua popularidade decolou, em decorrência da espontânea visibilidade dos frutos de iniciativas por ele empreendidas.

* * *

VIDA PIOR NOS ESTADOS UNIDOS

O Globo, 17/05/2017

Desde que resido nos Estados Unidos cinco presidentes se instalaram na Casa Branca: George Bush (pai), Bill Clinton, George W. Bush, Barak Obama e Donald Trump. Durante esse longo período, nunca me senti tão apreensivo com o futuro do país quanto me encontro agora.

Observando o comportamento de Donald Trump na Casa Branca, torna-se impossível evitar apreensões quanto ao risco de ocorrer um retrocesso da qualidade de vida nos Estados Unidos. Para ilustrar esse sentimento, abordarei dois exemplos de medidas adotadas pelo presidente: as propostas orçamentária e de reforma tributária.

O orçamento proposto para o próximo ano fiscal reflete desprezo pelas necessidades da maioria da população e pelos avanços científicos. Em sua essência, estabelece cortes de recursos em todas as atividades intrínsecas ao progresso social, econômico e ambiental, ao mesmo tempo que amplia em 9% os gastos militares.

Bastante preocupante é o fato de o Ministério da Saúde receber o menor valor em 20 anos, 18% inferior à dotação anterior. Essa queda afetará o

"National Institutes of Health", a mais importante instituição de pesquisa biomédica do país. Enfraquece o "Community Services Block Grant", destinado a diminuir a pobreza, e o "Fogorty International Center", dedicado a formar parcerias entre instituições de pesquisa em saúde americanas e de outros países. Em educação, o declínio chega a 14%, atingindo inclusive programas de ajuda ao ensino para famílias de baixa renda.

O prestigioso EPA, organismo responsável pela preservação do meio ambiente, foi vitimado em 31%. No caso do Ministério de Transportes, a redução alcança a 13%, afetando os já deficientes sistemas ferroviário e portuário, o controle da segurança dos voos comerciais e inúmeros projetos.

Encolhimento de 21% foi sugerido para o Ministério da Agricultura, resultando em danos a atividades como pesquisa, controle da segurança de alimentos, desenvolvimento rural, ajuda alimentar internacional e sistema florestal. No Ministério de Comércio, alvo do abate de 15,7%, será abolida a agência que estimula investimentos em regiões mais pobres e perdas serão sofridas na pesquisa em clima e oceano e outros serviços relevantes.

O aparente modesto declínio de 5,6% no Ministério de Energia encobre o fato de a Agência de Segurança Nuclear ser contemplada com o incremento de 11,3%, enquanto o resto do ministério sofre retrocesso de 17,9%, abrangendo danos em pesquisa científica e na área ecológica.

Em princípio, até poderia haver mérito nessa suposta austeridade fiscal, tendo em vista a meta de diminuir o déficit público. Porém, o corte de gastos encontra-se conjugado ao projeto de reforma tributária visando drástica diminuição de imposto sobre famílias de maior renda e empresas, sob o argumento de que esse é o caminho para estimular investimentos privados e, por consequência, a arrecadação. No entanto, a experiência histórica demonstra a inconsistência desse argumento.

Se os propósitos de Donald Trump forem alcançados, a concentração social de renda e a precariedade ambiental serão acentuadas, além de o país torna-se mais vulnerável à instabilidade econômica.

4 – INTERNACIONAL

AINDA O HOLOCAUSTO

O Globo – 07/11/1997

Cinco décadas após o final da Segunda Guerra Mundial, os crimes contra a humanidade praticados pelos nazistas continuam provocando emoções.

Recentemente, por exemplo, ocorreram fatos cuja repercussão atesta o interesse que desperta esse capítulo tenebroso da história: o caso das contas bancárias na Suíça, pertencentes a vítimas e algozes; a revelação de que Madeleine Albright, secretária de estado americana, é de família judia parcialmente exterminada em campo de concentração; e o julgamento de Maurice Papon, na França. Em Washington, o Museu do Holocausto, inaugurado em 1993 sob clima de enorme impacto, atrai multidões que fluem por suas alas com fisionomias consternadas.

Ao longo dos últimos 50 anos muito já foi escrito e exibido sobre as atrocidades nazistas, o que é fundamental para preservar a memória histórica e tentar evitar repetições. No entanto, pouco tem sido divulgado a respeito do comportamento das chamadas nações aliadas e do resto do mundo ante esses acontecimentos.

Existem evidências claras de que Estados Unidos e Inglaterra conheciam a extensão das barbaridades mas adotaram a estratégia de não denunciá-las, além de dificultarem a entrada de refugiados. Roosevelt e Churchill, estadistas magistrais, preocupavam-se com o destino dos oprimidos na Alemanha e países ocupados. Porém, optaram por um caminho cujos resultados foram insignificantes frente ao meticuloso assassinato de mais de 6 milhões de civis indefesos.

É difícil compreender os motivos da então escassa divulgação dos crimes, pois os países aliados e as vítimas de perseguição não estariam correndo nenhum risco adicional pelo fato de haver uma grita internacional denunciando Hitler. Qual a utilidade em ocultar uma realidade sobre os inimigos tão espantosamente negativa?
Mesmo se a denúncia fosse inócua como instrumento de salvação, no mínimo funcionaria como instrumento de propaganda antinazista. As notícias referentes ao extermínio deveriam ter sido insistentemente repetidas, como eventual fator inibidor dos carrascos, como veículo de conscientização da opinião pública e como tentativa de amenizar os obstáculos à saída de judeus das áreas ocupadas pelos nazistas.

Em palestra de outubro de 1996, W. J. Vaden Heuvel, presidente do Franklin and Eleanor Roosevelt Institute, justificou a atitude dos Estados Unidos argumentando que o presidente americano acreditava que a melhor forma de salvar os judeus era através de um rápido término da guerra e uma política de resgate através da vitória. Entretanto, essa justificativa não é convincente. A crença em que "a melhor forma de ajudar é ganhando a guerra" seria válida se a matança fosse apenas uma eventual ameaça para populações sob o risco de serem subjugadas. Mas, em se tratando de um genocídio já em execução, provou ser ineficaz.

De acordo com Heuvel, "*as restritas leis de imigração então vigentes foram estabelecidas, em 1921 e 1924, por um Congresso isolacionista. A depressão também encorajou uma inusitada coalizão entre liberais, conservadores, sindicatos e empresários, que se opunha a qualquer aumento nas cotas de imigração*". Essa frase comprova o quanto foi nociva a inexpressiva divulgação dos massacres. Se a opinião pública americana soubesse da verdade, em toda sua magnitude, dificilmente resistiria a mudanças nas regras de imigração. Afinal, esta era a diferença entre a vida e a morte para milhões de pessoas. Por outro lado, à época da guerra a depressão já havia sido superada.

Tampouco o resto do mundo tem do que se orgulhar. Em vez de articular-se uma rede internacional de resgate de todos os tipos de vítimas de perseguição, obstáculos foram colocados à entrada de refugiados, também sob a desculpa de esgotamento de cota de imigração. Como se tratasse de imigrantes comuns! Ademais, existem controvérsias a respeito do comportamento do próprio Vaticano. Em 1936, as Olimpíadas de Berlim serviram como vitrine do antissemitismo e do preconceito contra os negros, prevalecentes na Alemanha e, no entanto, os países participantes não demonstraram sinais de sentirem-se escandalizados.

Outra questão que merece ser mais bem investigada é a atuação de instituições de alguns países ocupados pelos nazistas. Conforme palavras do presidente Jacques Chirac, não foi apenas o regime fantoche de Vichy, mas a França que cometeu atos imperdoáveis. Em setembro último, a Igreja desse país pediu perdão ao povo judeu por seu silêncio ante as deportações aos campos de concentração: "*Reconhecemos que a Igreja da França fracassou em sua missão e aceita a culpa de não ter ajudado os judeus desde o início, quando era possível e necessário protestar*". Pouco depois, o Sindicato dos Policiais Carcerários pediu perdão aos judeus pelo papel desempenhado por policiais franceses naquela época.

Os países vencedores ou à margem da guerra tiveram a possibilidade de optar por não remexer publicamente arquivos reveladores de seus erros e omissões em relação ao holocausto. Agora, quando já se passou mais de uma geração, seria o momento de aprofundar as pesquisas sobre o tema, não com a finalidade de buscar culpados, mas sim de influenciar o comportamento da comunidade internacional diante de atrocidades atuais e futuras.

* * *

A IMPONDERÁVEL CHANCE DE PAZ

Jornal do Brasil – 05/02/2001

Os envolvidos no conflito do Oriente Médio, assim como os que o acompanham a distância, perderam a perspectiva histórica dessa interminável novela. Em face dessa perda, os debates passam a girar apenas em torno de quem agiu com maior violência nos incidentes da véspera, ou quem foi mais intransigente na última reunião. Portanto, seria oportuna uma rápida retrospectiva, sobretudo em face das eleições de 6 de fevereiro em Israel, na qual concorrem partidos com visões nitidamente opostas a respeito das negociações de paz.

Desde o ano 70 da era cristã, quando os romanos deram fim à nação judaica daquela época, até 1947, nunca existiu um Estado independente no espaço hoje equivalente a Israel. Após a queda do Império Romano vários invasores subjugaram aquelas bandas, culminando com a Inglaterra que recebeu da Liga das Nações o mandato sobre a então chamada Palestina, com a incumbência de restabelecer o Estado hebreu. Porém, os britânicos nada fizeram nesse sentido apesar dos esforços dos movimentos sionistas.

Embora os judeus jamais tenham desistido de restaurar seu país, é provável que o constrangedor status de povo disperso se eternizasse e a população árabe, que se tornou maioria naquele local, acabasse obtendo o domínio de toda sua extensão. Mas durante esses séculos de diáspora algo especial aconteceu aos judeus: foram alvo de perseguições brutais, cuja expressão máxima foi o holocausto. Como consequência das atrocidades nazistas, em 1947 concretizou-se a viabilidade política para a criação, pelas Nações Unidas, do Estado de Israel.

A ONU atendeu também às reivindicações dos habitantes árabes da Palestina, destinando-lhes uma parte do território, embora eles jamais houvessem, ao longo da história, constituído uma nação naquele lugar.

Os judeus aceitaram a porção de terra que lhes coube, mas os países da região e os árabes palestinos repudiaram a partilha e imediatamente declararam guerra santa com o objetivo de eliminar Israel do mapa. Foram derrotados, mas continuaram movidos pelo mesmo propósito, o que explica o fato de todas as guerras posteriores terem sido causadas por agressões iniciadas pelos árabes. Em decorrência de suas vitórias militares, Israel, como qualquer outra nação do mundo fez em toda a história da humanidade, ampliou as fronteiras.

Enquanto isso acontecia, os árabes palestinos organizaram um movimento baseado em táticas terroristas, classificando como territórios ocupados pelos sionistas o atribuído pela ONU ao povo hebreu, assim como os conquistados por Israel nas guerras de 1947, 1967 e 1973. Durante várias décadas, sob a liderança de Arafat, atos de violência foram praticados contra os israelense, não poupando escolas, hospitais, ruas de movimento, ônibus, cinemas, lojas, estabelecimentos rurais e os atletas participantes das Olimpíadas de Munique.

Com o decorrer do tempo, dois países árabes, Egito e Jordânia, reconheceram que Israel era uma realidade e normalizaram as relações com o antigo inimigo. Os palestinos, no entanto, continuavam intransigentes. Mas em 1993 acontece o milagre: Rabin/Perez e Arafat encontram-se em Washington e os fatos posteriores todos conhecem.

Em face dos avanços e retrocessos nas negociações de paz e dos choques sangrentos intensificados desde outubro último, surge a pergunta: como acabar em definitivo com o conflito? Não tenho pretensão de oferecer resposta mágica mas, apoiado nos antecedentes expostos anteriormente, opinarei sobre uma das condições indispensáveis a um acordo estável. Refiro-me à necessidade de neutralizar os radicais de ambos lados, que fundamentam suas posições em premissas fanáticas.

Do lado israelense, alguns grupos, em geral de direita, rejeitam o clamor de soberania dos palestinos e pleiteiam, com base na geografia bíblica, um território de dimensão politicamente inviável. Argumento usado com frequência é o de que um Estado palestino ameaçaria a segurança de Israel, ponto de vista equivocado pois um país formalmente constituído seria mais confiável e fácil de ser observado do que a atual volatilidade do comportamento palestino. É melhor defender uma fronteira bem delimitada do que se proteger de adversários espalhados dentro da própria fronteira.

Há quem afirme que o problema dos palestinos foi inventado artificialmente visto que nunca constituíram uma nação naquele recanto e, portanto, poderiam viver em Israel, Jordânia ou qualquer outro país da região. Essa tese ignora a realidade de a população palestina existir e merecer uma identidade nacional, inclusive para tranquilidade de todo o Oriente Médio.

Ainda é grande o número de palestinos radicais que só aceitam como solução o desaparecimento de Israel. A viabilidade da paz aumentaria se esse discurso radical fosse jogado no lixo. Esta não é uma condição simples de ser cumprida e exigiria, dos extremistas do mundo árabe, a compreensão de que Israel conquistou arduamente o direito de existir, a despeito dos descontentamentos em torno de sua criação, e que há espaço suficiente para todos.

Consequência natural de um cenário de paz, a plena integração política, econômica e social de Israel na comunidade do Oriente Médio produziria uma era de prosperidade inédita para a região, assim como de maior tranquilidade internacional. Mas, enquanto perdurar a influência dos radicais, qualquer acordo ou avanço em direção à paz será instável e sujeito a recaídas.

* * *

SEGURANÇA MUNDIAL E DESENVOLVIMENTO

Jornal do Brasil – 20/09/2004.   BAE – 06/08/2004.   ABC – 12/12/2004

Até o final do século XX, as ameaças às nações de maior poderio econômico e militar proviam de rivalidades com outras potências. Agora, no século XXI, testemunhamos mudança radical nos padrões de segurança global. Com o desmoronamento da União Soviética e ausência de país capaz de desafiar os Estados Unidos, os focos de perigo à segurança da potência norte-americana deslocaram-se para os chamados Estados debilitados (ED).

O documento "Weak States and US National Security", elaborado por comissão do Congresso Americano e pelo "Center for Global Development" (CGD), explora de forma lúcida o tema dos ED como ameaça aos Estados Unidos. Embora o enfoque seja do ponto de vista de Washington, isto é, não aborda a questão da ameaça das grandes potências à segurança e soberania dos países de menor poder de fogo, as advertências e conclusões expostas no documento interessam à toda a comunidade internacional.

Como casos extremos de ED, são apontados os países onde o Estado encontra-se inteiramente falido e a economia apática, a exemplo do Afeganistão, Haiti e Somália. Nos casos mais benignos, não há deterioração aguda, mas sim um raquitismo endêmico, situação verificável em parte da América Latina, Ásia Central e África. Dada sua fragilidade institucional, esses Estados carecem de meios para evitar a implantação, em seu território, de bases terroristas responsáveis por ataques a diversos pontos do planeta.

Em face do cenário descrito, o combate eficaz ao terrorismo depende de investimentos para fomentar desenvolvimento sustentável nos ED. Esta visão contrasta com ado governo Bush, adepto das soluções militares. Na hipótese de J. Kerry ser o próximo presidente, existem chances de que a postura proposta no documento seja adotada, dada a afinidade entre o CGD e o Partido Democrata,

O tema em questão permite reflexões que não se restringem ao âmbito dos Estados Unidos. Há espaço para novas e diversificadas abordagens, abrangendo inclusive a segurança dos países melhor posicionados na batalha pelo desenvolvimento, tais como Brasil, China, México, Índia e África do Sul. Há espaço também para explorar, com maior profundidade, as mudanças que tal guinada política produziria na área econômica.

Na hipótese das recomendações contidas no documento serem acatadas, presenciaríamos expressiva reformulação no relacionamento dos Estados Unidos, Europa e Japão com o terceiro mundo. Mudanças ocorreriam nas esferas do comércio exterior e da cooperação financeira, com o objetivo de favorecer países mais vulneráveis à eventual instalação de bases terroristas.

Na esfera comercial, analisando-se os últimos 50 anos de transações entre primos ricos e pobres, conclui-se que:

a) para os países melhor posicionados na batalha pelo desenvolvimento, o fim do protecionismo praticado pelas nações industrializadas seria mais importante, como promotor de crescimento, do que empréstimos gênero Banco Mundial e BID;

b) a efetiva abertura comercial dos Estados Unidos e Europa, teria capacidade de redefinir o próprio conceito de acordos regionais, tipo Mercosul e ALCA;

c) a abertura dos desenvolvidos contribuiria para diminuir a desconfiança que o resto do mundo nutre com respeito às suas intenções no relacionamento econômico e político.

No referente à cooperação financeira, tudo indica que seria conveniente direciona-la, em proporção superior à atual, em benefício dos pior posicionados na escala de Estados debilitados. Tal procedimento implicaria em, como passo inicial, avaliar os critérios de distribuição regional de recursos, via financiamento e ajuda, praticados nas últimas décadas pelas agências multilaterais de crédito.

Considerando América Latina, a previsível necessidade de aumentar a ênfase do apoio financeiro aos países de menor renda, redundaria em decisões politicamente difíceis. Como a disponibilidade de fundos do Banco Mundial e BID não é ilimitada, seria inevitável reduzir o peso das operações com, por exemplo, Brasil, México, Argentina e Chile, os quais não reagiriam com bom humor. Tampouco seria simples ampliar os recursos destinados aos países mais carentes, dada sua baixa capacidade institucional de formular e gerenciar projetos.

Em suma, é razoável antever mudanças na estratégia de parceria externa empreendida pelas nações desenvolvidas. Não devido aos seus bons sentimentos, mas sim pela melhor percepção que adquiririam sobre a relação entre sua própria segurança e a pobreza global.

* * *

PARA DESENTERRAR O CONCEITO DE SUBSDESENVOLVIMENTO

Valor Econômico - 10/10/2005

Constrangido pela ironia de economistas mais jovens, ultimamente venho evitando o uso de termos considerados fora de moda. Risquei de meu vocabulário expressões como "país subdesenvolvido" e "Terceiro Mundo", aderindo ao jargão mais moderno. Isto é: nações emergentes ou em desenvolvimento. Porém, fundamentado em meu acompanhamento da realidade mundial, tomei coragem de rebelar-me contra essa vigilância acadêmica.

Em primeiro lugar, devido à convicção de que não se trata de uma simples mudança na forma de denominar o mesmo fenômeno. Por exemplo, o teor conceitual de "país emergente" não é o mesmo do antigo "subdesenvolvido". Embora brilhe como símbolo da modernidade, o sentido de "emergente" (ou "em desenvolvimento"), quando aplicado de maneira indiscriminada, assemelha-se à crença predominante até final da década de 40, pela qual os "países atrasados" prosperariam naturalmente, desde que atendessem às condições de:

a) aproveitar suas vantagens comparativas;

b) permitir o livre funcionamento do mercado. Na versão atual de emergente, acrescentam-se os condicionamentos: desde que haja abertura comercial e equilíbrio monetário e fiscal.

Essa interpretação contrasta com a implícita no termo "subdesenvolvimento", adotado nos anos 50. Após a Segunda Guerra Mundial, várias manifestações criativas póskeynesianas, inclusive as oriundas da Comissão Econômica para a América Latina e Caribe/ONU (CEPAL), difundiram a tese de que as nações subdesenvolvidas padeciam de pressões, internas e externas, que bloqueavam sua marcha em direção a níveis mais elevados de amadurecimento econômico e social. Portanto, só uma ação intencional e planejada da sociedade, balizada em políticas de desenvolvimento, incluindo profundas reformas estruturais, as libertariam das garras da pobreza.

Toda uma geração de economistas cultuou a obra de autores que revelaram essa nova verdade, tais como Myrdal, Baran, Sweezy, Prebisch, Furtado, Prado Junior, Hirschman e Kaldor, encarando-a como receita infalível para desobstruir o caminho ao crescimento com equidade social. Sob tal inspiração, essa geração dedicou-se ao estudo de modelos de planejamento econômico, mediante os quais acreditava que iria presenciar a inclusão de seus países na esfera dos privilegiados.

No contexto do século XXI e final do anterior, a expressão "subdesenvolvido" evoca aqueles países que não lograram acercar-se do padrão de vida dos mais ricos, independente de terem bom comportamento fiscal e monetário, aproveitarem suas vantagens comparativas e respeitarem os desígnios do mercado. A categoria de emergente ou em desenvolvimento, por outro lado, sugere os que vêm obtendo êxito em diminuir sua distância em relação às potências econômicas. Trata-se, na verdade, de dois conceitos diferentes e não excludentes.

Existe de fato o reduzido conjunto dos emergentes, de admirável desempenho. Porém, em termos históricos, ainda é cedo para saber se obterão êxito em tornarem-se efetivamente desenvolvidos, ou apenas atingirão um status intermediário, onde o crescimento econômico repercute de modo superficial sobre o quadro social. Vale observar que, na maior parte dos emergentes, a desigualdade na distribuição de renda vem acentuando-se, mesmo quando a pobreza diminui em números absolutos.

Quanto ao vasto grupo dos subdesenvolvidos, a grande maioria de seus integrantes permanece defasada vis-à-vis os avanços das economias líderes. É verdade que, de alguma forma, seus indicadores moveram-se: renda per capita, exportações, peso da dívida externa e índices sociais melhoram e pioram ao longo do tempo. Mas nem por isso escaparam da condição de subdesenvolvidos e seus problemas básicos permanecem intactos. Alguns até retrocederam, merecendo a classificação de países em subdesenvolvimento.

Estudo recente da ONU, "The Inequality Predicament" (A Encruzilhada da Desigualdade), revela que, nas últimas quatro décadas, ampliou-se a distância entre países ricos e pobres: a renda per capita dos 20 mais ricos quase triplicou, superando em 2002 a cifra de US$ 32 mil. Nos 20 mais pobres, a renda per capita nesse mesmo ano resumia-se a US$ 267, refletindo incremento de apenas 26%. As causas desse comportamento? Bom, embora as explicações sejam inúmeras e respeitáveis, o que interessa é que ainda não produziram políticas capazes de alterar essa tendência frustrante.

A maioria das nações sem perspectivas de ingressarem no clube dos ricos já tentaram de tudo: planejamento, políticas industriais, protecionismo, estatização, neoliberalismo, mercado, abertura, privatização, ajuste fiscal, acordo com o FMI e rompimento com FMI. Parcela considerável também já compreendeu que a anarquia fiscal e monetária dilui qualquer intento de crescimento sustentável. Porém, continuam distanciando-se do padrão de vida dos Estados Unidos, Europa Ocidental e Japão. Infelizmente, não há como ignorar o seguinte fato: é elevado o número dos países que carecem das mínimas chances de, nas próximas décadas, ingressarem em um real processo de transformação e prosperidade.

Vale a pena resgatar e rejuvenescer a criatividade teórica e política focalizada no drama dos subdesenvolvidos, acentuando ainda mais a diferença entre as abordagens direcionadas a eles e, de outro lado, aos emergentes. É provável que um dos resultados de tal esforço seja a constatação de que as instituições de pesquisa econômica, assim como os organismos internacionais, dedicam hoje mais energia para apoiar os emergentes do que para salvar os subdesenvolvidos.

* * *

A CULPA É DE ISRAEL

O Globo – 14/08/2006

Sim, Israel é o culpado por ter hoje a maioria da opinião pública internacional contra si, visto que:

1) não denunciou ao mundo que, há muito tempo, o Hezbollah vinha acumulando gigantesco estoque de armamento, presenteado pelo Irã e Síria, com o objetivo declarado de destruir Israel. E, também, por não haver feito alarde sobre os foguetes lançados pelo Hezbollah, durante vários anos, às cidades ao norte do país;

2) não divulgou enfaticamente que o Hezbollah construiu, no sul do Líbano, imensa rede de fortificações militares no coração de bairros residenciais, exatamente para usar a população civil como escudo. O uso deliberado de civis com tal objetivo é crime de guerra. Através de folhetos jogados por aviões, emissões de rádio e outros meios, no início das atuais batalhas Israel preveniu os moradores dos bairros a serem atacados, mesmo sabendo que o próprio Hezbollah beneficiava-se da informação;

3) não esbravejou ante o fato do Líbano haver descumprido com a resolução 1559 da ONU. Respeitando essa resolução, Israel retirou-se desse país em 2000. O Líbano não executou sua parte, que seria desarmar o Hezbollah e ocupar militarmente o sul de seu território. Em vez disso, o Hezbollah foi incluído no governo libanês e acumulou forte arsenal de guerra;

4) não desmascarou o Hezbollah por deliberadamente provocar vítimas civis, em ambos os lados, no presente conflito. Conforme escreveu Charles Krauthammer, colunista do "Washington Post" (28/07), pela lógica do Hezbollah "israelenses inocentes têm que morrer a fim de aterrorizar Israel, da mesma forma como libaneses inocentes têm que morrer a fim de demonizar Israel";

5) não propagandeou que seu esforço em minimizar vítimas civis libanesas (tragicamente fracassado várias vezes) motivou uma duração dos combates maior do que a esperada. Em termos meramente militares, a forma mais eficiente de destruir o aparato bélico do Hezbollah seria via bombardeio aéreo nos bairros densamente povoados onde ele encontra-se instaladoado;

6) não desenhou estratégia diplomática destinada a conquistar apoio internacional para o início da difícil negociação de paz entre as

partes ainda em conflito no Oriente Médio.

É bom recordar que o Hezbollah nasceu na década de 80, à época da guerra civil libanesa e da invasão de Israel destinada a acabar com os ataques palestinos através da fronteira entre os dois países. Desde logo assumiu postura terrorista, cometendo atentados suicidas contra as forças de paz francesas e norte-americanas, enviadas pela ONU ao Líbano para pacificar o país. Por outro lado, iniciou bombardeios contra alvos civis israelenses.

Em artigo publicado no "La Nación" de Buenos Aires (28/07), Marcos Aguinis evidencia que, dado o fato de o Hezbollah ser um perigo para o Líbano e demais países da região que temem o totalitarismo fundamentalista, "Nunca tantos países árabes e muçulmanos mantiveram-se tão imóveis como nesta lamentável operação de limpeza policial que Israel realiza em um país árabe. Só há discursos: nenhuma ação firme. Eles parecem agradecer o maldito trabalho que não se atrevem a realizar.

A possibilidade de árabes e israelenses viverem em harmonia já foi comprovada pelo fato de Egito e Jordânia haverem reconhecido Israel e manterem tranquilo relacionamento. Mesmo com a Síria, persistente em seu ódio a Israel, não houve enfrentamento desde a guerra de 1973. Há espaço para todos no Oriente Médio, principalmente levando em conta a minúscula dimensão territorial de Israel.

Mas, como pano de fundo a todos esses acontecimentos, é impossível ignorar uma realidade cuja compreensão requer conhecimento de psicologia coletiva: paira sobre o consciente da opinião pública internacional, inclusive no Brasil, o sentimento de que a culpa máxima de Israel é sua petulância em considerar-se no direito de revidar as agressões de que é alvo. Qualquer que seja a natureza do revide.

*　*　*

RECONSTRUINDO MALTHUS

Valor Econômico - 30/04/2008.　　　*La Tercera – 21/04/2008.*

Em seu mais famoso livro, "Ensaio Sobre o Princípio da População", Thomas Robert Malthus (1766-1834) causou controvérsias ao prognosticar um destino de fome para a humanidade. Segundo ele, em decorrência de uma série de fatores, a população mundial cresceria em ritmo superior ao da oferta de alimentos. Felizmente, essa tese não se confirmou e os casos de fome registrados ao longo da história não são explicados pela escassez de produtos alimentares, mas sim pela pobreza (o que não chega a ser um consolo).

Mas eis que, em pleno século XXI, o espectro da fome provocada por insuficiente oferta de alimentos ronda a humanidade, embora por razões diferentes das apontadas por Malthus.

Desde o início de 2007 verificam-se, em várias partes do planeta, tensões sociais e políticas provenientes de obstáculos ao acesso das classes menos favorecidas à compra de alimento. Esses obstáculos resultam da escalada dos preços de produtos como trigo, arroz, milho, soja, óleos vegetais, leite e carne. Segundo a FAO, o custo da refeição média, ao nível mundial, aumentou 40% ao longo de 2007. Evidentemente, essas altas afetam mais as camadas sociais de menor renda, cujos gastos em alimentação atingem elevada proporção do orçamento familiar.

Os países onde essas tensões manifestam-se mais explicitamente localizam-se na África, Ásia e, em menor escala, na América Latina: Egito, Marrocos, Costa do Marfim, Mauritânia, Tailândia, Camboja, Vietnã, Indonésia, México e Haiti, entre outros. Também no Brasil constata-se que o preço dos alimentos está puxando a taxa de inflação. Dados de março revelam que o IPCA dos últimos 12 meses teve elevação de 4,73%, enquanto o item alimentos, pressionado pelo aquecimento da demanda interna e exportação, subiu 11,2%.

Cada país atingido pela crise tenta solucioná-la à sua maneira. Por exemplo: Camboja, Vietnã, Índia e Egito reduziram ou suspenderam as exportações de arroz, a fim de privilegiar o mercado interno. Em janeiro de 2007, milhares de mexicanos protestaram contra o preço da tortilha, alimento popular básico, levando o governo a intervir no mercado de milho. Essas iniciativas unilaterais repercutem negativamente sobre os países pobres importadores, o que levou a FAO a apelar por uma estratégia global

O lado irônico desse panorama é que durante décadas a luta contra a pobreza encontrava-se associada ao conceito de inverter os movimentos de baixa nos preços das commodities, que deprimiam o PIB dos países em desenvolvimento e a renda de seus agricultores. Agora, as cotações mundiais de quase todos produtos agrícolas dispararam, mas os motivos de alegria são poucos. Predomina a preocupação de que esse boom acentue a pobreza em intensidade maior do que os baixos preços das culturas agrícolas. Isto porque embora favoreça agricultores, alguns dos quais pobres, fere uma categoria mais numerosa, constituída pelas pessoas de baixa renda que precisam comprar alimento: a população pobre urbana e a rural sem terra.

Vários fatores concorrem para tal explosão de preços:

a) crescente demanda alimentar em países emergentes - como China, Índia e Brasil - onde o nível de vida progrediu em grande velocidade;

b) aquecimento do planeta, provocando secas e tempestades que afetam as colheitas;

c) impetuosidade nos investimentos em biocombustíveis, afetando a superfície destinada aos alimentos;

d) redução da área cultivada, devido à urbanização;

e) produtividade agrícola insatisfatória na maioria dos países em desenvolvimento.

Para amenizar parte do impacto desses fatores, basta o clássico funcionamento do mercado. Se os preços sobem, haverá uma resposta no lado da oferta induzindo aumento da produção rural. Sabendo que nos países desenvolvidos a produtividade e as áreas cultivadas encontram-se em seus níveis mais altos, o Banco Europeu de Desenvolvimento e a FAO identificam possibilidades promissoras nos países do leste europeu. Seu potencial é importante, em termos de terras aráveis subutilizadas. Por outro lado, a maioria dos países em desenvolvimento, inclusive da América Latina, dispõe de um vasto caminho a ser percorrido em termos de incremento de produtividade. Enfim, uma fatia do déficit na oferta alimentar pode ser reduzida pela ampliação espontânea das safras.

A maior fonte de preocupação advém daqueles fatores de caráter mais rígido e, por conseguinte, de difícil redirecionamento: aquecimento do planeta, impetuosidade nos investimentos em etanol e diminuição das áreas cultivadas devido à urbanização. Como o processo de urbanização é irreversível, sobram como passíveis de uma ação reparadora o aquecimento global e a corrida aos biocombustíveis.

Por mais que a oferta mundial de alimentos cresça via resposta do mercado aos altos preços, perdurarão os estragos decorrentes da degradação ambiental e do exagerado desvio de terras do suprimento de refeições para o de tanques de combustível. Apesar da farta literatura sobre a questão ambiental, as dificuldades nessa áreas são óbvias e a análise da questão etanol ainda é insuficiente. O esforço em diminuir a dependência aos combustíveis fósseis não se limita a substituí-lo por etanol.

Tudo indica que poderá tornar-se realidade o grito de alarme lançado, em outubro de 2007, por Jacques Diouf, diretor da FAO, profetizando "motins da fome". Face a uma situação que corre o risco de degradar-se, o presidente do Banco Mundial, Robert Zoellick, fez um apelo, em abril, por uma nova política alimentar mundial, a fim de evitar que um número ascendente de países enfrentem crises sociais e políticas.

Ao Brasil caberá papel relevante em um esforço dessa natureza, tanto pelas suas possibilidades como produtor de alimento e etanol, como pelo fato de ser um dos países onde se verifica rápido incremento no poder de consumo das classes de menor renda e, ademais, por figurar entre os alvos de crítica internacional a respeito de zelo ambiental.

* * *

ECONOMIA POTENTE E PAIS DESENVOLVIDO

Aparte – Abril 2010

Após a segunda Guerra Mundial, ocorreram transformações na maneira de encarar os chamados países economicamente atrasados. Antes, predominava a ideia de que alguns deles iriam progredir espontaneamente, graças ao adequado aproveitamento, via mercado, de suas vocações naturais e vantagens comparativas.

Depois, a partir de 1946, ganhou força a convicção de que a fuga da condição de "atrasado" ou "pobre" exigia reformas estruturais, deflagradas via iniciativa estatal. Esse seria o caminho que conduziria à industrialização e a profundas e velozes melhorias nos indicadores econômicos e sociais. O processo que atendesse a tais requisitos passou a ser denominado como "desenvolvimento".

Distinguiu-se então a diferença entre crescimento, onde há aumento da renda per-capita sem alterações relevantes no seio da sociedade, e desenvolvimento, onde ocorrem também mudanças favoráveis nos indicadores sociais. Logo em seguida, o debate desenvolvimento x crescimento foi sepultado, abatido pelo consenso de que o que interessa é o desenvolvimento. Porém, o atual comportamento dos países emergentes e do resto do mundo revela que esse debate pode ressuscitar ou evoluir em outras direções.

Tal comportamento consiste em nova mudança na maneira de avaliar a trajetória dos emergentes, mas que contém o sabor de retrocesso. Ao longo dos últimos anos, o anseio por desenvolvimento vem sendo substituído pela ambição de construir uma potência econômica. Sob esse prisma, o mais importante tornou-se brilhar no cenário internacional através do tamanho absoluto do PIB, menosprezando-se os acontecimentos na qualidade de vida da população.

Em tal contexto, os BRIC (Brasil, Rússia, Índia e China) tornaram-se vedetes planetárias, tidos como portadores dos predicados suficientes para se tornarem formidáveis potências econômicas. Observa-se tendência de predominar o contentamento com o único fato de a capacidade de produção estar aumentando em ritmo elevado. Espalha-se o conformismo em batalhar apenas pela grandiosidade do aparato produtivo. Esmorece a consciência a respeito das diferenças entre desenvolvimento e crescimento.

Afinal, qual é a vantagem, por si só, em figurar entre as maiores economias do mundo? Evidentemente, essa vantagem só existe quando a relação PIB/população resultar em renda per-capita elevada e bem distribuída socialmente. Isto é, se o nível de consumo for alto, sem discrepâncias extremas entre as classes sociais. Um quadro com esse aspecto transparece também através de outros indicadores que detalham as condições de vida.

Nesse sentido, percebe-se a dimensão e complexidade do esforço que os BRIC precisarão enfrentar para, além de se enquadrarem no molde de potências econômicas, serem admitidos no clube dos realmente desenvolvidos, de acordo com o conceito teórico ainda vigente. Vale lembrar que o título de potência pode estar encobrindo uma série de perversidades, até mesmo o uso de mão de obra escrava e a vigência de inúmeras formas de opressão.

Ao longo do século XX, os Estados Unidos tornaram-se o melhor exemplo de nação que atingiu, concomitantemente, a condição de desenvolvido e de potência econômica, além de adquirir gigantesco poderio militar. Porém, isso não significa que destino semelhante esteja reservado a todos os BRIC, mesmo se lograrem assumir a feição de potência. Por exemplo: no caso da Índia, por mais que sua economia aumente de porte, são remotas as chances de haver substancial redução em seus enraizados desequilíbrios sociais e regionais e de rompimento de estratificações de várias naturezas.

As possibilidades do Brasil são maiores, por ser uma nação jovem, com população menos gigantesca, não engessada por hábitos e tabus semimedievais, com maior mobilidade social e detentora do elevado índice de urbanização de 86,1%. Porém, nosso país corre o risco de satisfazer-se com a honra de subir ao pódio das economias de maior porte, acomodando-se à realidade de abrigar contrastes acentuados que regridem lentamente, ou de forma vulnerável.

Uma hipótese, que não convém ser descartada, é a de que o conceito pós guerra de desenvolvimento esteja ultrapassado, ou ainda é utópico. E aceitar que cada país tenha seus próprios parâmetros para medir o grau de satisfação da sociedade ante os avanços atingidos, independente dos indicadores universais de desenvolvimento. Em alguns países, a imposição desses indicadores poderia até mesmo ser vista como agressão às suas tradições.

Em sintonia com essa hipótese, cada nação determinaria um conjunto peculiar de objetivos máximos e seguiria seu próprio caminho em direção a eles. Nesse caso, teríamos que nos conformar com o ostracismo da maior parte dos símbolos de desenvolvimento concebidos no pós guerra e, assim, conviver com a heterogeneidade profunda entre os perfis sociais, econômicos, políticos e culturais das nações tidas como bem sucedidas.

* * *

CONVIVÊNCIA ENTRE ESTADO E CAPITALISMO

O Globo – 21/01/2014

Lá pelo início dos anos noventa, foi alardeado o fim dos grandes choques ideológicos. Com a derrocada da União Soviética, cristalizou-se um quase consenso apontando o capitalismo como imbatível e a inutilidade de lutar por sistemas alternativos.

Em livro publicado em 1992, o cientista político Francis Fukuyama chegou até mesmo a profetizar o "fim da história". A seu ver, o fracasso do comunismo sepultaria os grandes conflitos ideológicos e culminaria com a hegemonia mundial das leis de livre mercado.

Porém, naquele momento não foi previsto o recrudescimento de um outro tipo de divergência, agora entre os próprios integrantes do triunfante bloco adepto do capitalismo. Tendo como ponto de referência o papel do Estado em uma sociedade liberal democrática, essa divergência assumiu elevado grau de virulência e será tema de crescente proeminência no cenário internacional.

Nos Estados Unidos, constata-se radicalização inédita no debate sobre a presença do governo nas diversas áreas da vida nacional, tais como: seguridade social, composição dos investimentos, regulamentação de setores produtivos, preservação ambiental, severa inequidade na distribuição de renda, prestação de serviços públicos, estabelecimento de padrões educacionais, porte de armas e até aborto.

No Brasil, apesar do limitado espaço eleitoral da direita ortodoxa, seus porta- vozes manifestam de forma incisiva a discordância do que classificam de intromissão governamental no comportamento das pessoas e da sociedade. Por outro lado, tanto aqui quanto, por exemplo, na Argentina e na Venezuela, parte dos devotos de um Estado atuante usa argumentos obtusos, arcaicos e demagógicos.

Ironicamente, a experiência histórica demonstra que os maiores algozes do capitalismo são os seus defensores extremados, alérgicos à influência governamental nos destinos de uma nação, inclusive sob um cenário democrático. Eles recusam-se a admitir que expressiva parcela dos desafios presentes em vários cantos do mundo não será vencida apenas através de iniciativas individuais espontâneas.

A evolução positiva do sistema capitalista requer o engajamento democrático da sociedade, via atuação governamental, no sentido de desobstruir entraves ao desenvolvimento econômico e social. Isso não significa resvalar para intervencionismo, estatização da economia, crescimento abusivo da carga tributária ou agigantamento da burocracia oficial, mas sim usar com eficácia os instrumentos de políticas públicas para atingir objetivos inacessíveis às leis de oferta e procura. E assumindo como pontos de referência o incentivo à competitividade, à inovação, ao empreendedorismo privado e à equidade social.

Não é coincidência o fato de os mais fervorosos pregadores do governo mínimo se encontrarem entre os grupos mais bem posicionados para usufruir os benefícios proporcionados pelo mercado. Eles ignoram aqueles com escassas oportunidades de se situarem de forma satisfatória nessa arena inerente ao capitalismo.

* * *

APETITE POR DEMOCRACIA

IMIL – Junho 2014

Existem países onde a democracia não consegue florescer, até mesmo quando movimentos populares tentam implantá-la. Ingredientes socioculturais tornam certos povos mais receptivos a autocracias e confortáveis sob esse tipo de comando. Com frequência, apenas uma minoria da população reivindica instituições democráticas. Egito e Rússia são exemplos emblemáticos.

Em sua milenar história, o Egito jamais havia saboreado o gostinho da democracia até a queda da ditadura Mubarak. As eleições que, em seguida, levaram a Irmandade Muçulmana ao poder não implantaram instituições estáveis, dada a tentativa dos novos governantes de impor um regime islâmico. Apoiado por majoritária parcela da sociedade, o golpe militar que derrubou o presidente Morsi culminou agora com a eleição do general Sissi à presidência, desfrutando de poderes de Cesar. Poucos são os egípcios que lamentam o fracasso das aspirações democráticas.

Quando a União Soviética desabou, a eleição de Yeltsin à presidência da Rússia parecia o limiar de uma inédita era de liberdade. Em pouco tempo essa ilusão evaporou-se e, após a saída de Yeltsin, o povo submeteu-se a um regime repressivo intolerante à diversidade. Lá, cidadãos são condenados por supostos "crimes" que em sociedades democráticas não constituem atos criminosos. Constatou-se assim a dificuldade de superar a herança totalitária czarista e comunista.

Em impressionante profecia, documento da Assembleia Parlamentar do Conselho Europeu afirmou, em 1996: "Os perigos de fracasso do processo de transição (na Rússia) são múltiplos. Na melhor das hipóteses, oligarquia vai reinar em vez de democracia, corrupção em vez dos preceitos da lei, e crime organizado em vez de direitos humanos".

O caso da América Latina difere dos antes citados. Sua nova modalidade de pendor pelo autoritarismo começou a manifestar-se em 1999, na Venezuela de Hugo Chávez, alastrando-se ao Equador, Bolívia e Nicarágua. Seus presidentes foram escolhidos através de eleições mas, no entanto, mediante procedimentos ilegítimos assumiram poderes incompatíveis com a democracia. Esses governantes coagem qualquer atitude opositora, empenham-se em perpetuar-se no poder e usam os instrumentos constitucionais sem inibições éticas. Hoje existem sinais de debilitamento no ímpeto continuísta de alguns presidentes, mas ainda é cedo para prever os resultados.

Esse gênero de liderança resultou do decepcionante desempenho do establishment político que sucedeu o antigo ciclo latino-americano de ditaduras militares, cujo encerramento iniciou-se nos anos 80. A desilusão ante as figuras públicas atuantes nessa época redundou no declínio da fidelidade do povo à liberdade conquistada. Abriu-se então um espaço receptivo a lideranças populistas, descomprometidas com a integridade democrática. Por outro lado, recorrendo a um discurso pretensamente favorável às classes de menor renda, esses governantes nada realizam de substancial em termos de amenizar os contrastes sociais.

O Brasil encontra-se distanciado dessa onda de caudilhismo, embora seu governo se solidarize com os líderes "bolivarianos" e manipule o conceito de equidade social. As instituições democráticas brasileiras desfrutam de uma solidez rara na história do país. Porém, tendo em vista o apego do PT ao poder, o ainda sobrevivente saudosismo ao regime militar e a eventual perda do apetite popular por democracia devido aos indigestos políticos em cena, torna-se prudente ficar atento.

* * *

PALESTINA VIÁVEL

O Globo - 10/08/2014

Um Plano Marshall para Gaza e Cisjordânia. Esse é o único caminho à paz nesse conturbado recanto do planeta. A resolução de 1948 da ONU, estabelece o princípio de "dois povos e dois Estados", mediante a partilha entre árabes e judeus do território milenarmente sob domínio colonial, jamais atingiu estágio de pacífica implementação.

É verdade que já houve imensos progressos na convivência entre Israel e as nações árabes, conforme exemplificam os acordos de paz com Egito e Jordânia, assim como o abrandamento, por parte dos demais países árabes, do discurso anti-Israel. Por outro lado, há longo tempo negociações vêm sendo empreendidas entre o governo israelense e autoridades palestinas, inclusive a atual administração da Cisjordânia. Mas as precárias condições de vida em Gaza conspiram contra a paz.

Na verdade, a comunidade internacional, sobretudo os países árabes, em nada contribuíram para fomentar o desenvolvimento econômico, social e político das áreas atribuídas pela ONU à população árabe da antiga Palestina. Jamais sendo alvo de significativa cooperação mundial, Gaza e Cisjordânia tornaram-se propícias ao florescimento de grupos extremistas, que oprimem a população local e declaram como objetivo máximo a destruição do Estado de Israel.

Assim como os traficantes mantêm domínio sobre as favelas cariocas, inclusive fornecendo serviços que caberiam à instituições públicas, a omissão internacional em ajudar os palestinos a construir uma sociedade próspera e educada cria clima propício à proliferação de grupos extremistas. Em 2005, quando retirou-se de Gaza de forma unilateral e completa, Israel perdeu a oportunidade de orquestrar um programa internacional de desenvolvimento para essa área, o que abriu espaço para a tomada do poder pelo Hamas, em 2007.

A viabilização de um Estado Palestino totalmente independente, em paz com Israel, será alcançável apenas se um processo de intenso desenvolvimento econômico e social sufocar os focos de extremismo político. No momento em que as autoridades palestinas estiverem mais preocupadas com o bem-estar de seus cidadãos do que com a destruição de Israel, a tranquilidade será estabelecida no Oriente Médio.

E esse panorama não representa uma utopia, conforme demonstra a atitude do presidente Abbas, que governa a Cisjordânia e dialoga com Israel. Inimigo histórico do Hamas, com o qual mantém hoje um precário acordo, o presidente Abbas, assim como todos os demais governantes árabes, não abriram a boca para condenar Israel em relação ao atual conflito em Gaza. Provavelmente, sentem-se felizes por caber aos israelenses o "trabalho sujo" de combater o Hamas.

Melhor do que danificar suas possibilidades de participar como mediador da paz, o governo brasileiro poderia lançar um plano integrado de coexistência pacífica no Oriente Médio, no qual se inclua um substancial programa de cooperação econômica e técnica ao Estado Palestino. O Itamaraty possui capacidade para liderar os diálogos nesse sentido, inclusive no âmbito da ONU.

*　*　*

O DILEMA EUROPEU

O Globo - 19/01/2015

Desde a Grande Depressão dos anos 30, jamais a economia europeia atravessou momento tão ameaçador quanto o atual. Descontando, evidentemente, o Pós-Guerra, quando foi salva pelo Plano Marshall. Ainda emaranhados nos dissabores da crise de 2008, a maioria dos países locais não vêm conseguindo redirecionar o desenrolar dos acontecimentos em direção à retomada do crescimento.

Encoberto por uma nuvem recessiva, o Velho Continente continua tateando a busca do caminho salvador, mostrando-se desnorteado ante as conflitantes propostas de política provenientes de várias correntes do pensamento econômico. Subjugados a um conjunto adverso de resultados nas áreas de incremento do PIB, nível de desemprego, taxa de investimento, competitividade, desempenho monetário e indicadores sociais, as nações europeias hesitam em abandonar posturas ortodoxas que, na realidade, não vêm funcionando.

Esse panorama justifica inquietações por parte do resto do mundo, principalmente América Latina e Estados Unidos, pois a perseverança ou o agravamento da crise europeia respingará sobre o crescimento mundial, inclusive através do mercado financeiro. A letargia da economia local revela-se também sob a forma do processo de desinflação que atinge oito países, enquanto que a taxa média da área paira em meros 0,3%. E não se trata da "boa desinflação" ou estabilidade monetária resultantes de um incremento da produtividade da economia ou louváveis políticas fiscais. A origem da queda ou estancamento dos preços se encontra na inibição do consumo e do investimento. Reflete, portanto, uma enfermidade, e não uma condição saudável.

Ante tal cenário, a atitude clássica seria baixar a taxa de juros de maneira a incentivar o investimento privado e o consumo das famílias. Mas acontece que os juros na Europa já encontram-se próximos ou abaixo de zero, sem nenhum resultado positivo sobre o crescimento econômico. A vocação estimuladora desse instrumento esgotou-se. Por sua vez, o outro instrumento dinamizador usual, o investimento público, sofre o bloqueio produzido pelo déficit orçamentário e realçado pela austeridade fiscal adotada pelos países da região.

Isso significa que a Europa está predestinada à estagnação e decadência? Como o contexto histórico não fornece espaço para um novo Plano Marshall, o Velho Continente terá que recuperar por conta própria sua prosperidade. Trata-se de algo factível se os investimentos públicos forem de imediato desbloqueados e a conservadora sociedade local digerir reformas estruturais que recuperem a competitividade da economia e ampliem a equidade social.

Em face da convivência entre a timidez do investidor privado e a significativa liquidez internacional de capital, o único fator impulsor da economia disponível no momento é o investimento governamental em infraestrutura, educação e saúde. A sua efetivação, no entanto, depende da mudança de política no sentido ampliar o endividamento publico via emissão de títulos a serem adquiridos pelo Banco Central Europeu e compradores privados. Por enquanto não há sinais de disposição para semelhante ousadia.

* * *

AINDA ISRAEL E PALESTINOS

O Globo - 02/05/2015

Benjamin Netanyahu conseguiu vender a um pouco mais da metade da população de Israel a imagem de ser o político mais bem capacitado a cuidar da segurança do país. Além de discordarem dessa crença, os outros quase 50% se opõem à maneira como o primeiro-ministro conduz os assuntos internos. Por outro lado, grande parte dos que compraram sua imagem de "melhor guardião da pátria" também estão descontentes com o contexto doméstico econômico, social e político, mas votaram nele por priorizarem a questão da segurança.

Bom orador, Netanyahu pratica atraente discurso para propagar uma política de defesa ineficaz, desprovida de perspectivas de proporcionar a merecida tranquilidade aos israelenses. Iludem-se aqueles que confiam na estratégia de segurança praticada nos últimos anos pois, na verdade, ela não conduz à pacificação da mais explosiva fonte atual de perigo: a questão palestina. A estratégia do governo Netanyahu parte do pressuposto de que uma nação palestina ameaçaria o sossego de Israel.

De certa forma esse pressuposto contém alguma racionalidade tendo em vista a experiência em Gaza. Em 2005 Israel retirou-se unilateralmente dessa faixa de terra na esperança de apaziguar os conflitos no local. Como resposta, milhares de foguetes passaram a ser lançados anualmente sobre alvos civis israelenses, evidenciando que o objetivo do grupo Hamas, dono do poder em Gaza, não é apenas desalojar os ocupantes mas também eliminar a nação israelense o que, aliás, não negam. Porém, se a ocupação continuasse, o ônus humano e político para Israel seria substancialmente maior do que o da retirada.

Transpondo a experiência em Gaza para o caso da Cisjordânia, conclui-se que, de fato, a criação do Estado Palestino não pouparia Israel de possíveis agressões. Mas existe alternativa melhor? Enfrentar as ameaças do eventual vizinho independente resultaria em um custo humano, político e militar inferior ao do status em vigor. Ademais, se apesar da conquista de plena soberania as hostilidades palestinas continuarem, ficaria claro à comunidade internacional que o verdadeiro anseio do novo Estado seria sepultar a resolução da ONU que estabeleceu a partilha do território entre árabes e judeus.

Ao interromper as conversações oriundas do Acordo de Oslo, Netanyahu jogou seu país no maior grau de isolamento a que já esteve sujeito, inclusive em relação ao seu mais fiel aliado, os Estados Unidos. Esse isolamento, nocivo à segurança de Israel, foi acentuado pela suas críticas às negociações com o Irã promovidas pelo Presidente Obama e que atingiram esperançosa fase em início de abril.

Após lograr acordos de paz com Egito e Jordânia e obter um nível de convivência aceitável com os demais países da região, a meta a ser almejada por Israel deveria ser alcançar um relacionamento não litigioso com os palestinos. A viabilização de tal meta depende da plena independência desse segmento do povo árabe. Assumindo os riscos de um acordo dessa natureza os israelenses estariam adotando atitude oposta à dos egípcios e jordanianos que, quando dominavam Gaza e Cisjordânia, respectivamente, jamais cogitaram em criar um Estado Palestino nesses territórios.

*   *   *

RETOMADA DO CRESCIMENTO: EXPECTATIVAS E REALIDADE

2016

Europa e Brasil padecem do mesmo mal: dificuldade em reativar a economia. Essa semelhança repousa na pouca disponibilidade de caminhos rápidos para escapar das garras da estagnação ou recessão, por mais heterodoxos ou árduos que eles sejam.

No caso do Velho Continente, os membros da União Europeia optaram por um caminho que ainda não rendeu os frutos esperados. A atual implementação conjugada de austeridade fiscal e taxas de juros diminutas demonstrou ser insuficiente para reanimar o investimento e o consumo, redundando, na maioria dos países, em desinflação e persistência de elevado desemprego.

Existem respeitáveis correntes de pensamento que propõem outra alternativa, que consiste em amenizar a austeridade fiscal e recorrer a um mecanismo de expansão do financiamento ao investimento público que impulsionaria a economia como um todo. Esse mecanismo seria o endividamento, via emissão de títulos públicos a serem comprados pelo Banco Central Europeu e outros agentes. Nessa hipótese, declinaria o papel atribuído às baixas taxas de juros como estímulo à atividade econômica. Porém, até o momento a União Europeia não aderiu a essa alternativa.

No caso do Brasil, nem mesmo as correntes respeitáveis de pensamento se atrevem a apontar algum atalho de acesso ligeiro à prosperidade. O clima recessivo reinante desde 2014, para o qual contribuíram as erráticas políticas públicas praticadas há vários anos, ainda não deu sinais de desanuviar-se. As medidas propostas pelo novo governo ajudam a dissipar as ameaças que assombram o futuro do país, mas ainda perdura a ausência de oportunidades para o início de um expressivo crescimento econômico.

Embora o ordenamento das contas públicas seja indispensável à prevenção do caos, dificilmente será suficiente para o alcance, a curto prazo, de satisfatória taxa de aumento do PIB e de maior equidade social. O tímido recuo dos juros verificado em outubro tampouco reanimará a disposição ao investimento e ao consumo. A imagem externa do Brasil melhorou, mas ainda se desconhece o efeito sobre o fluxo de capital estrangeiro.

Inexiste um cenário atrativo ao investimento privado, tanto sob o ângulo do debilitado mercado consumidor interno, quanto do elevado grau de endividamento e ociosidade das empresas. A única possível fonte de boas notícias seria o mercado externo, na eventualidade de ocorrer uma elevação de preços de produtos por nós exportados.

Com referência aos investimentos provenientes do setor público, creio ser desnecessário detalhar, neste artigo, os óbvios fatores impeditivos do uso desse instrumento de reativação da atividade económica.

Meu propósito ao expor esse panorama desanimador não é o de difundir pessimismo, mas sim de contribuir para a conscientização sobre a realidade nacional e para a calibragem das expectativas da população. O melhor que se pode almejar a respeito dos próximos dois anos é que o governo acerte nas medidas destinadas a disciplinar as contas fiscais, a reformar segmentos do Estado cujas mazelas constituem verdadeiras bombas relógio (tais como a previdência social), a evitar danos às classes sociais de menor renda e a combater a corrupção.

Seria irreal cobrar do governo a imediata ocorrência de significativas taxas de crescimento do PIB e de queda do desemprego. Poderemos, isto sim, critica-lo se sua opção de políticas públicas for incompatível com o alcance dos pré-requisitos ao resgate do processo de desenvolvimento econômico e social do país.

* * *

REDEFININDO A ESQUERDA

O Globo - 14/03/2017

Em meados do século XX, prevalecia a crença de que a Humanidade evoluiria em direção ao predomínio do comunismo ou modalidades de socialismo. Agora, no novo milênio, percebemos o quanto a previsão contrasta com a realidade.

Após atemorizar o establishment das nações capitalistas, o comunismo desmoronou na União Soviética e Europa Oriental, enquanto os antes poderosos partidos comunistas da Europa Ocidental foram quase dizimados, e o apelo do socialismo nos países em desenvolvimento empalideceu. Apesar de formalmente comunistas, China e Vietnã tornaram-se paraísos da iniciativa privada. Os remanescentes regimes comunistas empedernidos, como o da Coreia do Norte, simbolizam o que há de politicamente grotesco e maléfico.

No caso da América Latina, Cuba desiludiu os que a encaravam como modelo a ser seguido. O pretenso socialismo na Venezuela se restringe ao autoritarismo bagunçado indutor do caos. No Brasil e Argentina, os então auto classificados como governos de esquerda, comandados pelo PT e Partido Peronista, provocaram danos cuja superação demandará longo prazo.

Como decorrência surgiu, principalmente na América Latina, um espaço vazio, conduzindo à orfandade política os eleitores discordantes do pensamento de direita. Sem opções compatíveis com seus anseios ideológicos, esses eleitores acabam votando no "menos pior" ou se abstendo. Tal situação evidencia a urgência histórica em ocupar o espaço vazio mediante novos partidos de esquerda democrática, moderna e digna de credibilidade.

Trata-se de um projeto ambicioso, inclusive devido à escassez de latino-americanos dotados de talento e coragem suficientes para implementá-lo. Porém, se perdurar a ausência de iniciativas nesse sentido, a mediocridade das alternativas político-partidárias disponíveis continuará aumentando.

A primeira etapa desse projeto consistiria em redesenhar o conceito de esquerda, desassociando-o de obsoletos dogmas, tais como o da estatização da economia. Não porque as empresas privadas sejam comandadas por seres angelicais e ultra-eficazes, mas porque o sistema produtivo funciona melhor em mãos de particulares e, na verdade, o povo não se beneficia em nada com a presença das estatais.

Posicionar-se politicamente à esquerda consiste hoje em apoiar um conjunto diversificado de objetivos, entre os quais se incluem:

a) declínio da iniquidade social, mediante investimento em educação, saúde, saneamento, habitação, transporte coletivo e promoção social; estabelecimento de políticas salarial e tributária condizentes com melhor distribuição de renda; reestruturação da Previdência; e valorização de sindicatos;

b) engajamento incisivo nas ações preservadoras da ecologia; fomento à cooperação internacional em amplo espectro de atividades

c) fidelidade à democracia; respeito à diversidade racial, religiosa e de orientação sexual; liberdade de criação e divulgação literária e artística.

Nenhum desses objetivos é incompatível com o capitalismo e, por outro lado, não há dúvidas de que favoreçam o alcance de elevadas taxas de crescimento econômico e progresso social.

*   *   *

GENOCÍDIO AMBIENTAL

O Globo - 19/06/2018

Assim como na Alemanha tornou-se ilegal negar o Holocausto perpetrado pelos nazistas, também em todos os países deveriam ser processados os ocupantes de cargos públicos que negam a agressão humana à ecologia. Ao se recusarem a concretizar medidas protetoras do meio ambiente, políticos e executivos de órgãos estatais mereceriam ser penalizados por cometerem crime contra a humanidade.

E o mais alarmante é que parte da população mundial recebe notícias sobre aquecimento global, envenenamento de mares, rios e baías, buraco na camada de ozônio etc. e, meio descrente, reage como se tomasse conhecimento de fatos que não lhe dizem respeito. Existe também o bloco dos conformistas que, embora reconheçam, encaram como inevitáveis a degradação ambiental e a decadência da qualidade existencial dos terráqueos. Essas duas posturas enfraquecem o movimento popular em prol da saúde deste planeta, no qual a presente e as futuras gerações estão fadadas a viver e, portanto, precisa ser resguardado.

Por incrível que pareça, desde janeiro de 2017 vem ocorrendo um dramático retrocesso político no tema ecológico, devido à eleição do atual presidente dos Estados Unidos. Além de retirar o país do Tratado de Paris, Donald Trump empenha-se em desmontar o aparato regulatório destinado a controlar as fontes poluidoras, criado principalmente pelo presidente Barak Obama. E, em ato condizente com seu estilo, nomeou como diretor da EPA (Agência de Proteção Ambiental) um notório detrator da causa ambiental.

É lamentável constatar como demais países integrantes do Acordo de Paris e a ONU reagiram de forma débil ante o ato hostil de Trump. Aos danos derivados da retirada americana deveria ter correspondido incisivo aumento na amplitude e na velocidade de implementação das metas almejadas pelo Acordo. Talvez uma das causas da mencionada débil reação seja a impunidade desfrutada pelos governantes que negligenciam a defesa ecológica.

O Papa Francisco costuma emitir excelentes mensagens alertando sobre os perigos provenientes da depredação de que a mãe terra é alvo. Porém, a capilaridade e o poder institucional da Igreja Católica poderiam ser mobilizados bastante mais intensamente. O impacto da adesão ostensiva e dinâmica do Vaticano à causa conservacionista multiplicaria sua capacidade de conquistar resultados, além de inspirar outras instituições religiosas a se engajarem na batalha.

Na década de 70, quando chefiei o Departamento de Planejamento do BNDES, propus a inclusão no Plano de Ação do Banco de um programa de financiamento à recuperação de áreas atingidas pela poluição e aos investimentos destinados a reduzir ou eliminar efeitos poluentes gerados por empresas. Fui derrotado sob o argumento de que a preocupação ambiental era incompatível com o desenvolvimento econômico. Pois é, naquela época o conceito de desenvolvimento sustentável ainda engatinhava...